Thomas Kalkus-Promitzer

Train the Trainer

Handbuch für erfolgreiche Seminare und
wirksame Lernprozesse in der Erwachsenenbildung

Akademie Kalkus, Band 6

Impressum

Bibliografische Information der Deutschen Nationalbibliothek: Die Deutsche Nationalbibliothek verzeichnet diese Publikation in der Deutschen Nationalbibliografie; detaillierte bibliografische Daten sind im Internet über http://dnb.dnb.de abrufbar.

© 2025 Thomas Kalkus-Promitzer - https://www.meintom.at
Covergestaltung und Illustrationen: DI Konrad Promitzer
- https://kpdesign.at

Verlag: BoD · Books on Demand GmbH, Überseering 33,
22297 Hamburg, bod@bod.de

Druck: Libri Plureos GmbH, Friedensallee 273, 22763 Hamburg

ISBN: 978-3-7693-3844-7

Inhaltsverzeichnis

I

Einleitung

Wer als Trainer:in in der Erwachsenenbildung tätig ist, übernimmt eine zentrale Rolle im Lernprozess anderer Menschen. Er oder sie gestaltet Räume, in denen nicht nur Wissen vermittelt wird, sondern auch Entwicklung möglich wird. Lernen im Erwachsenenalter ist ein komplexer, dynamischer und zutiefst individueller Prozess. Menschen bringen ihre Biografien, Erfahrungen, Erwartungen und manchmal auch Widerstände mit. Wer hier professionell begleiten will, braucht weit mehr als Fachwissen. Es braucht Haltung, Beziehungskompetenz, methodische Vielfalt und die Fähigkeit, auch mit herausfordernden Situationen souverän umzugehen.

Dieses Buch richtet sich an Menschen, die Seminare leiten, Trainings gestalten oder in anderer Weise Bildungsprozesse für Erwachsene begleiten. Ich betrachte dich als zukünftige oder bereits tätige Kolleg:in und verwende deshalb bewusst eine persönliche, kollegiale Anrede im gesamten Buch.

Das Buch bietet eine fundierte, praxisnahe und strukturierte Grundlage für eine professionelle Ausbildung zur Trainerin oder zum Trainer. Dabei spannt es einen weiten Bogen: von lerntheoretischen Grundlagen über Kommunikationskompetenz und Präsentationstechniken bis hin zu gruppendynamischem Know-how, methodischer Vielfalt und der Kunst, didaktische Prozesse sorgfältig zu planen.

Die Kapitel sind so aufgebaut, dass sie sowohl einzeln als auch im Zusammenhang gelesen werden können. Jedes Kapitel geht in die Tiefe, bietet Raum zur Reflexion und lädt dazu ein, die eigene Praxis zu hinterfragen und weiterzuentwickeln. Die enthaltenen Reflexionsfragen sollen dich dabei unterstützen, das Gelesene nicht nur zu verstehen, sondern auch auf die eigene Arbeit zu übertragen. Denn nur was du durchdacht und verinnerlicht hast, kannst du auch mit Überzeugung und Klarheit in deinen Trainings einsetzen.

Besonderes Augenmerk liegt auf der Haltung, mit der du als Trainer:in deinen Teilnehmer:innen begegnest. Eine wertschätzende, ressourcenorientierte und klare Haltung ist das Fundament jeder gelingenden Lernsituation. Ebenso wichtig ist ein bewusster Umgang mit gruppendynamischen Prozessen, Zeitmanagement, emotionalen Dynamiken und dem gezielten Einsatz verschiedener Methoden.

Das Ziel dieses Buches ist es nicht, ein starres Konzept zu vermitteln, sondern ein fundiertes Werkzeugset bereitzustellen. Es soll dich dabei unterstützen, deinen eigenen Stil zu finden, weiterzuentwickeln und mit Freude, Klarheit und Authentizität in deine Rolle als Trainer:in hineinzuwachsen.

Ich wünsche dir beim Lesen und Anwenden viele Aha-Momente, Mut zur Klarheit und ein wachsendes Vertrauen in deine Gestaltungskraft als Lernbegleiter:in.

Lernen im Erwachsenenalter

Lernen hört nicht mit dem Abschluss der Schule oder der Universität auf. Im Gegenteil, für viele Menschen beginnt das wirklich relevante Lernen erst im Erwachsenenalter. Es ist ein Lernen, das stark von individuellen Lebenswegen, Erfahrungen und Kontexten geprägt ist. Erwachsene lernen anders als Kinder oder Jugendliche. Sie bringen eine Vielzahl an Vorerfahrungen mit, sind in der Regel selbstverantwortlich und zielorientiert und sie erwarten Relevanz und Anwendbarkeit des Gelernten. Wer in der Erwachsenenbildung lehrt, tut also gut daran, sich mit den spezifischen Voraussetzungen, Bedürfnissen und Herausforderungen des Lernens im Erwachsenenalter auseinanderzusetzen. Dabei hilft ein Blick auf zentrale Lerntheorien, die sich in der Praxis bewährt haben und ein theoretisches Fundament für das eigene Handeln als Trainer:in bieten können.

Im Zentrum vieler moderner Zugänge steht der Konstruktivismus. Diese Theorie geht davon aus, dass Wissen nicht einfach aufgenommen, sondern vom Individuum selbst konstruiert wird. Lernen ist demnach ein aktiver, selbstorganisierter Prozess, bei dem neue Informationen mit bereits vorhandenen Strukturen verknüpft und in die eigene Lebenswelt integriert werden. Für Trainer:innen bedeutet das, Lernsettings zu schaffen, die diese aktive Auseinandersetzung ermöglichen. Es reicht nicht aus, Inhalte zu präsentieren und auf Aufnahme zu hoffen. Vielmehr braucht es Räume für Erfahrung, Reflexion, Anwendung und Transfer. Der oder die Lernende wird zum aktiven Gestalter des eigenen Lernprozesses. Das kann durch Fallbeispiele, Gruppenarbeiten, Diskussionen, Rollenspiele oder Projektarbeiten geschehen. Entscheidend ist, dass es sich nicht um ein reines Konsumieren handelt, sondern um ein Mitgestalten.

Gerade in der Erwachsenenbildung ist es besonders wichtig, den Bezug zur Lebensrealität der Teilnehmenden herzustellen. Der Konstruktivismus bietet hier eine hilfreiche Brücke, denn er geht davon aus, dass jeder Mensch seine Wirklichkeit auf der Basis eigener Erfahrungen konstruiert. Das bedeutet auch, dass ein und dieselbe Information unterschiedlich interpretiert und bewertet wird. Es ist daher essenziell, Lernräume anzubieten, in denen diese Vielfalt sichtbar und nutzbar gemacht wird. Der Austausch unter den Teilnehmenden spielt eine zentrale Rolle, ebenso wie die Möglichkeit zur Selbstreflexion. In einem konstruktivistisch ausgerichteten Seminar bist du nicht allein Wissensvermittler:in, sondern vor allem Moderator:in eines Prozesses, in dem die Teilnehmenden ihre eigenen Einsichten und Bedeutungen entwickeln.

Ein weiteres relevantes Konzept für das Lernen im Erwachsenenalter ist die Andragogik. Während die Pädagogik den Fokus auf das Lehren und Lernen von Kindern legt, beschäftigt sich die Andragogik explizit mit dem Lernen Erwachsener. Der Begriff wurde unter anderem durch Malcolm Knowles geprägt, der fünf zentrale Annahmen über erwachsene Lernende formulierte: Erstens sind Erwachsene selbstgesteuerte Lerner. Sie wollen Verantwortung für ihre Lernprozesse übernehmen und schätzen es, wenn sie in Entscheidungen eingebunden werden. Zweitens bringen sie ein großes Maß an Vorerfahrungen mit, die sowohl Ressource als auch Herausforderung sein können. Drittens sind Erwachsene lernbereit, wenn sie einen Bedarf oder eine Relevanz erkennen. Viertens orientieren sie sich stark an konkreten Lebensaufgaben und praktischer Anwendbarkeit. Fünftens sind sie vor allem dann motiviert zu lernen, wenn sie den Nutzen des Gelernten für sich erkennen können.

Diese Annahmen zeigen deutlich, dass ein erfolgreiches Seminar in der Erwachsenenbildung nicht einfach nach dem Schulprinzip aufgebaut sein kann. Statt Frontalunterricht und einseitiger Wissensvermittlung braucht es Interaktivität, Partizipation und Lebensweltbezug. Es ist hilfreich, bereits zu Beginn einer Veranstaltung zu klären, welche Erwartungen, Erfahrungen und Fragen die Teilnehmenden mitbringen. Dies kann in Form von Einstiegsrunden, Erwartungsabfragen oder kleinen Schreibimpulsen geschehen. So entsteht von Anfang an eine Atmosphäre der Wertschätzung und Partizipation, und du als Trainer:in kannst deinen Seminarverlauf flexibel anpassen.

Ein weiterer wichtiger Aspekt ist das selbstgesteuerte Lernen. Erwachsene wollen nicht nur lernen, sie wollen auch entscheiden, wie, wann und in welchem Tempo sie lernen. Die Digitalisierung hat diesen Trend noch verstärkt. Lernplattformen, E-Learning-Angebote und hybride Formate ermöglichen es vielen, sich orts- und zeitunabhängig weiterzubilden. Für Trainer:innen bedeutet das, dass sie zunehmend Lernarchitekt:innen werden, die nicht nur Inhalte vermitteln, sondern Lernprozesse gestalten. Dazu gehört es, vielfältige Lernangebote zu machen, Lernpfade individuell anzubieten und dabei eine gute Balance zwischen Struktur und Freiheit zu finden. Selbstgesteuertes Lernen bedeutet aber nicht, dass die Teilnehmenden alleine gelassen werden. Vielmehr braucht es eine professionelle Begleitung, die Orientierung gibt, Rückmeldungen ermöglicht und Reflexion anstößt.

Neben diesen eher theoretischen Modellen sind auch neurobiologische Erkenntnisse für das Lernen im Erwachsenenalter von Bedeutung. Das Gehirn bleibt ein Leben lang lernfähig, aber es lernt anders als in der Kindheit. Neue Verbindungen entstehen besonders dann, wenn Inhalte emotional bedeutsam, mehrfach wiederholt und aktiv verarbeitet werden. Trainer:innen können diese Erkenntnisse nutzen, indem sie Inhalte mit persönlichen Erfahrungen verknüpfen, eine positive Lernatmosphäre schaffen und auf eine abwechslungsreiche, aktivierende Methodengestaltung achten. Der Faktor Emotion darf dabei nicht unterschätzt werden. Was berührt, bleibt. Was relevant erscheint, motiviert. Was in Beziehung erlebt wird, wirkt nachhaltiger.

Auch das Konzept des erfahrungsbasierten Lernens nach David Kolb ist für die Erwachsenenbildung hochrelevant. Kolb beschreibt Lernen als einen zyklischen Prozess, der über vier Phasen verläuft: konkrete Erfahrung, reflektierende Beobachtung, abstrakte Konzeptbildung und aktives Ausprobieren. Trainer:innen können diesen Zyklus nutzen, um Lernprozesse bewusst zu gestalten. So kann etwa eine Übung zur Selbstreflexion zunächst eine konkrete Erfahrung schaffen. Anschließend folgt eine Reflexionsphase in der Gruppe oder im Einzelnen. Daraus lassen sich gemeinsam Konzepte ableiten, die im nächsten Schritt in die Praxis übertragen werden. Dieser Kreislauf unterstützt nachhaltiges Lernen und fördert die Transferfähigkeit.

Erwachsene Lernende schätzen es zudem, wenn sie ihre Autonomie wahren können und wenn ihre Erfahrungen ernst genommen werden. Das bedeutet für dich als Trainer:in, dass du nicht nur Wissen vermitteln, sondern auch Raum für Austausch und Diskussion bieten solltest. Viele Erwachsene kommen mit konkreten Fragen oder Problemstellungen in ein Seminar. Wenn es dir gelingt, den inhaltlichen Rahmen so zu gestalten, dass diese Anliegen aufgenommen und bearbeitet werden können, erhöht das nicht nur die Motivation, sondern auch den Lerngewinn.

In der Praxis zeigt sich immer wieder, dass Erwachsene besonders dann nachhaltig lernen, wenn das Gelernte unmittelbar relevant für ihr Leben oder ihre Arbeit ist. Daher ist es sinnvoll, schon bei der Seminarplanung an die Alltagstauglichkeit der Inhalte zu denken. Stelle dir die Frage: Wie können die Teilnehmenden das, was sie hier lernen, morgen umsetzen? Welche konkreten Schritte oder Werkzeuge kannst du ihnen an die Hand geben? Welche Praxisbeispiele oder Übungen unterstützen den Transfer?

Auch die Frage nach der Lernkultur spielt eine zentrale Rolle. Erwachsene bringen ganz unterschiedliche Erfahrungen mit formellen Bildungssystemen mit. Manche haben negative Schulerfahrungen gemacht, fühlen sich unsicher oder unterschätzen ihre Kompetenzen. Es ist deine Aufgabe als Trainer:in, eine unterstützende und ressourcenorientierte Lernatmosphäre zu schaffen. Das beginnt bei der Sprache, mit der du Inhalte vermittelst, setzt sich fort in der Auswahl der Methoden und zeigt sich auch im Umgang mit Fehlern und Kritik. Lernen darf leichtfallen, aber auch irritieren. Es darf fordern, ohne zu überfordern. Und es darf Spaß machen, ohne beliebig zu sein.

Abschließend sei noch ein Aspekt betont, der in der Erwachsenenbildung häufig zu kurz kommt: die Bedeutung der Beziehung. Lernen ist immer auch ein Beziehungsprozess. Die Art und Weise, wie du mit Teilnehmenden interagierst, beeinflusst das Lernklima maßgeblich. Offenheit, Wertschätzung, Klarheit und Präsenz sind dabei zentrale Qualitäten. Wenn Teilnehmende das Gefühl haben, gesehen und ernst genommen zu werden, entsteht Vertrauen. Und Vertrauen ist die Basis für jedes Lernen.

Als Trainer:in in der Erwachsenenbildung bewegst du dich also in einem komplexen Feld. Du bist Lernbegleiter:in, Impulsgeber:in, Moderator:in, Feedbackgeber:in und manchmal auch Coach. Es lohnt sich, dieses Feld mit Neugier, Reflexionsbereitschaft und einem guten Verständnis der theoretischen Hintergründe zu betreten. Denn je besser du die Besonderheiten des Lernens im Erwachsenenalter verstehst, desto gezielter und wirksamer kannst du deine Lernprozesse gestalten.

Reflexionsfragen:

- Welche eigenen Lernerfahrungen aus dem Erwachsenenalter waren für dich besonders prägend und warum?
- Inwiefern beeinflusst dein eigenes Verständnis von Lernen deine Tätigkeit als Trainer:in?
- Wie gestaltest du Lernsettings, die selbstgesteuertes und erfahrungsbasiertes Lernen fördern?
- Welche Aspekte der Andragogik findest du besonders hilfreich für deine Praxis und wie setzt du sie um?
- Wie gehst du mit unterschiedlichen Vorerfahrungen und Erwartungen in der Gruppe um?
- In welcher Weise achtest du auf die Beziehungsebene im Seminar – und wie wirkt sich das auf den Lernerfolg aus?
- Was bedeutet für dich eine lernförderliche Atmosphäre und wie schaffst du diese konkret?
- Wie kannst du sicherstellen, dass dein Seminar alltagsrelevante und umsetzbare Inhalte vermittelt?

Erwachsene lernen anders als Kinder. Ihr Lernen ist geprägt von Vorerfahrungen, Selbststeuerung und dem Wunsch nach Anwendbarkeit. Konstruktivismus, Andragogik und erfahrungsbasiertes Lernen liefern theoretische Grundlagen für die Gestaltung wirksamer Lernprozesse. Als Trainer:in bist du nicht nur Wissensvermittler:in, sondern Gestalter:in von Lernräumen, in denen Teilnehmende aktiv, selbstbestimmt und in Beziehung lernen können. Erfolgreiche Erwachsenenbildung basiert auf Relevanz, Beteiligung, Vertrauen und Transferorientierung.

Motivation und Lernhemmnisse

Wenn Erwachsene lernen, tun sie dies in der Regel aus einem bestimmten Grund. Anders als Kinder, die meist durch äußere Strukturen zum Lernen angehalten werden, entscheiden sich Erwachsene bewusst dafür, neues Wissen zu erwerben oder sich weiterzuentwickeln. Diese Entscheidung ist jedoch nicht immer frei von inneren oder äußeren Konflikten. Einerseits steht oft eine hohe Motivation am Anfang, etwa der Wunsch, beruflich voranzukommen, persönliche Kompetenzen zu erweitern oder neue Herausforderungen zu meistern. Andererseits begegnen Erwachsene auf ihrem Lernweg zahlreichen Hürden, die diesen Prozess erschweren oder blockieren können. Für Trainer:innen in der Erwachsenenbildung ist es daher wesentlich, sich mit den Bedingungen von Motivation ebenso auseinanderzusetzen wie mit typischen Lernhemmnissen, um förderliche Lernumgebungen zu schaffen.

Motivation lässt sich auf unterschiedliche Weise verstehen und erklären. Eine grundlegende Unterscheidung besteht zwischen intrinsischer und extrinsischer Motivation. Intrinsisch motiviert ist ein Mensch dann, wenn er aus eigenem Antrieb lernt, weil er Freude an der Tätigkeit hat, Interesse am Thema verspürt oder sich innerlich herausgefordert fühlt. Extrinsische Motivation dagegen entsteht durch äußere Anreize, etwa ein Zertifikat, bessere Jobchancen, eine Beförderung oder die Erwartung anderer. Beide Formen können im Lernkontext eine Rolle spielen. Allerdings zeigt sich in der Praxis, dass intrinsisch motivierte Lernprozesse häufig nachhaltiger und befriedigender sind. Trainer:innen können diese Form der Motivation fördern, indem sie Neugier wecken, Wahlmöglichkeiten anbieten, Selbstwirksamkeitserfahrungen ermöglichen und die Bedeutung des Lernstoffs für die Lebenswelt der Teilnehmenden deutlich machen.

Ein zentrales Konzept in diesem Zusammenhang ist die Selbstbestimmungstheorie von Deci und Ryan. Diese Theorie geht davon aus, dass drei grundlegende psychologische Bedürfnisse erfüllt sein müssen, damit Menschen motiviert und engagiert lernen: das Bedürfnis nach Autonomie, nach sozialer Eingebundenheit und nach Kompetenzerleben. Wenn

Menschen das Gefühl haben, selbst entscheiden zu können, in Beziehung mit anderen zu stehen und erfolgreich zu sein, steigt ihre Motivation erheblich. Seminare, die diese Bedürfnisse berücksichtigen, erzeugen ein hohes Maß an innerem Antrieb und Begeisterung. Autonomie kann durch Mitgestaltungsmöglichkeiten, offene Aufgabenstellungen und individuelle Lernziele gestärkt werden. Eingebundenheit entsteht durch wertschätzende Gruppenprozesse, durch gemeinsame Lernaktivitäten und durch eine unterstützende Trainer:innenhaltung. Kompetenzerleben wiederum braucht herausfordernde, aber bewältigbare Aufgaben, positives Feedback und Raum für Erfolge.

Motivation ist allerdings kein statischer Zustand. Sie verändert sich im Verlauf eines Lernprozesses, unterliegt äußeren Einflüssen und inneren Bewertungen. Was anfangs mit Begeisterung begonnen wird, kann durch Überforderung, Langeweile oder mangelnde Rückmeldung an Energie verlieren. Daher ist es hilfreich, Motivation nicht als gegeben vorauszusetzen, sondern als etwas, das gepflegt und bewusst gefördert werden muss. Ein regelmäßiger Wechsel der Methoden, der Einsatz aktivierender Elemente und die Anpassung des Tempos können helfen, die Motivation aufrechtzuerhalten. Ebenso bedeutsam ist es, die Teilnehmenden in ihrer Selbstverantwortung zu stärken und ihnen zu zeigen, wie sie ihr eigenes Lernverhalten reflektieren und steuern können.

Neben der Motivation treten in der Erwachsenenbildung auch zahlreiche Lernhemmnisse auf, die das Lernen erschweren oder blockieren. Diese können kognitiver, emotionaler, sozialer oder organisatorischer Natur sein. Ein häufiges kognitives Hemmnis ist beispielsweise die Überforderung mit der Stoffmenge oder der Komplexität der Inhalte. Erwachsene Lernende zweifeln in solchen Momenten oft an ihren Fähigkeiten, vergleichen sich mit anderen oder ziehen sich innerlich zurück. Hier ist es hilfreich, Inhalte klar zu strukturieren, mit Beispielen zu veranschaulichen und die Lernschritte in gut verdauliche Portionen zu gliedern. Auch das Angebot, Verständnisfragen jederzeit stellen zu dürfen, kann die Hemmschwelle senken und Unsicherheiten abbauen.

Emotionale Hemmnisse sind nicht minder bedeutsam. Viele Erwachsene bringen negative Lernerfahrungen mit, die ihre Haltung zum Lernen unbewusst beeinflussen. Sätze wie „Ich war noch nie gut in sowas", „Ich bin einfach kein Lerntyp" oder „Das ist alles zu schwer für mich" zeugen von inneren Überzeugungen, die das Lernverhalten blockieren. Solche Glaubenssätze lassen sich nicht durch gute Inhalte allein auflösen. Sie brauchen eine sensible, unterstützende Begleitung, die neue Erfahrungen ermöglicht und das Vertrauen in die eigene Lernfähigkeit stärkt. Lob, Ermutigung, ein sicherer Rahmen und eine wertschätzende Atmosphäre sind zentrale Elemente, um diese Barrieren zu überwinden.

Soziale Hemmnisse treten auf, wenn Teilnehmende sich in der Gruppe unwohl fühlen, sich nicht trauen, Fragen zu stellen oder Angst haben, sich zu blamieren. In solchen Fällen sind Beziehungsarbeit und Gruppenpädagogik gefragt. Trainer:innen sollten von Anfang an eine Kultur des Respekts, der Offenheit und des Miteinanders fördern. Regeln wie „Jede Frage ist erlaubt" oder „Fehler gehören zum Lernen dazu" müssen nicht nur ausgesprochen, sondern auch gelebt werden. Der Aufbau von Vertrauen und die Förderung der sozialen Eingebundenheit tragen maßgeblich dazu bei, dass Lernhemmnisse abgebaut werden und sich die Lernenden auf neue Inhalte einlassen können.

Auch organisatorische Lernhindernisse dürfen nicht unterschätzt werden. Erwachsene haben oft mit vollen Terminkalendern, beruflichen Verpflichtungen, familiären Aufgaben oder gesundheitlichen Einschränkungen zu kämpfen. Ein Abendkurs nach einem langen Arbeitstag erfordert andere didaktische Entscheidungen als ein Wochenendseminar in einem Bildungshaus. Trainer:innen tun gut daran, die Lebensrealitäten ihrer Zielgruppen zu kennen und bei der Planung zu berücksichtigen. Flexible Zeitmodelle, Pausen, die Integration digitaler Anteile oder eine klare Struktur können helfen, Barrieren abzubauen und die Bereitschaft zum Lernen zu stärken.

Lernhemmnisse können auch durch unklare Zielsetzungen entstehen. Wenn nicht klar ist, wozu ein Thema gut ist oder wie es in den Alltag integriert werden kann, schwindet die Motivation. Hier ist es Aufgabe der

Trainer:innen, den Nutzen der Inhalte immer wieder transparent zu machen, Bezüge zur Lebenswirklichkeit herzustellen und Raum für individuelle Bedeutungszuschreibungen zu schaffen. Teilnehmende lernen besser, wenn sie verstehen, warum sie etwas lernen und wie sie es anwenden können. Je konkreter, desto besser. Je erfahrungsnäher, desto nachhaltiger.

Ein weiterer Aspekt, der Lernprozesse hemmen oder fördern kann, ist die persönliche Haltung zum Lernen. Wer Lernen als Wachstumschance begreift, ist eher bereit, sich Herausforderungen zu stellen und auch bei Rückschlägen dranzubleiben. Wer dagegen glaubt, dass Fähigkeiten angeboren und kaum veränderbar sind, wird schneller aufgeben oder sich gar nicht erst auf den Lernprozess einlassen. Carol Dweck hat dies in ihrer Forschung zum „Mindset" eindrucksvoll beschrieben. Menschen mit einem „Growth Mindset" sehen Anstrengung als Teil des Lernens, während Menschen mit einem „Fixed Mindset" bei Schwierigkeiten eher Rückzugstendenzen zeigen. Trainer:innen können einen offenen Umgang mit Fehlern fördern, Entwicklungswege sichtbar machen und persönliche Fortschritte würdigen, um ein wachstumsorientiertes Lernklima zu etablieren.

Zusammenfassend lässt sich sagen, dass Motivation und Lernhemmnisse zwei Seiten derselben Medaille sind. Wer Lernprozesse professionell begleiten will, muss beide Aspekte gleichermaßen im Blick behalten. Motivation entsteht nicht zufällig, sondern lässt sich durch eine lernförderliche Umgebung, durch wertschätzende Kommunikation, durch relevante Inhalte und durch die Stärkung der Selbstwirksamkeit gezielt unterstützen. Lernhemmnisse lassen sich nicht immer vermeiden, aber erkennen und bearbeiten. Sie sind kein Scheitern, sondern Hinweise auf notwendige Anpassungen. Erwachsene lernen, wenn sie wollen, wenn sie können und wenn sie dürfen. Trainer:innen haben die Aufgabe, dafür die bestmöglichen Voraussetzungen zu schaffen.

Reflexionsfragen:

- Welche Faktoren haben dich persönlich in der Vergangenheit motiviert, Neues zu lernen?
- Wie gehst du in deinen Seminaren mit extrinsischer und intrinsischer Motivation um?
- Welche Strategien nutzt du, um Lernhemmnisse frühzeitig zu erkennen?
- Wie schaffst du es, eine unterstützende Lernumgebung für unterschiedliche Bedürfnisse herzustellen?
- Welche Erfahrungen hast du mit negativen Glaubenssätzen von Teilnehmenden gemacht und wie hast du reagiert?
- Inwiefern berücksichtigst du die Lebensrealität deiner Zielgruppen in der Seminarplanung?
- Wie förderst du ein wachstumsorientiertes Mindset bei deinen Teilnehmenden?
- Welche Methoden haben sich in deiner Praxis als besonders motivationsfördernd erwiesen?

Motivation ist keine Selbstverständlichkeit, sondern das Ergebnis eines fein abgestimmten Zusammenspiels von inneren und äußeren Faktoren. Erwachsene lernen dann besonders gut, wenn sie sich eingebunden, kompetent und selbstbestimmt erleben. Lernhemmnisse sind nicht als Scheitern zu verstehen, sondern als Signale, die eine achtsame Begleitung und flexible Anpassung erfordern. Trainer:innen gestalten die Bedingungen, unter denen Lernprozesse gelingen können.

Rolle und Selbstverständnis von Trainer:innen

Die Rolle von Trainer:innen in der Erwachsenenbildung ist weit mehr als die eines reinen Wissensvermittlers oder einer Lehrperson im klassischen Sinne. Wer heute mit erwachsenen Lernenden arbeitet, begegnet Menschen mit vielfältigen Lebenserfahrungen, Erwartungen, Bedürfnissen und Herausforderungen. Diese Komplexität erfordert ein differenziertes Selbstverständnis, das über die bloße Weitergabe von Inhalten hinausgeht. Es geht darum, Lernprozesse zu gestalten, Menschen zu begleiten, Räume zu öffnen, Entwicklungen zu ermöglichen und zugleich ein hohes Maß an Fachkompetenz mit menschlicher Reife zu verbinden. Die Frage, welche Rolle du als Trainer:in einnimmst und wie du dich selbst in dieser Funktion verstehst, ist daher zentral für dein professionelles Handeln.

In der heutigen Erwachsenenbildung hat sich der Rollenbegriff von Trainer:innen stark gewandelt. Der oder die Trainer:in ist nicht mehr primär eine Autoritätsperson, die Wissen vorgibt und kontrolliert, sondern vielmehr eine gestaltende Kraft, die Lernprozesse ermöglicht, unterstützt und inspiriert. Dabei schlüpfen Trainer:innen in unterschiedliche Rollen, die sich je nach Zielgruppe, Setting, Thema und Phase eines Seminars überlagern oder abwechseln. Drei zentrale Perspektiven lassen sich dabei als hilfreich beschreiben: die Trainer:in als Lernbegleiter:in, als Facilitator und als Expert:in.

Als Lernbegleiter:in verstehst du dich in erster Linie als jemand, der Lernende auf ihrem individuellen Weg unterstützt. Du gehst davon aus, dass die Teilnehmenden nicht passiv auf Input warten, sondern selbst aktiv und verantwortlich lernen wollen. Deine Aufgabe ist es, diesen Prozess durch geeignete Rahmenbedingungen, methodische Vielfalt und persönliche Präsenz zu ermöglichen. Du stellst Fragen, statt nur Antworten zu geben. Du schaffst Gelegenheiten zur Reflexion und förderst die Selbststeuerung der Lernenden. In dieser Rolle geht es weniger um das Vortragen von Inhalten, sondern darum, Prozesse anzustoßen und zu halten. Du bist präsent, ohne dich in den Vordergrund zu stellen. Du schaffst eine vertrauensvolle Atmosphäre, gibst Orientierung und förderst die

Eigenverantwortung. Es ist ein dialogisches Verständnis von Lehren, das nicht auf Übertragung, sondern auf Beziehung und Co-Kreation basiert.

Als Facilitator, ein Begriff, der sich aus dem Englischen ableitet und so viel bedeutet wie Ermöglicher:in oder Förderer:in, bist du die Person, die Rahmen, Struktur und Dynamik eines Lernprozesses aktiv gestaltet. Du achtest auf den Fluss, auf das Zusammenspiel der Gruppe, auf die Interaktion zwischen Thema, Mensch und Methode. Du bist Moderator:in, Impulsgeber:in, manchmal auch Übersetzer:in zwischen verschiedenen Perspektiven. In dieser Rolle nutzt du dein Wissen über Gruppenprozesse, Methoden, Kommunikation und Didaktik, um Lernräume lebendig, offen und zugleich zielgerichtet zu gestalten. Du bist nicht neutral, aber auch nicht dominant. Du sorgst dafür, dass Beteiligung möglich wird, dass jede:r sich einbringen kann, dass Ideen zirkulieren und sich entwickeln. Gleichzeitig behältst du das Ziel im Blick, steuerst behutsam, greifst unterstützend ein und gibst Struktur, wenn es nötig ist. Diese Rolle erfordert ein hohes Maß an Selbstreflexion, Präsenz und die Fähigkeit, mit Unsicherheit und Vieldeutigkeit souverän umzugehen.

Als Expert:in bringst du Fachwissen, Erfahrung und methodische Kompetenz ein. Diese Rolle ist besonders dann gefragt, wenn es darum geht, Inhalte zu vermitteln, Fragen zu beantworten oder Orientierung zu geben. Teilnehmende erwarten in vielen Fällen von dir als Trainer:in, dass du weißt, wovon du sprichst, und dass du ihnen fachliche Sicherheit bietest. Hier zeigt sich ein klassischer Aspekt der Trainer:innenrolle. Du bist nicht nur Prozessgestalter:in, sondern auch Wissensquelle, Impulsgeber:in und Modell für kompetentes Handeln. Wichtig ist jedoch, dass diese Expertise nicht belehrend oder allwissend auftritt. Gute Trainer:innen teilen ihr Wissen transparent, offen und dialogisch. Sie laden ein, statt zu überreden, und fördern kritisches Denken, statt fertige Wahrheiten zu liefern. Deine fachliche Autorität gewinnt an Wirkung, wenn sie gepaart ist mit menschlicher Nahbarkeit und Offenheit für andere Perspektiven.

Diese drei Rollen, Lernbegleiter:in, Facilitator und Expert:in, schließen sich nicht gegenseitig aus. Vielmehr handelt es sich um Facetten eines ganzheitlichen Rollenverständnisses. Je nach Situation, Gruppe und Ziel kannst du zwischen ihnen wechseln oder sie miteinander verbinden. Entscheidend ist, dass du dir dieser Rollen bewusst bist und sie aktiv gestalten kannst. Reflexion spielt dabei eine zentrale Rolle. Frage dich regelmäßig: In welcher Rolle bin ich gerade unterwegs? Ist sie für dieses Setting hilfreich? Braucht es gerade mehr Struktur oder mehr Offenheit, mehr Input oder mehr Raum für eigene Erfahrungen? Diese Fragen helfen dir, flexibel und professionell zu agieren.

Das Selbstverständnis als Trainer:in entwickelt sich mit der Zeit. Es entsteht nicht allein durch Ausbildung oder Fachwissen, sondern vor allem durch Erfahrung, Feedback, Selbstreflexion und das bewusste Auseinandersetzen mit der eigenen Haltung. Viele Trainer:innen beginnen ihre Laufbahn mit einem starken Fokus auf Inhalte und Methoden. Im Laufe der Zeit rücken dann Fragen nach Beziehung, Prozessqualität, Haltung und Wirkung stärker in den Vordergrund. Du wächst in deine Rolle hinein, entwickelst deinen Stil, findest deine Sprache und deine Präsenz. Dabei ist es hilfreich, sich immer wieder mit Kolleg:innen auszutauschen,

Supervision oder Coaching in Anspruch zu nehmen und auch die Rückmeldungen der Teilnehmenden ernst zu nehmen.

Ein professionelles Selbstverständnis bedeutet auch, die eigene Wirkung einschätzen zu können. Wie wirke ich auf andere? Welche Botschaften sende ich nonverbal? Wie gehe ich mit Macht, mit Nähe und Distanz, mit Fehlern und Kritik um? Diese Fragen berühren nicht nur methodisches Wissen, sondern auch persönliche Reife und emotionale Intelligenz. Wer in der Erwachsenenbildung tätig ist, bewegt sich immer auch im Spannungsfeld zwischen Professionalität und Persönlichkeit. Es geht darum, sich selbst als Mensch einzubringen, ohne die Grenzen der Rolle zu überschreiten. Das erfordert Achtsamkeit, Klarheit und Authentizität.

Ein weiterer wichtiger Aspekt des Trainer:innen-Selbstverständnisses betrifft die Verantwortung. Als Trainer:in gestaltest du Lernräume, die Menschen prägen können. Du hast Einfluss auf Einstellungen, Haltungen, Handlungsmöglichkeiten. Dieser Einfluss will verantwortungsvoll genutzt werden. Das bedeutet, sich der eigenen Werte bewusst zu sein, ethische Leitlinien zu berücksichtigen und die Autonomie der Lernenden zu respektieren. Erwachsene sind keine leeren Gefäße, die gefüllt werden wollen, sondern eigenständige Persönlichkeiten, die eingeladen werden wollen, ihr Denken und Handeln zu erweitern. Deine Aufgabe ist es, sie dabei zu unterstützen, respektvoll, kompetent und mit einem klaren Bewusstsein für deine Rolle.

Trainer:innen sind auch Vorbilder. Nicht im Sinne eines perfekten Menschen, sondern als jemand, der zeigt, wie Lernen gelingen kann, wie man mit Unsicherheiten umgeht, wie man sich entwickelt. Du bist nicht nur Vermittler:in, sondern auch ein Modell für Lernhaltung, Offenheit, kritisches Denken und Selbstreflexion. Du bist ein lebendiges Beispiel für das, was du vermittelst. Das verlangt keine Inszenierung, aber eine gelebte Übereinstimmung zwischen dem, was du sagst, und dem, was du tust.

Die Auseinandersetzung mit der eigenen Rolle ist kein einmaliger Akt, sondern ein kontinuierlicher Prozess. Je bewusster du dir deiner verschiedenen Rollen bist, desto flexibler und wirkungsvoller kannst du sie einsetzen. Es ist diese reflektierte Vielschichtigkeit, die professionelles Handeln in der Erwachsenenbildung ausmacht. Du bist nicht entweder Lernbegleiter:in oder Expert:in. Du bist beides, und mehr. Du bist Beziehungsgestalter:in, Impulsgeber:in, Moderator:in, Feedbackpartner:in, Modell und Mitlernende:r zugleich. Diese Vielfalt ist herausfordernd, aber auch erfüllend. Sie bietet dir die Möglichkeit, dich selbst weiterzuentwickeln, während du andere begleitest.

Reflexionsfragen:

- Wie definierst du deine Rolle als Trainer:in aktuell und was hat sich daran im Lauf der Zeit verändert?
- In welchen Momenten fühlst du dich eher als Lernbegleiter:in, wann als Expert:in, wann als Facilitator?
- Welche dieser Rollen fällt dir besonders leicht und welche erlebst du als Herausforderung?
- Wie gehst du damit um, wenn Teilnehmende ein anderes Rollenverständnis von dir haben als du selbst?
- Welche Werte prägen dein professionelles Selbstverständnis als Trainer:in?
- Wie reflektierst du deine Wirkung auf Teilnehmende und wie nutzt du dieses Feedback?
- Welche Verantwortung spürst du in deiner Tätigkeit und wie gehst du damit um?
- Wie sorgst du für deine eigene Weiterentwicklung als Trainer:in?

Trainer:innen gestalten nicht nur Inhalte, sondern auch Haltungen, Beziehungen und Lernräume. Sie sind zugleich Expert:innen, Begleiter:innen und Ermöglicher:innen von Entwicklung. Ein reflektiertes Selbstverständnis ist der Schlüssel für eine wirksame und authentische Arbeit in der Erwachsenenbildung. Wer sich seiner Rollenvielfalt bewusst ist, kann flexibel und verantwortungsvoll auf die Bedürfnisse von Gruppen und Einzelnen eingehen.

Haltung, Werte und professionelle Standards

Wer als Trainer:in in der Erwachsenenbildung arbeitet, vermittelt nicht nur Wissen und Methoden, sondern steht immer auch mit der eigenen Haltung im Raum. Diese Haltung ist kein beiläufiger Aspekt, sondern ein zentrales Fundament professionellen Handelns. Sie drückt sich in der Art und Weise aus, wie Menschen begegnet wird, wie mit Unsicherheiten und Vielfalt umgegangen wird und wie Lernprozesse gestaltet werden. Haltung meint dabei nicht nur das bewusste Verhalten in bestimmten Situationen, sondern auch die inneren Überzeugungen, Werte und ethischen Prinzipien, die eine Trainer:in trägt und die sich in der Interaktion mit Lernenden immer wieder zeigen.

Eine professionelle Haltung lässt sich nicht auf einem Flipchart zusammenfassen und ist selten vollständig bewusst. Sie entsteht aus dem Zusammenspiel persönlicher Erfahrungen, fachlicher Prägung, Aus- und Weiterbildung, Selbstreflexion und Praxis. Haltung ist etwas, das sich entwickelt, das wachsen kann und das zugleich immer wieder auf den Prüfstand gehört. Denn wer in der Erwachsenenbildung tätig ist, bewegt sich in einem Feld, das geprägt ist von Machtverhältnissen, Unterschiedlichkeit, Erwartungen, Projektionen, Emotionen und Lernbiografien. In solchen Spannungsfeldern braucht es Klarheit, Orientierung und ein ethisches Fundament.

Zu einer professionellen Haltung gehört die Anerkennung der Autonomie der Lernenden. Erwachsene sind keine Objekte pädagogischer Maßnahmen, sondern Subjekte mit eigener Geschichte, eigenen Zielen, Ressourcen und Grenzen. Sie haben das Recht, eigene Entscheidungen zu treffen, Lernwege zu hinterfragen und auch Angebote abzulehnen. Eine respektvolle Haltung bedeutet daher, Menschen ernst zu nehmen, ohne sie zu bevormunden, und ihre Lernfreiheit zu achten, auch wenn sie andere Wege wählen als die von der Trainer:in vorgeschlagenen. Es bedeutet auch, Vertrauen in die Lernfähigkeit und die Entwicklungskraft des Gegenübers zu haben, ohne dabei Kontrolle auszuüben oder Defizite zu betonen.

Zugleich beinhaltet eine professionelle Haltung die Fähigkeit zur Selbstreflexion. Trainer:innen müssen bereit sein, sich selbst zu hinterfragen, die eigene Wirkung zu beobachten und Kritik anzunehmen. Wer glaubt, über allem zu stehen, verliert den Kontakt zu den Lernenden und gefährdet die eigene Professionalität. Eine reflektierte Haltung ist geprägt von der Bereitschaft, sich selbst als Lernende:r zu begreifen. Denn auch Trainer:innen sind nie fertig. Sie lernen mit und von den Gruppen, mit denen sie arbeiten. Sie entwickeln sich durch Feedback, durch Irritationen, durch gelungene und misslungene Momente. Diese Lernbereitschaft ist keine Schwäche, sondern Ausdruck von Authentizität und Stärke.

Ein zentrales Element professioneller Haltung ist die Wertschätzung. Sie meint nicht oberflächliche Nettigkeit, sondern die tiefe Achtung vor der Würde und Einzigartigkeit jedes Menschen. Sie zeigt sich in der Sprache, im Zuhören, in der Art, wie Rückmeldungen gegeben werden, und in der Geduld, mit der Lernprozesse begleitet werden. Wertschätzung bedeutet auch, Unterschiede anzuerkennen, ohne zu bewerten, und das, was Menschen mitbringen, als Ressource zu betrachten. In einem wertschätzenden Lernumfeld trauen sich Menschen, sich zu zeigen, Fragen zu stellen, Fehler zu machen und neue Erfahrungen zuzulassen. Wertschätzung ist damit nicht nur eine ethische Haltung, sondern auch ein wirkungsvolles pädagogisches Prinzip.

Neben der Wertschätzung gehört auch die Klarheit zu den tragenden Elementen professioneller Haltung. Klarheit bedeutet, in der Kommunikation eindeutig zu sein, Strukturen transparent zu machen und Grenzen deutlich zu setzen. Trainer:innen, die klare Rahmenbedingungen schaffen, geben Orientierung und Sicherheit. Sie zeigen, wofür sie stehen, was sie erwarten, und wie sie mit Störungen umgehen. Klarheit schafft Vertrauen, weil sie berechenbar macht und Verlässlichkeit vermittelt. Sie schließt die Fähigkeit ein, auch unangenehme Dinge anzusprechen, Konflikte zu bearbeiten und Verantwortung zu übernehmen.

Professionalität in der Erwachsenenbildung ist eng mit bestimmten Werten verbunden, die als ethische Leitlinien dienen. Dazu gehören unter anderem Respekt, Verantwortung, Gerechtigkeit, Offenheit, Integrität und

Solidarität. Diese Werte sind keine starren Normen, sondern lebendige Orientierungspunkte, die im konkreten Handeln immer wieder neu ausgehandelt werden müssen. Sie helfen, in komplexen Situationen Entscheidungen zu treffen, Ambivalenzen auszuhalten und das eigene Tun zu reflektieren. Ein wertorientiertes Arbeiten bedeutet auch, sich der eigenen Macht bewusst zu sein und diese transparent und verantwortungsvoll zu nutzen.

Macht ist ein oft unterschätzter Aspekt in der Arbeit von Trainer:innen. Wer eine Gruppe leitet, Inhalte bestimmt, Methoden auswählt und über das Setting entscheidet, nimmt Einfluss. Diese Einflussnahme ist unvermeidlich, aber sie muss reflektiert werden. Eine professionelle Haltung zeichnet sich dadurch aus, dass Macht nicht verdeckt oder verleugnet wird, sondern bewusst, offen und zum Wohle der Lernenden eingesetzt wird. Dazu gehört es, Beteiligung zu ermöglichen, Entscheidungen zu erklären, Raum für Mitgestaltung zu lassen und Kritik als Beitrag zur Entwicklung zu sehen.

Trainer:innen bewegen sich in einer doppelten Verantwortung: Sie tragen Verantwortung gegenüber den Lernenden und gegenüber dem Auftrag oder der Institution, in deren Rahmen sie arbeiten. Diese Verantwortung kann Spannungen erzeugen, etwa wenn Teilnehmende andere Erwartungen haben als der Auftraggeber oder wenn institutionelle Vorgaben die pädagogische Freiheit einschränken. Eine professionelle Haltung hilft, solche Spannungsfelder auszuhalten, tragfähige Lösungen zu finden und die eigene Integrität zu wahren. Dazu braucht es ethische Sensibilität, Kommunikationsfähigkeit und die Bereitschaft, auch unbequeme Fragen zu stellen.

Professionelle Standards in der Erwachsenenbildung bieten eine wichtige Orientierung für Trainer:innen. Sie umfassen sowohl fachliche als auch pädagogische Kompetenzen, ethische Prinzipien, Qualitätskriterien und Hinweise zur Selbstfürsorge. Viele Verbände und Netzwerke haben solche Standards formuliert, etwa in Form von Berufskodizes, Leitlinien oder Gütesiegeln. Diese Standards helfen, Transparenz zu schaffen, Vertrauen aufzubauen und die Qualität der Bildungsarbeit zu sichern. Sie dienen nicht der Kontrolle, sondern der professionellen Weiterentwicklung. Sie geben Trainer:innen die Möglichkeit, ihre Arbeit einzuordnen, zu reflektieren und weiterzuentwickeln.

Zu diesen Standards gehört auch die Verpflichtung zur kontinuierlichen Fortbildung. Wer professionell arbeiten will, muss bereit sein, sich weiterzubilden, neue Entwicklungen zu verfolgen und die eigene Praxis regelmäßig zu überprüfen. Dazu gehören Fachseminare, Methodentrainings, Supervision, kollegiale Beratung oder die Lektüre aktueller Literatur. Weiterbildung ist nicht nur ein Zeichen von Engagement, sondern auch ein Ausdruck von Verantwortung gegenüber den Teilnehmenden. Denn nur wer selbst lernt, kann andere beim Lernen wirksam unterstützen.

Ein weiterer Aspekt professioneller Standards ist die Abgrenzung zur therapeutischen Arbeit. Trainer:innen sind keine Therapeut:innen, auch wenn sie mit persönlichen Themen und Emotionen konfrontiert werden. Es gehört zur professionellen Haltung, die Grenzen der eigenen Rolle zu kennen und zu respektieren. Dazu gehört es, bei Bedarf weiterzuverweisen, Hilfe zu empfehlen oder auch Themen auszuklammern, die nicht zum Rahmen der Veranstaltung passen. Diese Klarheit schützt sowohl die Lernenden als auch die Trainer:innen selbst.

Selbstfürsorge ist ein oft unterschätzter Teil professioneller Haltung. Wer andere beim Lernen begleitet, braucht Kraft, Klarheit und Präsenz. Diese Qualitäten lassen sich nicht dauerhaft aufrechterhalten, wenn man sich selbst überfordert, ausbeutet oder eigene Bedürfnisse ignoriert. Professionelle Trainer:innen achten auf ihre Energie, auf ihre Grenzen, auf Erholung und Ausgleich. Sie wissen, dass sie nur dann gute Lernprozesse begleiten können, wenn sie auch gut für sich selbst sorgen. Diese Haltung ist kein Luxus, sondern eine Voraussetzung für nachhaltige Bildungsarbeit.

Zusammenfassend lässt sich sagen, dass Haltung, Werte und professionelle Standards das Fundament bilden, auf dem gute Erwachsenenbildung aufbaut. Sie zeigen sich nicht in Schlagworten, sondern im alltäglichen Handeln, in der Art der Begegnung, im Umgang mit Macht, in der Reflexion des eigenen Tuns und in der Bereitschaft zur Weiterentwicklung. Wer sich seiner Werte bewusst ist und sie lebendig in die Praxis integriert, schafft Lernräume, die mehr sind als nur Orte der Wissensvermittlung. Es entstehen Erfahrungsräume, in denen Entwicklung, Beziehung und Sinn erfahrbar werden.

Reflexionsfragen:

- Welche Werte sind dir in deiner Arbeit als Trainer:in besonders wichtig und wie zeigen sie sich im Alltag?
- Wie erlebst du deine eigene Haltung in der Arbeit mit Gruppen und woran machst du sie fest?
- In welchen Situationen ist dir deine professionelle Haltung besonders bewusst geworden?
- Welche Rolle spielt Macht in deinem Verständnis von Erwachsenenbildung und wie gehst du damit um?
- Wie gehst du mit Spannungsfeldern zwischen institutionellen Anforderungen und den Bedürfnissen der Lernenden um?
- Welche professionellen Standards sind dir bekannt und wie orientierst du dich daran?
- Was tust du aktiv für deine eigene Selbstfürsorge und wie wirkt sich das auf deine Arbeit aus?
- Wie reflektierst du regelmäßig deine Haltung und deine Wirkung auf Teilnehmende?

Professionelle Haltung zeigt sich in jeder Geste, in jedem Wort, in jeder Entscheidung. Sie beruht auf einem wertebasierten Selbstverständnis, auf reflektiertem Handeln und auf der Bereitschaft, Verantwortung zu übernehmen. Trainer:innen, die sich ihrer Werte und Standards bewusst sind, schaffen Lernräume mit Tiefe, Klarheit und Wirkung.

Reflexion der eigenen Rolle und Biografie

In der Arbeit als Trainer:in in der Erwachsenenbildung stehen nicht nur Fachwissen und Methoden im Vordergrund, sondern auch die Person, die lehrt. Jede:r bringt eine eigene Geschichte, eine Biografie, Erfahrungen, Werte und Prägungen mit in den Seminarraum. Diese persönliche Geschichte beeinflusst unweigerlich das professionelle Handeln. Sie prägt, wie du auf Gruppen reagierst, welche Themen dir liegen, welche Herausforderungen dich fordern und wie du deine Rolle verstehst. Die bewusste Reflexion der eigenen Rolle und Biografie ist daher ein essenzieller Bestandteil professioneller Weiterentwicklung. Sie schafft Klarheit über innere Antriebe, unbewusste Muster und persönliche Ressourcen. Wer sich selbst gut kennt, kann authentisch und reflektiert mit Gruppen arbeiten und bleibt auch in herausfordernden Situationen handlungsfähig.

Der Weg in die Erwachsenenbildung ist selten gradlinig. Viele Menschen kommen über Umwege, persönliche Brüche, berufliche Veränderungen oder über eine Leidenschaft für ein bestimmtes Thema in diesen Beruf. Oftmals stehen biografische Erfahrungen am Anfang der Entscheidung, mit Menschen zu arbeiten und Lernprozesse zu gestalten. Vielleicht hast du selbst erlebt, wie bereichernd ein gutes Seminar sein kann. Vielleicht hast du erkannt, dass du in bestimmten Kontexten Menschen erreichst, bewegst, inspirierst. Vielleicht hast du in einer Lebensphase selbst Unterstützung gebraucht und daraus den Wunsch entwickelt, auch andere zu begleiten. Diese Beweggründe wirken weiter, oft auch dann, wenn sie nicht mehr bewusst sind. Sie beeinflussen dein Selbstbild als Trainer:in, deine Motivation, deine Haltung und deinen Stil.

Univ.-Prof. Dr. Elke Gruber bringt es treffend auf den Punkt, wenn sie sagt: „Erwachsenenbildner:innen haben in der Regel krumme Biografien." Dieser Satz ist keine Abwertung, sondern eine Anerkennung der Vielfalt, der Brüche und der lebenslangen Lernprozesse, die viele Menschen in die Erwachsenenbildung führen. Gemeint ist damit, dass der Weg in diesen Beruf selten geradlinig verläuft. Viele Trainer:innen haben unterschiedliche berufliche Stationen durchlaufen, Erfahrungen in anderen Feldern gesammelt, Umwege gemacht oder sogar Krisen durchlebt, bevor sie sich entschlossen haben, Bildungsprozesse für andere zu gestalten. Diese sogenannten krummen Biografien sind kein Makel, sondern eine Stärke. Sie bringen Lebenserfahrung, Empathie und eine gewisse Erdung mit sich. Wer selbst Umwege gegangen ist, kann andere oft besser begleiten. Wer Wandel am eigenen Leib erlebt hat, versteht, wie anspruchsvoll Veränderung sein kann. Wer Brüche kennt, bringt häufig mehr Toleranz für Ambivalenz mit. Insofern sind es gerade diese vielfältigen Lebenswege, die Erwachsenenbildner:innen besonders qualifizieren, Lernprozesse in ihrer Tiefe und Komplexität zu verstehen und zu gestalten.

Die Frage nach der eigenen Rolle ist eng mit den persönlichen Lebensthemen verbunden. Manche Trainer:innen nehmen vor allem die Rolle der Vermittlung ein und fühlen sich in der strukturierten Weitergabe von Wissen wohl. Andere empfinden sich stärker als Prozessbegleiter:innen, denen es um Entwicklung, Beziehung und Dialog geht. Wieder andere sind besonders stark in der Moderation, in der Impulsgebung oder in der

Inspiration. Keine dieser Rollen ist per se besser oder schlechter. Entscheidend ist, dass du dir darüber im Klaren bist, welche Anteile dich prägen und wie du zwischen ihnen wechseln kannst. Dabei hilft ein regelmäßiger Blick auf das eigene Rollenverständnis. In welchen Momenten fühlst du dich besonders präsent, wirksam und stimmig? Wann verlierst du den Kontakt zu dir selbst oder zu den Teilnehmenden? Welche Situationen fordern dich heraus, welche geben dir Energie?

Die eigene Biografie enthält Hinweise auf Ressourcen, aber auch auf blinde Flecken. Wer sich etwa in der Kindheit oft angepasst hat, könnte später in der Trainer:innenrolle dazu tendieren, es allen recht machen zu wollen. Wer früh Verantwortung übernehmen musste, könnte Schwierigkeiten haben, Verantwortung in Gruppen zu teilen. Wer in autoritären Bildungskontexten aufgewachsen ist, könnte unbewusst ähnliche Strukturen reproduzieren oder sich bewusst davon abgrenzen. All das muss kein Problem sein, solange es dir bewusst ist. Reflexion bedeutet, sich diesen biografischen Spuren zuzuwenden, ohne sich von ihnen bestimmen zu lassen. Es geht darum, bewusst zu wählen, wie du deine Rolle ausfüllen willst, und nicht unbewusst alten Mustern zu folgen.

Die Reflexion der eigenen Rolle ist kein einmaliger Akt, sondern ein fortlaufender Prozess. In jeder Gruppe, in jedem Seminar, in jeder Rückmeldung steckt eine Einladung zur Selbsterkenntnis. Manchmal sind es irritierende Erfahrungen, die besonders viel Potenzial für Entwicklung bieten. Wenn du zum Beispiel wiederholt auf Teilnehmende triffst, mit denen du schwer in Kontakt kommst, kann das ein Anlass sein, deine inneren Haltungen zu hinterfragen. Was genau triggert dich? Welche deiner Grenzen werden berührt? Welche Bedürfnisse meldet dein Inneres an? Solche Fragen führen zu einem vertieften Verständnis deiner selbst und helfen dir, deine Professionalität weiterzuentwickeln.

Ein bewährtes Mittel zur Reflexion ist das Führen eines Lerntagebuchs oder Reflexionsjournals. Hier kannst du nach jedem Seminar notieren, was gut lief, was schwierig war, welche Gefühle aufgetaucht sind und welche Gedanken dich beschäftigen. Diese regelmäßige Selbstbeobachtung stärkt deine Fähigkeit zur Metareflexion, also zur Betrachtung deines eigenen Tuns aus einer übergeordneten Perspektive. Du lernst, Muster zu erkennen, Lernprozesse nachzuvollziehen und gezielte Veränderungen vorzunehmen. Auch der Austausch mit Kolleg:innen in Supervision, Intervision oder kollegialer Beratung bietet wertvolle Impulse. In diesen Settings kannst du blinde Flecken aufdecken, Rückmeldungen erhalten und dich in einem geschützten Rahmen mit herausfordernden Themen auseinandersetzen.

Ein besonders wirksames Instrument zur Reflexion der eigenen Biografie ist die Arbeit mit dem sogenannten Lebenspanorama. Dabei zeichnest du wichtige Stationen deines Lebens auf, markierst prägende Erfahrungen, Wendepunkte, Bezugspersonen, Erfolgs- und Scheitermomente. Diese visuelle Darstellung hilft dir, Zusammenhänge zu erkennen und einen Überblick über die eigene Entwicklung zu gewinnen. Vielleicht erkennst du dabei, dass bestimmte Themen sich wie ein roter Faden durch dein Leben ziehen. Oder du stellst fest, dass frühere Erfahrungen dir heute Kraft geben, auch in komplexen Gruppensituationen präsent zu bleiben. Biografisches Arbeiten bedeutet nicht, in der Vergangenheit zu verharren, sondern aus ihr zu lernen und sie als Ressource zu nutzen.

Auch das eigene Verhältnis zu Autorität, zu Lernen, zu Leistung und zu Fehlern ist häufig biografisch geprägt. Wer als Kind für gute Leistungen gelobt wurde, entwickelt vielleicht einen hohen Anspruch an sich selbst. Wer vor allem durch Leistungsdruck motiviert wurde, könnte später Schwierigkeiten haben, mit lockeren, spontanen Lernsettings umzugehen. Wer gelernt hat, Fehler zu vermeiden, wird vielleicht auch in der Rolle als Trainer:in Angst davor haben, sich zu blamieren oder etwas nicht zu wissen. All das ist verständlich und menschlich. Doch gerade in der Erwachsenenbildung, die von Beziehung, Offenheit und Authentizität lebt, ist es hilfreich, diese inneren Anteile zu kennen. Sie sind nicht falsch oder schlecht, aber sie sollten bewusst sein, damit du mit ihnen umgehen kannst, statt von ihnen gesteuert zu werden.

Reflexion bedeutet auch, sich immer wieder zu fragen, wofür man eigentlich antritt. Was ist dein innerer Auftrag? Was treibt dich an, dich vor eine Gruppe zu stellen, Verantwortung zu übernehmen, Energie in die

Gestaltung von Lernprozessen zu investieren? Vielleicht ist es die Freude am Austausch, die Begeisterung für ein Thema, der Wunsch, etwas weiterzugeben oder das Bedürfnis, gesellschaftlich etwas zu bewegen. Solche inneren Motive geben Orientierung und Kraft. Gleichzeitig können sie sich im Lauf der Zeit verändern. Was dich vor fünf Jahren motiviert hat, kann heute nicht mehr stimmig sein. Die bewusste Auseinandersetzung mit deinem inneren Antrieb hilft dir, deine Arbeit mit Sinn zu füllen und mit dir selbst im Einklang zu bleiben.

Auch deine Haltung zu Erfolg und Wirksamkeit verdient regelmäßige Reflexion. Was ist für dich ein gelungenes Seminar? Wann hast du das Gefühl, etwas bewirkt zu haben? Geht es dir um inhaltliche Vermittlung, um atmosphärische Qualität, um Feedback der Teilnehmenden oder um deine eigene Zufriedenheit? Diese Fragen sind nicht banal, sondern berühren den Kern deiner beruflichen Identität. Je klarer du dir darüber bist, was du als gelungene Arbeit empfindest, desto gezielter kannst du deine Angebote gestalten und dich vor unrealistischen Ansprüchen schützen.

Die Reflexion der eigenen Rolle und Biografie ist auch ein Schutz vor Überforderung und Burnout. Wer sich selbst kennt, weiß besser, wo die eigenen Grenzen liegen, welche Bedingungen gut tun und wo Gefahr besteht, sich zu verausgaben. Trainer:innen arbeiten oft mit hoher Intensität, mit vielen Emotionen, mit komplexen Gruppenprozessen. Wer dabei den Kontakt zu sich selbst verliert, verliert auch die Fähigkeit zur professionellen Gestaltung. Selbsterkenntnis ist deshalb nicht nur ein Akt der persönlichen Entwicklung, sondern auch ein Beitrag zur Qualitätssicherung. Am Ende geht es darum, sich als Trainer:in nicht nur über Methoden und Inhalte zu definieren, sondern über die eigene Präsenz, über die Fähigkeit zur Beziehungsgestaltung und über die Bereitschaft zur kontinuierlichen Selbstentwicklung. Die Reflexion der eigenen Rolle und Biografie ist dabei ein Weg, der nicht abgeschlossen ist, sondern immer wieder neu gegangen wird. Mit jedem Seminar, mit jeder Begegnung, mit jedem Feedback. Es ist ein Weg zu mehr Klarheit, mehr Authentizität und letztlich auch zu mehr Tiefe in deiner Arbeit.

Reflexionsfragen:

- Welche Erfahrungen aus deiner Biografie haben dich in deiner Rolle als Trainer:in besonders geprägt?
- Wie erlebst du deine verschiedenen Rollen in der Arbeit mit Gruppen und welche nimmst du besonders häufig ein?
- Welche Situationen im Seminarverlauf fordern dich emotional heraus und was sagt das über dich aus?
- Inwiefern hilft dir die Reflexion deiner eigenen Lernbiografie dabei, empathischer mit Teilnehmenden umzugehen?
- Was motiviert dich persönlich, in der Erwachsenenbildung zu arbeiten, und wie hat sich das über die Jahre verändert?
- Welche Ressourcen aus deinem bisherigen Leben nutzt du heute bewusst in deiner Trainer:innenrolle?
- Wie gehst du mit Rückmeldungen um, die dich irritieren oder verunsichern?
- Was tust du regelmäßig, um dich selbst zu reflektieren und dich beruflich weiterzuentwickeln?

Krumme Biografien, persönliche Wendepunkte und reflektierte Rollenbilder sind kein Widerspruch zu Professionalität, sondern ihre lebendige Grundlage. Wer sich selbst kennt, begegnet anderen mit mehr Klarheit, Offenheit und Präsenz.

Kommunikation verstehen und gestalten

Kommunikation bedeutet, im ursprünglichen Sinn, etwas mit anderen zu teilen. Das lateinische Wort „communicare" verweist bereits auf den wechselseitigen Charakter dieses Prozesses. Es geht nicht nur darum, Informationen zu übermitteln, sondern darum, sich mitzuteilen, sich verständlich zu machen, Resonanz zu erfahren und gemeinsam Bedeutung zu schaffen. In der Praxis sind das vor allem Gedanken, Ideen, Wünsche und Gefühle, die wir über Sprache, Körpersprache, Texte, Bilder und andere Ausdrucksformen kommunizieren. Kommunikation ist somit ein fundamentaler Bestandteil jeder Beziehung, jedes Lernprozesses und jeder zwischenmenschlichen Interaktion. In der Erwachsenenbildung ist sie das zentrale Werkzeug der Trainer:in und gleichzeitig der Rahmen, in dem Lernen überhaupt erst möglich wird.

Im Alltag wird Kommunikation oft als bloßer Nachrichtentransfer verstanden. Etwas wird gesagt, gehört, gelesen, gesendet. Die Vorstellung gleicht dem Transport eines Gegenstandes von einem Ort zum anderen. Eine Person sendet eine Botschaft, eine andere empfängt sie. Kommt es dabei zu Missverständnissen, liegt der Verdacht nahe, dass die Information beschädigt, unvollständig oder auf dem Weg verloren gegangen ist. Diese Vorstellung hat durchaus ihre Berechtigung, greift jedoch zu kurz. Kommunikation ist nicht nur ein technischer Vorgang, sondern ein komplexes soziales Geschehen. Sie findet zwischen Menschen statt, die fühlen, denken, deuten, urteilen, erinnern und vergessen. Sie wird von Kontexten beeinflusst, von Erwartungen gesteuert, von Emotionen begleitet. Das, was gesagt wird, ist nie identisch mit dem, was gehört wird. Und das, was gehört wird, ist nie vollständig kontrollierbar durch die sprechende Person.

In der Erwachsenenbildung ist Kommunikation immer mehrdimensional. Als Trainer:in kommunizierst du nicht nur durch Worte, sondern auch durch Haltung, Tonfall, Körpersprache und durch das, was du nicht sagst. Du setzt Zeichen, sendest Signale, öffnest oder verschließt Räume. Du formulierst Aufgaben, gibst Feedback, moderierst Diskussionen, stellst Fragen, erzählst Geschichten. Gleichzeitig reagieren die Teilnehmenden nicht nur auf den Inhalt deiner Aussagen, sondern auch auf deine Ausstrahlung, dein Verhalten, deine innere Haltung. Kommunikation wirkt also immer auf mehreren Ebenen gleichzeitig und transportiert weit mehr als nur Informationen. Sie ist Beziehungsgestaltung, Deutungsangebot, Einladung zur Teilhabe.

Die Kommunikationswissenschaft hat zahlreiche Modelle entwickelt, um diese Komplexität verständlicher zu machen. Auch wenn sie die Wirklichkeit stets nur ausschnitthaft abbilden können, bieten sie wertvolle Orientierung. Sie helfen dir dabei, Kommunikation bewusster zu erleben, zu analysieren und gezielter zu gestalten. Du erkennst zum Beispiel, warum manche Botschaften nicht ankommen, obwohl du sie klar formuliert hast. Du verstehst, warum bestimmte Rückmeldungen Widerstand erzeugen oder warum eine harmlose Bemerkung zu einem Missverständnis führt. Du lernst, welche Signale du selbst aussendest, vielleicht sogar unbewusst, und wie du durch kleine Veränderungen große Wirkungen erzielen kannst.

Als Trainer:in bewegst du dich permanent in kommunikativen Feldern. Du eröffnest Seminare, strukturierst Abläufe, stellst Fragen, erklärst Inhalte, reagierst auf Beiträge, führst Gespräche in Kleingruppen, gibst Rückmeldungen, gehst auf Kritik ein und leitest Diskussionen. Jede dieser Situationen verlangt kommunikative Feinfühligkeit, Klarheit, Präsenz und zugleich die Bereitschaft, sich auf das Unvorhersehbare einzulassen. Kommunikation lässt sich nicht vollständig planen. Sie lebt von der Resonanz zwischen den Beteiligten, von der Aufmerksamkeit füreinander, vom Mut zum echten Dialog. Die Qualität deiner Kommunikation beeinflusst unmittelbar die Qualität deiner Seminare.

Ein gelingender Kommunikationsstil in der Erwachsenenbildung zeichnet sich durch Klarheit, Wertschätzung, Offenheit und Struktur aus. Klarheit bedeutet, dass du verständlich formulierst, auf die Sprachebene deiner Zielgruppe achtest und unnötige Komplexität vermeidest. Wertschätzung zeigt sich in der Art, wie du auf Beiträge reagierst, wie du mit Fragen und Kritik umgehst und wie du die Vielfalt von Meinungen zulässt. Offenheit heißt, dass du nicht nur sendest, sondern auch empfängst, dass du zuhörst, Resonanz gibst, Irritationen zulässt und bereit bist, selbst zu lernen. Struktur schließlich gibt den Teilnehmenden Sicherheit und Orientierung. Sie wissen, was sie erwartet, wie sie sich beteiligen können und welche Spielregeln gelten.

Kommunikation bedeutet auch, mit Ambivalenz umzugehen. Nicht alles, was gesagt wird, ist eindeutig. Nicht jedes Schweigen ist Ablehnung. Nicht jede Frage ist nur eine Frage. Gerade in der Arbeit mit Gruppen ist es wichtig, unter der Oberfläche zu lesen, Zwischentöne wahrzunehmen und Unsichtbares sichtbar zu machen. Dazu brauchst du nicht nur ein gutes Gespür, sondern auch Modelle, die dir helfen, komplexe Kommunikationsprozesse zu entschlüsseln. In den nächsten Kapiteln werden wir uns solchen Modellen widmen, etwa dem Vier-Seiten-Modell von Schulz von Thun, dem Sender-Empfänger-Modell, dem Kommunikationsquadrat oder dem Eisbergmodell. Diese Modelle zeigen dir, auf welchen Ebenen

Kommunikation abläuft, wie Missverständnisse entstehen und wie du gezielter agieren kannst.

Eine besondere Bedeutung kommt dabei der nonverbalen Kommunikation zu. Studien zeigen, dass ein großer Teil der kommunikativen Wirkung über Mimik, Gestik, Tonlage und Körperhaltung transportiert wird. Als Trainer:in solltest du dir deiner Körpersprache bewusst sein und sie gezielt einsetzen. Du kannst durch Blickkontakt, offene Körperhaltung, einladende Gesten und eine ruhige Stimme viel zur Lernatmosphäre beitragen. Gleichzeitig hilft dir ein geschulter Blick, nonverbale Signale der Teilnehmenden zu erkennen und darauf einzugehen. Kommunikation ist nicht nur das, was gesagt wird, sondern auch das, was gespürt wird. In einer Atmosphäre von Sicherheit und Vertrauen entsteht Offenheit. In einem Klima von Bewertung und Unsicherheit dagegen entstehen Rückzug, Widerstand oder oberflächliche Beteiligung.

Auch Zuhören ist ein zentraler Bestandteil gelingender Kommunikation. Doch Zuhören ist nicht gleich Zuhören. Es gibt das höfliche, distanzierte, passive Zuhören, das wenig Resonanz erzeugt. Und es gibt das aufmerksame, interessierte, aktive Zuhören, das Verbindung schafft. Aktives Zuhören bedeutet, dass du dich auf dein Gegenüber einlässt, Zwischenfragen stellst, das Gesagte zusammenfasst, Gefühle benennst, Blickkontakt hältst und deinem Gegenüber das Gefühl gibst, wirklich gehört und verstanden zu werden. Diese Form des Zuhörens ist anstrengender, aber auch wirkungsvoller. Sie schafft Beziehung, öffnet Räume und fördert Vertrauen.

Ein weiterer Aspekt ist die bewusste Steuerung von Sprache. Die Wahl deiner Worte, der Satzbau, der Tonfall, die Pausen – all das beeinflusst, wie deine Botschaften ankommen. In der Erwachsenenbildung ist es hilfreich, eine klare, konkrete und bildhafte Sprache zu verwenden. Fachbegriffe sollten erklärt, Abstraktes sollte durch Beispiele veranschaulicht werden. Metaphern, Geschichten und Bilder helfen, Inhalte zu verankern. Gleichzeitig solltest du sensibel sein für sprachliche Ausschlüsse oder unbedachte Formulierungen, die Menschen irritieren oder verletzen können. Sprache ist nie neutral. Sie trägt Haltungen, Weltbilder und

Bewertungen in sich. Kommunikation in der Erwachsenenbildung bedeutet auch, Feedback zu geben und zu nehmen. Feedback ist eine besonders dichte Form der Kommunikation, in der Wahrnehmungen, Wirkungen und Rückmeldungen ausgesprochen werden. Gutes Feedback ist konkret, beschreibend, konstruktiv und bezieht sich auf beobachtbares Verhalten. Es ist keine Bewertung der Person, sondern eine Einladung zur Reflexion. Als Trainer:in gibst du Feedback, aber du nimmst auch welches entgegen. Und wie du damit umgehst, prägt deine Glaubwürdigkeit. Wer offen mit Feedback umgeht, zeigt Lernbereitschaft, Selbstbewusstsein und Respekt gegenüber dem Gegenüber.

Nicht zuletzt gehört zur professionellen Kommunikation auch der Umgang mit Störungen, Konflikten und Missverständnissen. Diese lassen sich nicht vermeiden, sie gehören zur Realität jeder Gruppe. Die Frage ist nicht, ob sie auftreten, sondern wie du damit umgehst. Ein professioneller Umgang mit Störungen bedeutet nicht, sie zu ignorieren oder zu unterdrücken, sondern sie wahrzunehmen, anzusprechen und gemeinsam zu bearbeiten. Kommunikation ist kein reibungsloser Prozess, sondern ein lebendiger Austausch. Und dieser Austausch wird manchmal unordentlich, emotional oder widersprüchlich. Genau in diesen Momenten zeigt sich deine Fähigkeit, Räume zu halten, Spannungen auszubalancieren und Entwicklung zu ermöglichen.

Kommunikation ist ein Spiegel. Sie zeigt uns, wie wir denken, fühlen, handeln. Sie ist Ausdruck unserer Haltung, unserer Präsenz und unserer Fähigkeit zur Beziehungsgestaltung. In der Erwachsenenbildung ist sie das unsichtbare Fundament, auf dem alles aufbaut. Wer gut kommuniziert, schafft Vertrauen, inspiriert, motiviert, klärt, aktiviert und ermöglicht Lernen. Wer Kommunikation bewusst gestaltet, gestaltet damit auch Beziehungen, Gruppenprozesse und Lernkulturen. Es lohnt sich, dieses Werkzeug nicht nur zu beherrschen, sondern es immer weiter zu verfeinern.

Reflexionsfragen:

- Welche Bedeutung misst du der Kommunikation in deiner Arbeit als Trainer:in bei?
- Wann hast du das letzte Mal bewusst deine eigene Wirkung in der Kommunikation reflektiert?
- Wie gestaltest du in deinen Seminaren ein Klima, das echte Kommunikation ermöglicht?
- Welche kommunikativen Muster oder Sprachgewohnheiten hast du bei dir selbst entdeckt?
- Was tust du, um deine nonverbale Kommunikation gezielt einzusetzen?
- Wie gehst du mit Missverständnissen oder Irritationen in der Kommunikation um?
- Welche Kommunikationsmodelle kennst du und wie nutzt du sie in der Praxis?
- In welchen Momenten hast du gespürt, dass Kommunikation mehr ist als Worte?

Kommunikation ist der unsichtbare Rahmen, der Lernen erst ermöglicht. Wer sich ihrer Tiefe, Komplexität und Wirkung bewusst ist, kann Gruppen sicher führen, Beziehung gestalten und Lernräume schaffen, die mehr sind als nur Wissensvermittlung.

Das Sender-Empfänger-Modell

Wenn wir über Kommunikation nachdenken, denken viele Menschen zunächst an das, was gesagt wird und wie es ankommt. Dieser Vorgang scheint auf den ersten Blick klar und nachvollziehbar zu sein: jemand sagt etwas, jemand anderes hört es, und schon ist ein Austausch entstanden. Doch wie einfach oder schwierig Kommunikation tatsächlich ist, zeigt sich erst bei genauerer Betrachtung. Ein besonders bekanntes und häufig zitiertes Modell in der Kommunikationswissenschaft ist das sogenannte Sender-Empfänger-Modell, das 1949 von den beiden US-amerikanischen Mathematikern und Ingenieuren Claude E. Shannon und Warren Weaver im Auftrag der US-Army entwickelt wurde. Die beiden forschten zu dieser Zeit für die Telefongesellschaft Bell, was auch die technisch orientierte Perspektive ihres Modells erklärt.

Shannon und Weaver entwickelten ein „Modell der optimalen Kommunikation", das vor allem für die Analyse von Signalübertragung in technischen Systemen wie Telefon- oder Datenleitungen gedacht war. Es beschreibt den Ablauf von Kommunikation als linearen Prozess, bei dem eine Nachricht von einem Sender an einen Empfänger über einen Kanal übermittelt wird. In seiner ursprünglichen Version war das Modell daher nicht für menschliche Kommunikation konzipiert, sondern für den Austausch von Informationseinheiten in Maschinen und Netzwerken. Dennoch wurde es in der Folgezeit auch auf zwischenmenschliche Kommunikation übertragen und bildet bis heute die Grundlage vieler kommunikationstheoretischer Überlegungen. Das Sender-Empfänger-Modell beschreibt Kommunikation als eine Abfolge von einzelnen Schritten: Der Sender hat eine Absicht, die er oder sie in eine sprachliche oder symbolische Form bringen muss. Diese sogenannte Kodierung geschieht durch Sprache, Körpersprache, Symbole oder andere Ausdrucksformen. Die kodierte Nachricht wird über einen Kanal übertragen, zum Beispiel über Schallwellen, Schrift, Mimik oder digitale Medien. Der Empfänger nimmt diese Signale auf, decodiert sie, also übersetzt sie zurück in eine für ihn verständliche Bedeutung, und verarbeitet sie. Erst wenn der Empfänger die Botschaft interpretiert und verstanden hat, ist der Kommunikationsprozess abgeschlossen. In dieser Perspektive gilt: Kommunikation findet dann statt, wenn eine Botschaft übermittelt, empfangen, decodiert und verstanden wird.

Sender - Empfänger - Modell

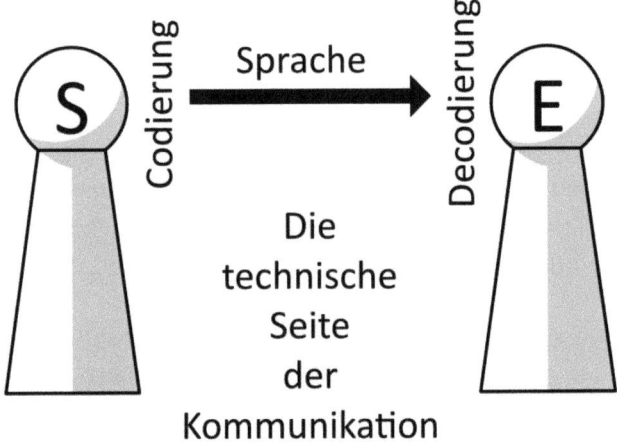

Diese Darstellung ist auf den ersten Blick einleuchtend und wirkt logisch. Sie hat deshalb auch in der pädagogischen Praxis lange Zeit eine wichtige Rolle gespielt. Viele Kommunikationsstörungen wurden so erklärt, dass irgendwo zwischen Sender und Empfänger ein Fehler aufgetreten ist. Vielleicht wurde die Nachricht nicht klar formuliert, der Kanal war gestört oder der Empfänger war unaufmerksam. Die Lösung bestand dann darin, die Botschaft zu wiederholen, klarer zu formulieren oder Rückmeldungen einzuholen. In diesem Sinne ist das Modell auch heute noch nützlich. Es erinnert uns daran, dass Kommunikation ein strukturierter Prozess ist, bei dem viele kleine Schritte eine Rolle spielen. Und es hilft dabei, bestimmte Probleme gezielt zu analysieren. Doch trotz seiner Übersichtlichkeit und seiner Systematik hat das Sender-Empfänger-Modell erhebliche Schwächen, wenn es um menschliche Kommunikation geht. Denn Menschen sind keine Maschinen. Sie reagieren nicht mechanisch auf Signale, sondern interpretieren sie auf der Basis ihrer eigenen Erfahrungen,

Erwartungen, Bedürfnisse und Gefühle. Kommunikation zwischen Menschen ist nie ein neutraler Transportvorgang, sondern ein vielschichtiger, emotional und kulturell aufgeladener Prozess. Es reicht nicht aus, eine Nachricht zu senden, damit sie auch so ankommt, wie sie gemeint war. Zwischen dem, was gesagt wurde, und dem, was verstanden wurde, liegen oft Welten.

Ein berühmter Merksatz bringt dieses Dilemma auf den Punkt:

**Gesagt heißt noch nicht gehört,
gehört heißt noch nicht verstanden,
verstanden heißt noch nicht einverstanden.**

Diese einfache Abfolge macht deutlich, dass Kommunikation viele Hürden enthalten kann. Eine Botschaft kann vom Sender klar und eindeutig gemeint sein und dennoch vom Empfänger anders wahrgenommen oder interpretiert werden. Dies liegt nicht an mangelnder Intelligenz oder schlechter Absicht, sondern an der Tatsache, dass Menschen keine trivialen Systeme sind. Sie bringen in jede Kommunikation ihre eigene Biografie, ihre Erfahrungen, Werte, inneren Bilder und emotionalen Zustände mit ein. All das beeinflusst, wie eine Nachricht gedeutet wird. Die Schwächen des Sender-Empfänger-Modells zeigen sich also dort, wo es um die Tiefe, Vielschichtigkeit und Emotionalität menschlicher Kommunikation geht. Das Modell beschreibt zwar technisch korrekt, wie Informationen übertragen werden, aber es berücksichtigt nicht die Deutungsebene, die Beziehungsebene und den Kontext. Es lässt außer Acht, dass jede Botschaft eingebettet ist in ein soziales Feld, in persönliche Bedeutungszuschreibungen, in kulturelle Prägungen und in emotionale Dynamiken. Kommunikation ist eben nicht nur ein linearer Vorgang, sondern ein lebendiger, wechselseitiger Prozess.

Auch der britische Soziologe Stuart Hall hat in seinen „Cultural Studies" auf diese Komplexität hingewiesen. In seinem Kodier-Dekodier-Modell geht er davon aus, dass jede gesendete Botschaft mehrere mögliche Bedeutungen haben kann. Die Bedeutung einer Botschaft ergibt sich also nicht allein aus der Intention des Senders, sondern aus der Interpretation durch den Empfänger. Dabei spielen Faktoren wie sozialer und kultureller Hintergrund, der situative Kontext, die Art der Rezeption und persönliche Erfahrungen eine entscheidende Rolle. Ein einfaches Beispiel verdeutlicht das: Eine bestimmte Geste kann in einem Land als freundlich gelten, in einem anderen jedoch als beleidigend empfunden werden. Was gemeint ist und was verstanden wird, hängt also immer vom Kontext und von der Deutung ab.

Auch innerhalb derselben Kultur gibt es keine Garantie dafür, dass Botschaften gleich verstanden werden. Je nach Stimmung, Beziehung, momentaner Aufmerksamkeit oder Vorwissen können identische Aussagen ganz unterschiedlich wirken. Ein Satz, der in einem Moment motivierend klingt, kann in einem anderen Moment als Kritik oder Abwertung verstanden werden. Die Bedeutung entsteht also nicht durch das gesprochene Wort allein, sondern durch das Zusammenspiel aus Inhalt, Tonfall, Körpersprache, Situation, Beziehung und innerer Bereitschaft. Kommunikation ist immer ein Aushandlungsprozess. Das Sender-Empfänger-Modell unterschätzt diese Dimension und vernachlässigt, dass Kommunikation nicht nur sachlich, sondern auch emotional, sozial und kulturell aufgeladen ist.

Eine weitere Einschränkung des Modells liegt darin, dass es den Kommunikationsfluss als einseitig darstellt. In der Realität wechseln sich Sender- und Empfängerrollen ständig ab, oft sogar gleichzeitig. In einem lebendigen Gespräch hören und sprechen Menschen gleichzeitig, sie nehmen Körpersignale wahr, geben Rückmeldungen, unterbrechen, bekräftigen, schweigen, lachen, verdrehen die Augen oder wechseln das Thema. Diese wechselseitige Dynamik lässt sich im Sender-Empfänger-Modell kaum abbilden. Es eignet sich gut zur Beschreibung einfacher Kommunikationsabläufe, aber nicht für die Analyse komplexer Dialoge oder Gruppendynamiken.

Trotz dieser Einschränkungen kann das Modell für Trainer:innen in der Erwachsenenbildung nützlich sein. Es bietet einen Einstieg in die bewusste Auseinandersetzung mit Kommunikation und hilft dabei, die einzelnen Schritte eines Sendevorgangs zu reflektieren. Vor allem macht es deutlich, wie wichtig es ist, auf die Codierung und Decodierung von Botschaften zu achten. Wenn du als Trainer:in beispielsweise Fachbegriffe verwendest, die deine Teilnehmenden nicht kennen, kann die Botschaft trotz klarer Sprache unverständlich bleiben. Oder wenn du eine Botschaft in einem Tonfall vermittelst, der als herablassend empfunden wird, kann die Decodierung von der ursprünglichen Intention stark abweichen. Das Modell erinnert uns also daran, wie wichtig Klarheit, Empathie und Rückmeldung im Kommunikationsprozess sind.

Es ist auch hilfreich, die Vorstellung von Kommunikationsstörungen zu differenzieren. Eine Nachricht kann auf technischer Ebene korrekt übermittelt, auf sprachlicher Ebene verständlich und auf inhaltlicher Ebene relevant sein – und dennoch auf der Beziehungsebene scheitern. Kommunikation scheitert nicht nur an Formulierungsfehlern, sondern oft an unausgesprochenen Erwartungen, emotionalen Spannungen oder mangelnder Aufmerksamkeit. Deshalb ist es für Trainer:innen entscheidend, nicht nur zu fragen, ob das Gesagte angekommen ist, sondern auch, wie es aufgenommen wurde. Dazu braucht es offene Ohren, wache Sinne und die Bereitschaft, sich mit der Subjektivität des Gegenübers auseinanderzusetzen.

Während früher oft die gesamte Verantwortung für gelingende Kommunikation beim Sender gesehen wurde, hat sich das Verständnis heute gewandelt. Kommunikation ist ein gemeinschaftlicher Prozess, für dessen Gelingen sowohl Sender:innen als auch Empfänger:innen Verantwortung tragen. Als Trainer:in bedeutet das, die eigenen Botschaften bewusst zu gestalten, aber auch darauf zu achten, wie sie aufgenommen werden. Und als Empfänger:in, zum Beispiel bei Rückmeldungen oder Beiträgen der Teilnehmenden, bedeutet es, aufmerksam zuzuhören, zu klären, nachzufragen und nicht vorschnell zu interpretieren. Kommunikation gelingt dort, wo beide Seiten bereit sind, sich aufeinander einzulassen und gemeinsam Bedeutungen zu entwickeln.

Reflexionsfragen:

- Inwiefern findest du das Sender-Empfänger-Modell hilfreich für deine Praxis als Trainer:in?
- Welche Erfahrungen hast du gemacht, in denen deine Botschaft völlig anders verstanden wurde als beabsichtigt?
- Wie sorgst du dafür, dass deine Teilnehmenden deine Aussagen richtig codieren und decodieren können?
- Wo liegen deiner Meinung nach die Grenzen des Modells im Umgang mit echten Gruppendynamiken?
- Welche Rolle spielt der persönliche Hintergrund der Teilnehmenden für das Verstehen deiner Inhalte?
- Wie gehst du mit Missverständnissen um, die sich erst im Nachhinein herausstellen?
- Wie unterstützt du Teilnehmende dabei, sowohl in der Sender- als auch in der Empfängerrolle Verantwortung zu übernehmen?
- Welche Beispiele fallen dir ein, bei denen Körpersprache eine andere Botschaft vermittelt hat als das gesprochene Wort?

Das Sender-Empfänger-Modell liefert eine einfache, strukturierte Sichtweise auf Kommunikation, eignet sich aber nur bedingt für die Erklärung zwischenmenschlicher Missverständnisse. Wer als Trainer:in wirksam kommunizieren möchte, sollte die Grenzen dieses Modells kennen und bereit sein, Kommunikation als komplexen, beziehungsbezogenen Prozess zu verstehen, zu gestalten und mitzugestalten.

Das Eisbergmodell der Kommunikation

Kommunikation ist mehr als das, was gesagt wird. Nicht immer ist im Gespräch sofort ersichtlich, worum es eigentlich geht. Manchmal scheinen die Worte klar, doch ihre Wirkung bleibt unklar. Eine Bemerkung trifft uns, obwohl sie sachlich harmlos erscheint. Eine Nachfrage irritiert uns, obwohl sie höflich formuliert war. Ein gut gemeinter Vorschlag löst Widerstand aus, obwohl er logisch erscheint. In solchen Momenten spüren wir, dass etwas in der Kommunikation mitschwingt, das sich mit Worten allein nicht erklären lässt. Es geht um das, was unter der Oberfläche liegt, um das, was unausgesprochen mitschwingt, um das, was nicht gesagt wird und trotzdem wirkt.

Sigmund Freud, der Begründer der Psychoanalyse, hat für dieses Phänomen ein starkes Bild geprägt. Er verglich das menschliche Bewusstsein mit einem Eisberg. Nur ein kleiner Teil ragt sichtbar aus dem Wasser – das ist der bewusste, rationale Anteil. Der weitaus größere Teil liegt unter der Oberfläche – das Unbewusste, das Verdrängte, das Emotionale. Dieses Bild wurde später auch in der Kommunikationspsychologie aufgenommen und bildet die Grundlage für das Eisbergmodell der Kommunikation. Dieses Modell geht davon aus, dass nur ein kleiner Teil dessen, was in einem Gespräch geschieht, offen sichtbar und bewusst ist. Der überwiegende Teil liegt verborgen, wirkt aber trotzdem auf das Gespräch ein. Kommunikation ist also wie ein Eisberg: Was wir sehen und hören, ist nur die Spitze.

Die sichtbare Spitze des Eisbergs entspricht der Sachebene. Auf dieser Ebene kommunizieren wir mit Worten, Argumenten, Daten, Fakten und logischen Zusammenhängen. Wir stellen Informationen bereit, beantworten Fragen, präsentieren Inhalte oder klären Abläufe. Diese Ebene ist uns vertraut, sie ist trainierbar, überprüfbar, rational nachvollziehbar. Viele Gespräche in der Arbeitswelt spielen sich auf dieser Ebene ab. Hier geht es um Struktur, um Effizienz, um sachliche Richtigkeit. Auch in der Erwachsenenbildung findet auf der Sachebene viel Kommunikation statt, etwa bei der Vermittlung von Inhalten, bei organisatorischen Fragen oder bei der Bearbeitung konkreter Aufgabenstellungen.

Doch unter der Oberfläche wirken weitere Kräfte, die weit weniger greifbar sind. Die Beziehungsebene umfasst all jene Anteile der Kommunikation, die sich auf das Verhältnis zwischen den Gesprächspartner:innen beziehen. Hier geht es um Vertrauen, Sympathie, Akzeptanz, Respekt, emotionale Nähe oder Distanz, Erwartungen und unausgesprochene Bedürfnisse. Diese Ebene ist meist nicht direkt sichtbar, aber sie beeinflusst maßgeblich, wie das Gesagte aufgenommen wird. Wenn zwischen zwei Menschen eine belastete Beziehung besteht, kann selbst ein gut gemeinter Vorschlag als Angriff erlebt werden. Umgekehrt kann eine holprige Formulierung bei guter Beziehung liebevoll interpretiert werden. Die Beziehungsebene bestimmt mit, wie Botschaften decodiert und bewertet werden.

Oft glauben wir, sachlich zu argumentieren, während in Wirklichkeit Beziehungsthemen im Hintergrund mitwirken. Ein Beispiel: Zwei Kolleg:innen diskutieren über die Zuständigkeit für ein Projekt. Auf der Sachebene scheint es um Arbeitsaufteilung zu gehen. Doch wenn in der Vergangenheit Missverständnisse, Kränkungen oder Machtkämpfe stattgefunden haben, dann wird die aktuelle Diskussion möglicherweise durch alte Emotionen beeinflusst. Das Gespräch wird schwierig, ohne dass klar ist, warum. Solche Störungen auf der Beziehungsebene manifestieren sich oft auf der Sachebene. Die Worte sind nur die Spitze. Das eigentliche Problem liegt darunter.

Das Eisbergmodell hilft uns, solche Phänomene besser zu verstehen. Es erinnert uns daran, dass wir in jeder Kommunikation nicht nur Inhalte, sondern auch zwischenmenschliche Signale austauschen. Wir senden unbewusst Botschaften über unseren Tonfall, unsere Mimik, unsere Körperhaltung, unsere Wortwahl. Wir zeigen Zustimmung oder Ablehnung, Offenheit oder Misstrauen, Zugewandtheit oder Rückzug, auch wenn wir nichts explizit sagen. Der oder die Gesprächspartner:in nimmt diese Signale auf, interpretiert sie, reagiert darauf, oft ebenfalls unbewusst. So entsteht ein feines Gewebe aus bewusster und unbewusster Kommunikation, das weit über die eigentlichen Inhalte hinausgeht.

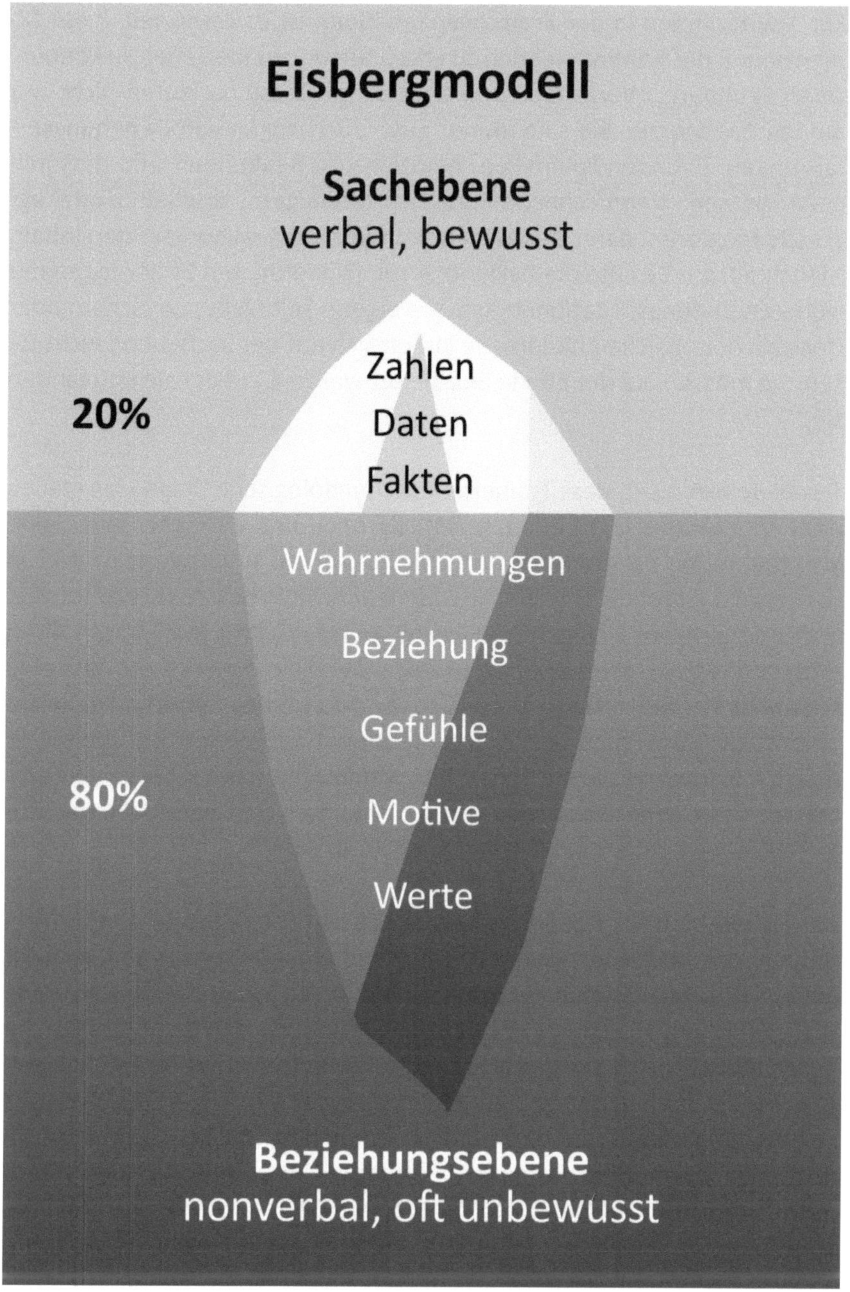

Eisbergmodell

Sachebene
verbal, bewusst

20%

Zahlen
Daten
Fakten

Wahrnehmungen

Beziehung

Gefühle

80%

Motive

Werte

Beziehungsebene
nonverbal, oft unbewusst

Für Trainer:innen in der Erwachsenenbildung ist es essenziell, diese Dimensionen der Kommunikation zu erkennen und einbeziehen zu können. Denn Seminare, Workshops und Gruppenprozesse verlaufen nicht nur auf der Sachebene. Sie sind immer auch durchzogen von Beziehungserfahrungen, Gruppendynamiken, emotionalen Reaktionen und persönlichen Themen. Wenn Teilnehmende sich verweigern, abschalten oder aggressiv reagieren, dann ist das nicht immer eine Reaktion auf den Inhalt. Manchmal geht es um die Beziehung zur Trainer:in, um Erfahrungen mit früheren Bildungssituationen, um das eigene Selbstbild, um Scham oder Unsicherheit. Solche Phänomene lassen sich auf der Sachebene nicht lösen. Sie müssen auf der Ebene bearbeitet werden, auf der sie entstanden sind.

Das bedeutet nicht, dass Trainer:innen psychologische Diagnosen stellen oder therapeutisch arbeiten sollen. Es bedeutet vielmehr, eine feine Wahrnehmung für zwischenmenschliche Signale zu entwickeln. Wer in der Lage ist, unter die Oberfläche zu schauen, kann besser verstehen, was in der Gruppe vor sich geht. Vielleicht spürst du, dass jemand mit dir in Widerstand geht, ohne es offen zu zeigen. Vielleicht merkst du, dass eine scheinbar harmlose Frage in der Gruppe Spannungen auslöst. Vielleicht nimmst du wahr, dass ein Thema emotional aufgeladen ist, obwohl es sachlich formuliert wurde. In solchen Momenten ist es hilfreich, innezuhalten, das eigene Empfinden ernst zu nehmen und behutsam nachzuforschen, was unter der Oberfläche wirksam ist.

Das Eisbergmodell ist dabei keine exakte Diagnosemethode, sondern ein Denkmodell. Es fordert dich auf, hinter die Fassade zu schauen, dich für die verborgenen Ebenen der Kommunikation zu interessieren und deine Wahrnehmung zu schulen. Es lädt dich ein, auch das Nicht-Gesagte zu hören und auf die Signale zu achten, die in Mimik, Gestik, Tonfall, Schweigen oder Körperspannung zum Ausdruck kommen. Diese Sensibilität ist kein Luxus, sondern ein zentrales Element professioneller Gesprächsführung. Wer nur auf der Sachebene kommuniziert, riskiert Missverständnisse, Widerstände und Konflikte. Wer die Beziehungsebene mitdenkt, schafft Vertrauen, fördert Offenheit und ermöglicht echtes Verstehen.

Ein weiterer Aspekt des Eisbergmodells ist die Erkenntnis, dass viele unserer Reaktionen nicht vollständig bewusst gesteuert sind. Wir reagieren emotional, auch wenn wir es nicht wollen. Wir nehmen Dinge persönlich, obwohl sie nicht so gemeint waren. Wir weichen Themen aus, die uns unbewusst berühren. Solche Reaktionen sind menschlich. Aber sie beeinflussen Kommunikation nachhaltig. Wenn wir lernen, diese Reaktionen bei uns selbst zu erkennen, gewinnen wir an Handlungsspielraum. Und wenn wir lernen, solche Reaktionen bei anderen zu respektieren, statt sie zu bewerten, fördern wir eine respektvolle Kommunikationskultur.

Auch in Gruppenprozessen zeigt sich die Bedeutung des Eisbergmodells. Eine Gruppe kann auf der Oberfläche gut funktionieren, alle reden freundlich miteinander, die Aufgaben werden erfüllt. Doch unter der Oberfläche brodelt es. Es gibt unausgesprochene Spannungen, Rollenkonflikte, stille Ablehnung oder Konkurrenz. Wenn diese Dynamiken nicht wahrgenommen oder bearbeitet werden, kann es zu plötzlichen Eskalationen oder passivem Rückzug kommen. Eine Trainer:in, die mit dem Eisbergmodell arbeitet, wird frühzeitig hellhörig, wenn sich Störungen auf der Sachebene häufen. Sie wird nicht nur nach inhaltlichen Lösungen suchen, sondern auch die Beziehungsebene in den Blick nehmen.

Das Eisbergmodell zeigt uns schließlich, dass echte Verständigung nur dann möglich ist, wenn beide Ebenen berücksichtigt werden. Wir können uns nicht allein auf Zahlen, Daten und Fakten verlassen, wenn wir Menschen erreichen wollen. Wir müssen auch bereit sein, uns auf Beziehung, Emotion, Vertrauen und Bedeutung einzulassen. Das bedeutet nicht, dass jede Kommunikation emotional sein muss. Es bedeutet aber, dass wir uns der emotionalen Wirkkräfte bewusst sein sollten. Kommunikation ist nicht neutral. Sie ist immer auch Ausdruck von Beziehung und persönlicher Bedeutung. Wer das versteht, kann bewusster, achtsamer und wirkungsvoller kommunizieren.

Reflexionsfragen:

- Wann hast du zuletzt erlebt, dass ein Gespräch an der Oberfläche harmlos wirkte, aber innerlich etwas ganz anderes ausgelöst hat?
- Welche Bedeutung hat die Beziehungsebene in deiner eigenen Kommunikation als Trainer:in?
- In welchen Situationen nimmst du Spannungen oder Missverständnisse wahr, die nicht offen ausgesprochen werden?
- Wie gehst du damit um, wenn du das Gefühl hast, dass die Worte deiner Teilnehmenden nicht zu ihrer Körpersprache passen?
- Welche Rolle spielt deine eigene emotionale Verfassung für deine Kommunikationsfähigkeit im Seminar?
- Wie kannst du in deiner Arbeit bewusster zwischen Sach- und Beziehungsebene unterscheiden?
- Was hilft dir dabei, unter die Oberfläche der Kommunikation zu blicken?
- Wie gehst du mit Situationen um, in denen Beziehungskonflikte die Arbeit auf der Sachebene blockieren?

Wer Kommunikation ganzheitlich verstehen will, muss lernen, unter die Oberfläche zu schauen. Das Eisbergmodell öffnet den Blick für die oft unsichtbare, aber wirkmächtige Beziehungsebene und hilft dabei, Missverständnisse zu vermeiden, Vertrauen zu fördern und Gesprächsprozesse nachhaltig zu gestalten.

Grundannahmen der Kommunikation nach Paul Watzlawick

Kommunikation ist ein lebendiger und komplexer Prozess. Sie geschieht ständig, bewusst und unbewusst, verbal und nonverbal, in vielfältigen Formen und zwischen unterschiedlichsten Menschen. Sie verbindet, trennt, klärt, verwirrt, inspiriert oder verletzt. Wer als Trainer:in mit Gruppen arbeitet, muss nicht nur kommunizieren können, sondern auch verstehen, was in der Kommunikation geschieht. Die Modelle von Paul Watzlawick bieten dafür eine besonders hilfreiche Grundlage. Watzlawick war österreichischer Soziologe, Psychotherapeut, Philosoph und ein Pionier der modernen Kommunikationsforschung. Er formulierte fünf sogenannte Axiome, also grundlegende Annahmen, die bis heute als Basis jeder Kommunikation, gelingender wie misslingender, anerkannt sind. Diese Axiome lassen sich nicht beweisen, aber sie haben sich in der praktischen Beobachtung menschlicher Kommunikation immer wieder bestätigt.

Die theoretische Grundlage dafür entstammt der Systemtheorie, die davon ausgeht, dass alle Elemente in einem System miteinander in Wechselwirkung stehen. Kommunikation ist aus dieser Sicht kein isolierter Vorgang, sondern eingebettet in einen dynamischen Zusammenhang zwischen Menschen, Kontexten und Bedeutungen. Systeme bestehen aus abgrenzbaren Elementen, zwischen denen Beziehungen bestehen. Sie haben Grenzen, durch die sie Input aufnehmen und Output abgeben. Kommunikation ist genau an diesen Schnittstellen wirksam. Sie bestimmt, wie Informationen einfließen, wie sie verarbeitet und wie sie weitergegeben werden. Die fünf Axiome Paul Watzlawicks helfen dabei, diese Zusammenhänge zu erkennen und zu verstehen.

Das erste Axiom lautet: **Man kann nicht nicht kommunizieren.** Diese Aussage gehört zu den bekanntesten Sätzen der Kommunikationspsychologie und verdeutlicht, dass Kommunikation nicht nur durch Worte geschieht. Sobald Menschen sich gegenseitig wahrnehmen, findet Kommunikation statt. Auch Schweigen, Wegsehen, Abwenden oder der Rückzug aus einem Gespräch sind kommunikative Handlungen. Selbst wenn jemand ausdrücklich erklärt, nicht kommunizieren zu wollen, sendet er oder sie damit eine deutliche Botschaft. Diese wird vom Gegenüber wahrgenommen, interpretiert und wirkt. Kommunikation ist also nicht freiwillig, sondern unvermeidbar. Auch das Ausbleiben einer Reaktion ist eine Reaktion. Für Trainer:innen bedeutet das: Auch dein Schweigen, dein Blick, deine Körperhaltung oder dein Abstand zu den Teilnehmenden sind Teil deiner Kommunikation. Alles wirkt.

Das zweite Axiom besagt: **Jede Kommunikation hat einen Inhalts- und einen Beziehungsaspekt, wobei der Beziehungsaspekt den Inhaltsaspekt bestimmt.** Das bedeutet, dass mit jeder Botschaft, die wir senden, nicht nur eine sachliche Information vermittelt wird, sondern auch eine Aussage über das Verhältnis zur empfangenden Person. Wie wir etwas sagen, beeinflusst maßgeblich, wie es verstanden wird. Eine freundlich formulierte Kritik wird anders aufgenommen als dieselbe Kritik in aggressivem Ton. Die Beziehungsebene fungiert als eine Art Hintergrundfolie, die darüber entscheidet, wie der Inhalt aufgenommen wird. Damit ist sie eine Form von Metakommunikation: Kommunikation über die Kommunikation. Diese Erkenntnis korrespondiert mit dem Eisbergmodell, bei dem die Beziehungsebene die unsichtbare, aber wirksame Grundlage bildet. In der Erwachsenenbildung zeigt sich dies besonders deutlich: Wenn die Beziehung zwischen Trainer:in und Gruppe von Vertrauen, Respekt und Wertschätzung geprägt ist, werden auch herausfordernde Inhalte gut angenommen. Wenn das Verhältnis belastet ist, wird selbst gut gemeinte Unterstützung kritisch oder ablehnend erlebt.

Das dritte Axiom postuliert: **Die Natur einer Beziehung ist durch die Interpunktion der Kommunikationsabläufe seitens der Kommunikationspartner:innen bedingt.** Watzlawick beschreibt damit, dass Menschen in der Kommunikation eigene Standpunkte entwickeln, aus denen heraus sie das Verhalten des anderen interpretieren. Jede:r erlebt das eigene Verhalten als Reaktion auf das Verhalten des Gegenübers. Dabei entsteht eine subjektive Sichtweise, die Ursache und Wirkung auf eine bestimmte Weise interpretiert. Diese sogenannte Interpunktion führt dazu, dass Konflikte entstehen oder sich verfestigen, weil beide Seiten ihre Sicht als richtig empfinden. Ein klassisches Beispiel ist die konflikthafte Paarbeziehung: Der eine Partner schweigt, weil er sich vom Nörgeln des anderen zurückzieht. Der andere nörgelt, weil er das Schweigen als Rückzug erlebt. Beide sehen ihr Verhalten als Folge des Verhaltens des anderen. Die Beziehung wird in einer Endlosschleife von Reaktion auf Reaktion verstrickt. Diese Dynamik lässt sich nur durchbrechen, wenn beide bereit sind, über die Kommunikation selbst zu sprechen, also Metakommunikation betreiben. In der Arbeit mit Gruppen zeigt sich diese Dynamik häufig, wenn Konflikte auftreten und Schuldzuweisungen zirkulieren. Wer als Trainer:in helfen will, solche Verstrickungen zu lösen, muss den Blick auf die Muster der Interaktion lenken, nicht nur auf die Inhalte der Äußerungen.

Das vierte Axiom lautet: **Menschliche Kommunikation bedient sich digitaler und analoger Modalitäten.** Damit ist gemeint, dass wir auf zwei unterschiedlichen Ebenen kommunizieren. Die digitale Kommunikation umfasst alle sprachlich kodierten Zeichen, also Worte, Zahlen, Sätze. Sie ist eindeutig, lässt sich analysieren und strukturieren. Die analoge Kommunikation hingegen umfasst alle nonverbalen Ausdrucksformen: Mimik, Gestik, Tonfall, Körperhaltung. Sie ist meist nicht eindeutig interpretierbar, aber sie transportiert emotionale Inhalte und Beziehungsaussagen. Wenn verbale und nonverbale Aussagen übereinstimmen, spricht man von Kongruenz. Wenn sie sich widersprechen, spricht man von Inkongruenz. Untersuchungen zeigen, dass Menschen bei widersprüchlichen Signalen eher der nonverbalen Botschaft glauben. In der Erwachsenenbildung bedeutet das: Nicht nur was du sagst, sondern auch wie du es sagst, beeinflusst deine Wirkung. Wenn du beispielsweise motivierend sprechen willst, aber dabei mit gesenktem Blick und monotoner Stimme auftrittst, wird deine Botschaft nicht überzeugend sein. Authentizität entsteht durch Übereinstimmung beider Ebenen.

Das fünfte Axiom besagt: **Zwischenmenschliche Kommunikationsabläufe sind entweder symmetrisch oder komplementär, je nachdem, ob die Beziehung auf Gleichheit oder Unterschiedlichkeit beruht.** Symmetrische Kommunikation beruht auf dem Prinzip der Gleichwertigkeit. Beide Gesprächspartner:innen begegnen sich auf Augenhöhe, hören einander zu, argumentieren, reflektieren. Diese Form findet man oft in kollegialen Beziehungen oder in Gruppen, in denen demokratische

Strukturen herrschen. Komplementäre Kommunikation dagegen basiert auf Unterschiedlichkeit und Ergänzung. Eine Person übernimmt eine führende Rolle, die andere folgt. Typische Beispiele sind Lehrer:in und Schüler:in, Therapeut:in und Klient:in oder auch Trainer:in und Teilnehmende. Solange diese Rollen klar und von beiden Seiten akzeptiert sind, funktioniert die Kommunikation gut. Probleme entstehen, wenn sich die Rollenerwartungen widersprechen oder nicht mehr stimmig sind. Watzlawick spricht in diesem Zusammenhang von starrer Komplementarität. Das bedeutet, dass sich Rollen so verfestigen, dass sie keine Entwicklung mehr zulassen. In der Erwachsenenbildung kann dies geschehen, wenn Trainer:innen dauerhaft eine dominante Rolle einnehmen und Teilnehmende in eine passive Haltung geraten. Oder wenn in Gruppen eine scheinbare Gleichheit herrscht, aber informelle Hierarchien unbewusst wirken. Wichtig ist, beide Kommunikationsformen zu erkennen, bewusst zu gestalten und flexibel zwischen ihnen wechseln zu können.

Die fünf Axiome Paul Watzlawicks sind nicht als lineare Regeln zu verstehen, sondern als Beobachtungs- und Deutungsangebote. Sie laden dazu ein, Kommunikation als ein vielschichtiges Geschehen zu betrachten, das sich aus bewussten und unbewussten Elementen zusammensetzt. Sie fordern uns auf, nicht nur auf Inhalte zu achten, sondern auch auf Beziehungen, Muster, Signale und Bedeutungen. Sie machen deutlich, dass Kommunikation immer auch Interpretation ist. Und sie helfen uns, Missverständnisse nicht als Störung zu begreifen, sondern als Hinweise auf tieferliegende Prozesse. Für Trainer:innen bieten diese Axiome eine wertvolle Orientierung, um eigene Kommunikationsmuster zu reflektieren, Gruppenprozesse besser zu verstehen und die Qualität der Lernbeziehung zu verbessern.

Grundannahmen der Kommunikation - Paul Watzlawick

1. **Man kann nicht nicht kommunizieren**

Jede Form von Verhalten ist Kommunikation -
auch Schweigen oder Abwesenheit.

2. **Jede Kommunikation hat einen Inhalts-
und einen Beziehungsaspekt**

Was gesagt wird (Inhalt) und wie es gesagt wird
(Beziehung) wirken zusammen.
Der Beziehungsaspekt beeinflusst oft den
Inhaltsaspekt.

3. **Kommunikation ist immer Ursache
und Wirkung (Interpunktion)**

Jeder Teilnehmer sieht sich als Reaktion auf das
Verhalten des anderen.
Kommunikationsabläufe werden unterschiedlich
strukturiert (z.B. " Du schreist, weil ich meckere -
ich meckere, weil du schreist")

4. **Menschliche Kommunikation bedient sich
analoger und digitaler Modalitäten**

Digital: Worte, Sprache, Zeichen (klar definierbar)
Analog: Tonfall, Gestik, Mimik
(Mehrdeutig, beziehungsorientiert)

5. **Kommunikaton ist symetrisch oder komplementär**

Symmetrisch: Gleichheit der Partner (z.B. Freunde)
Komplementär: Unterschiede ergänzen sich
(z.B. Lehrer Schüler)

Reflexionsfragen:

- Wann hast du zuletzt erlebt, dass du auch ohne Worte eine deutliche Botschaft gesendet hast, und wie wurde diese aufgenommen?
- Welche Rolle spielt der Beziehungsaspekt deiner Kommunikation in der Arbeit mit Gruppen, und wie beeinflusst er deine Wirkung?
- In welchen Gesprächen neigst du dazu, das eigene Verhalten als reine Reaktion auf das Verhalten anderer zu sehen, und wie könnte ein Perspektivenwechsel hilfreich sein?
- Wie gehst du damit um, wenn deine Körpersprache unbeabsichtigt eine andere Botschaft vermittelt als deine Worte, und wie kannst du für mehr Kongruenz sorgen?
- Welche Form der Beziehung, symmetrisch oder komplementär, entspricht eher deinem bevorzugten Kommunikationsstil in Seminaren, und inwiefern ist dieser Stil situationsabhängig?
- In welchen Momenten hast du Metakommunikation als hilfreich erlebt, um Missverständnisse zu klären oder festgefahrene Interaktionen zu lösen?
- Wie bewusst gestaltest du die Rollenverteilung in der Kommunikation mit Teilnehmenden, und was kannst du tun, um Flexibilität in Rollen zu fördern?
- Welche Axiome von Paul Watzlawick erscheinen dir für deine Praxis besonders bedeutsam, und wie kannst du diese gezielt in deiner Arbeit nutzen?

Kommunikation ist immer mehr als nur der Austausch von Worten. Sie ist Beziehungsgestaltung, wechselseitige Einflussnahme und Ausdruck innerer wie äußerer Dynamiken. Die fünf Axiome von Paul Watzlawick helfen dabei, hinter das Offensichtliche zu blicken, Muster zu erkennen und Missverständnisse in ihrer Tiefe zu begreifen. Wer Kommunikation nicht nur als Technik, sondern als lebendigen Prozess zwischen Menschen versteht, öffnet Räume für echte Verbindung, Entwicklung und Klarheit.

Kommunikationsarten

Kommunikation ist ein vielfältiger und vielschichtiger Prozess, der sich in unterschiedlichen Formen vollzieht. Sie begegnet uns im persönlichen Gespräch ebenso wie im Gruppenprozess, in der öffentlichen Debatte ebenso wie im digitalen Raum. Für Trainer:innen in der Erwachsenenbildung ist es hilfreich, sich mit den verschiedenen Kommunikationsarten vertraut zu machen. Denn in jedem Seminar, in jeder Beratung und in jedem Vortrag spielen unterschiedliche Formen der Kommunikation eine Rolle. Je besser du diese Formen kennst und voneinander unterscheiden kannst, desto bewusster und gezielter kannst du sie einsetzen.

 **Text** verbale Kommunikation

Die wohl bekannteste und im Alltag am häufigsten verwendete Form ist die verbale Kommunikation. Darunter versteht man die sprachliche Ausdrucksform, also das gesprochene oder geschriebene Wort. Sie ist eindeutig, strukturiert, bewusst einsetzbar und analysierbar. In der verbalen Kommunikation vermitteln wir Inhalte, Argumente, Anweisungen, Fragen, Meinungen und Wissen. Wir nutzen sie, um Informationen weiterzugeben, Sachverhalte zu erklären, Gedanken auszutauschen oder emotionale Zustände auszudrücken. Die verbale Kommunikation ist das Rückgrat der meisten Bildungsprozesse, da sie klare, strukturierte Verständigung ermöglicht. Gleichzeitig ist sie auch angreifbar, denn sie unterliegt sprachlichen Konventionen, kulturellen Codes und individuellen Interpretationen.

nonverbale
Kommunikation

Ergänzt und oft sogar überlagert wird die verbale Kommunikation durch die nonverbale Kommunikation. Sie umfasst alle Ausdrucksformen, die nicht sprachlich sind. Dazu zählen Mimik, Gestik, Körperhaltung, Bewegungsverhalten, Raumnutzung und äußeres Erscheinungsbild. Die nonverbale Kommunikation drückt vor allem unsere Empfindungen, Haltungen und Beziehungssignale aus. Sie geschieht meist unbewusst und ist daher besonders authentisch. Unsere Körperhaltung verrät, ob wir offen oder verschlossen sind. Unsere Mimik zeigt Zustimmung, Skepsis oder Überraschung. Unsere Gestik unterstreicht oder widerspricht das Gesagte. Auch die räumliche Nähe oder Distanz zu anderen, unsere Kleidung, unser Blickkontakt und die Art, wie wir einen Raum betreten, senden Botschaften. In der Erwachsenenbildung ist diese Ebene besonders bedeutsam, weil sie die Atmosphäre und die Beziehung zwischen Teilnehmenden und Trainer:in entscheidend prägt. Wer seine Körpersprache bewusst einsetzt, kann Inhalte wirksamer vermitteln, Nähe herstellen und Missverständnisse vermeiden.

 dialogische
Kommunikation

Kommunikation geschieht nicht nur in einem eins-zu-eins-Kontakt, sondern auch in unterschiedlichen sozialen Konstellationen. Eine zentrale Form ist die zwischenmenschliche Kommunikation. Sie bezeichnet den direkten Austausch zwischen zwei Personen, in dem beide sowohl als Sender:in als auch als Empfänger:in fungieren. Diese Kommunikation ist wechselseitig, dialogisch und geprägt von gegenseitiger Wahrnehmung. Sie erlaubt Rückfragen, Klärung, emotionale Resonanz und den Aufbau einer Beziehung. In Beratungsgesprächen, Einzelcoachings oder persönlichen Feedbackgesprächen spielt diese Form eine zentrale Rolle. Hier wird deutlich, wie stark Kommunikation von Vertrauen, Authentizität und Präsenz geprägt ist.

Gruppenkommunikation

Eine andere Form ist die Gruppenkommunikation. Hier interagieren mehr als zwei Personen miteinander. Diese Kommunikationsform findet in Diskussionen, Seminaren, Teammeetings oder Workshops statt. Gruppenkommunikation ist komplexer als der Dialog, weil mehrere Perspektiven, Bedürfnisse und Dynamiken aufeinandertreffen. Es gibt sichtbare und unsichtbare Rollenverteilungen, formelle und informelle Sprecher:innen, und häufig auch unausgesprochene Regeln. Gruppenkommunikation erfordert daher eine besondere Aufmerksamkeit für Gesprächsführung, Beteiligung, Moderation und Konfliktmanagement. Für Trainer:innen bedeutet das, eine Balance zu finden zwischen Struktur und Offenheit, zwischen Zielorientierung und Beziehungspflege. Wer Gruppenprozesse begleiten will, muss die Dynamik der Kommunikation im Blick behalten, für Ausgleich sorgen und Räume für Partizipation schaffen.

Massenkommunikation

Einen ganz anderen Charakter hat die sogenannte Massenkommunikation. Sie richtet sich an eine unbegrenzte Zahl von Empfänger:innen, die räumlich und zeitlich vom Sender oder der Senderin getrennt sind. Diese Kommunikationsform ist in der Regel einseitig, da keine unmittelbare Rückmeldung möglich ist. Die Kommunikation erfolgt indirekt über Medien wie Fernsehen, Radio, Zeitungen, Plakate oder Internetplattformen. In der Massenkommunikation gibt es keine persönliche Beziehung zwischen Sender:in und Empfänger:in, sondern eine gezielte Steuerung der

Botschaft. Werbung, politische Kommunikation oder auch öffentliche Statements bedienen sich dieser Form. Für Trainer:innen kann dieses Format relevant werden, wenn es um die Gestaltung von Lernvideos, Podcasts oder Online-Beiträgen geht. Auch die Bewerbung eigener Angebote oder die Positionierung im öffentlichen Diskurs erfordert ein Verständnis für die Regeln und Wirkmechanismen der Massenkommunikation.

 Telekommunikation

Eng damit verbunden ist die Telekommunikation. Das Wort stammt aus dem Griechischen und bedeutet so viel wie „Fernübertragung". Gemeint ist der elektronische Informationsaustausch über Distanzen hinweg, etwa per Telefon, Videokonferenz oder Sprachnachricht. Diese Form ermöglicht es, persönliche Kommunikation auch bei räumlicher Trennung zu gestalten. Sie kombiniert verbale und nonverbale Anteile, allerdings in reduzierter Form. In Videokonferenzen etwa sind Gestik und Mimik oft eingeschränkt sichtbar, der Ton kann verzögert sein, Blickkontakt ist nicht eindeutig möglich. Auch die Raumatmosphäre fehlt. Dennoch ist die Telekommunikation ein unverzichtbares Instrument geworden, vor allem in der digitalen Bildungsarbeit. Sie erfordert ein besonders bewusstes Kommunikationsverhalten, klare Strukturen, explizite Regeln und eine hohe Sensibilität für Signale, die sonst nonverbal deutlich wären.

 computervermittelte Kommunikation

Noch einen Schritt weiter geht die computervermittelte Kommunikation. Sie meint die vernetzte Kommunikation über elektronische Geräte, insbesondere über das Internet. Beispiele dafür sind E-Mails, Foren, Chats, Newsgroups oder soziale Medien. Diese Kommunikationsform ist asynchron, das heißt, sie findet zeitversetzt statt. Die Beteiligten schreiben und lesen zu unterschiedlichen Zeiten. Das verändert die Dynamik des Austauschs. Es entstehen neue Kommunikationskulturen, neue Regeln und neue Möglichkeiten. In der computervermittelten Kommunikation spielt die schriftliche Form eine zentrale Rolle. Sie erfordert Präzision, Sensibilität und die Fähigkeit, Emotionen in Worte zu fassen. Emoticons, Kürzel oder Satzzeichen übernehmen hier oft die Funktion nonverbaler Signale. Für Trainer:innen bietet diese Form vielfältige Chancen – etwa für begleitende Lernplattformen, asynchrone Lernformate oder digitale Reflexionsräume. Gleichzeitig verlangt sie ein neues Verständnis von Präsenz, Beziehungsaufbau und Rückmeldung.

Alle genannten Kommunikationsarten sind nicht strikt voneinander zu trennen. Vielmehr überlagern und ergänzen sie sich je nach Situation, Kontext und Medium. Ein Präsenzseminar kann sowohl verbale als auch nonverbale, zwischenmenschliche und gruppenbezogene Kommunikation beinhalten. Eine Online-Veranstaltung kann Elemente der Telekommunikation und der computervermittelten Kommunikation kombinieren. Die Kunst besteht darin, die jeweilige Kommunikationsform bewusst zu wählen, ihre Möglichkeiten zu nutzen und ihre Begrenzungen zu berücksichtigen. Gute Kommunikation ist immer kontextsensibel. Sie orientiert sich am Ziel, an den Bedürfnissen der Beteiligten, an der vorhandenen Infrastruktur und an der angestrebten Wirkung.

Für Trainer:innen bedeutet das, ein breites kommunikatives Repertoire zu entwickeln. Dazu gehört nicht nur die Fähigkeit zu sprechen, sondern auch zu schreiben, zu visualisieren, zuzuhören, zu beobachten, zu moderieren und zu reflektieren. Es braucht die Kompetenz, die passende Kommunikationsform für die jeweilige Zielgruppe und das jeweilige Thema zu wählen. Und es braucht das Bewusstsein, dass jede Form der Kommunikation eine Beziehung schafft – auch dann, wenn sie technisch vermittelt ist. Kommunikation ist immer auch Beziehungsgestaltung. Sie ist der unsichtbare Rahmen, in dem Lernen möglich wird. Wer diesen Rahmen bewusst gestaltet, schafft nicht nur Informationsaustausch, sondern Erfahrungsräume, in denen sich Menschen öffnen, entwickeln und verändern können.

Reflexionsfragen:

- Welche Kommunikationsformen nutzt du in deiner Arbeit am häufigsten, und warum?
- In welchen Situationen erlebst du nonverbale Kommunikation als besonders wirksam oder bedeutungsvoll?
- Wie gestaltest du Gruppenkommunikation so, dass alle Beteiligten sich einbringen und gehört fühlen?
- Welche Herausforderungen erlebst du in der digitalen Kommunikation, und wie gehst du damit um?
- In welchen Momenten ist dir der Unterschied zwischen dialogischer und einseitiger Kommunikation besonders bewusst geworden?
- Wie sorgst du dafür, dass deine Botschaften auch in Massen- oder computervermittelter Kommunikation verständlich und wirksam bleiben?
- Welche Kommunikationsarten möchtest du künftig bewusster einsetzen oder weiterentwickeln?
- Was hilft dir dabei, zwischen verschiedenen Kommunikationsformen flexibel zu wechseln?

Kommunikation ist nicht gleich Kommunikation. Je nach Kontext, Medium und Zielgruppe verändern sich ihre Formen, Möglichkeiten und Anforderungen. Wer als Trainer:in unterschiedliche Kommunikationsarten kennt und bewusst einsetzt, schafft vielfältige Zugänge, fördert Beteiligung und gestaltet Lernprozesse lebendig, wirksam und teilnehmer:innenorientiert.

Das Kommunikationsquadrat (nach Friedemann Schulz von Thun)

Kommunikation ist vielschichtig, komplex und oft weit mehr als das, was gesagt wird. Friedemann Schulz von Thun, deutscher Psychologe und Kommunikationswissenschaftler, hat dieses Phänomen in den 1980er Jahren umfassend untersucht und in einem Modell veranschaulicht, das heute als Kommunikationsquadrat oder Vier-Ohren-Modell bekannt ist. Er ging davon aus, dass jede Äußerung, sei sie sprachlich oder körpersprachlich, gleichzeitig vier verschiedene Botschaften enthält. Dieses Modell stellt eine bedeutende Erweiterung des klassischen Sender-Empfänger-Modells dar, das sich hauptsächlich auf die reine Übertragung von Informationen konzentriert. Schulz von Thun macht deutlich, dass Kommunikation immer mehrdimensional ist und dass diese Vielschichtigkeit sowohl Quelle für Verstehen als auch für Missverständnisse sein kann.

Das Kommunikationsquadrat zeigt auf, dass jede Botschaft auf vier unterschiedlichen Ebenen verstanden werden kann: auf der Sachebene, der Selbstoffenbarungsebene, der Beziehungsebene und der Appellebene. In jeder Äußerung steckt eine sachliche Information, eine Mitteilung über den oder die Sprecher:in selbst, ein Hinweis auf die Beziehung zur angesprochenen Person und ein mehr oder weniger deutlicher Appell. Dies geschieht bewusst oder unbewusst, direkt oder indirekt, verbal oder nonverbal. Gerade weil die verschiedenen Ebenen oft unbewusst wirksam sind, kommt es in Gesprächen häufig zu Missverständnissen. Menschen hören mit unterschiedlichen „Ohren" zu, das heißt, sie achten besonders auf eine der vier Ebenen und interpretieren die Nachricht aus dieser Perspektive.

Die Sachebene umfasst den Informationsgehalt einer Botschaft. Hier geht es um Fakten, Daten, Argumente oder konkrete Hinweise. Auf dieser Ebene kann geprüft werden, ob eine Aussage wahr oder falsch, relevant oder irrelevant, nachvollziehbar oder unlogisch ist. In der Erwachsenenbildung wird diese Ebene besonders sichtbar, wenn es um die Vermittlung von Inhalten, die Klärung von Abläufen oder die Weitergabe von Arbeitsaufträgen geht. Eine klare, strukturierte Kommunikation auf der Sachebene schafft Orientierung und Transparenz. Doch sie reicht allein nicht aus, um gelingende Kommunikation zu ermöglichen.

Neben der Sachebene ist jede Botschaft auch eine Selbstoffenbarung. Schulz von Thun bezeichnet damit den Teil einer Äußerung, in dem sich die sprechende Person selbst mitteilt. Das kann explizit sein, etwa wenn jemand sagt: „Ich bin gerade überfordert". Oder es geschieht implizit, etwa durch einen genervten Tonfall, der die innere Anspannung erkennen lässt. Auch wenn ich etwas erkläre, zeige ich damit, dass ich Wissen habe, dass ich mir eine Expertenrolle zuschreibe oder dass mir ein Thema wichtig ist. Die Selbstoffenbarung ist ein wichtiger Teil der Kommunikation, weil sie Einblick in die Gedanken, Gefühle, Absichten und Haltungen der sprechenden Person gibt. In Gruppenprozessen kann eine bewusste Selbstoffenbarung Vertrauen schaffen und andere zur eigenen Reflexion anregen. Gleichzeitig kann eine unbeabsichtigte Selbstentblößung auch Irritationen auslösen, wenn sie nicht zu den Erwartungen der Gruppe passt.

Die Beziehungsebene ist jener Teil einer Botschaft, der vermittelt, wie der oder die Sprecher:in zum Gegenüber steht. Hier schwingen Achtung oder Geringschätzung, Sympathie oder Ablehnung, Vertrauen oder Misstrauen mit. Diese Ebene zeigt sich in der Wortwahl, im Tonfall, in der Blickrichtung, im Körperausdruck. Ein und derselbe Satz kann je nach Beziehungsebene ganz unterschiedlich wirken. Wenn ich sage: „Das ist die vierte Unpünktlichkeit diese Woche", kann das sachlich gemeint sein oder als Vorwurf, als Enttäuschung oder als Anklage ankommen. Die Beziehungsebene ist oft die sensibelste Dimension der Kommunikation. Viele Konflikte beginnen nicht auf der Sachebene, sondern auf dieser Ebene. Deshalb ist es wichtig, sich der Signale bewusst zu sein, die wir auf dieser Ebene aussenden. Trainer:innen können hier viel über ihre innere Haltung vermitteln. Wer Wertschätzung, Zugewandtheit und Respekt ausstrahlt, wird anders wahrgenommen als jemand, der abwertend, ironisch oder ungeduldig auftritt.

Schließlich enthält jede Botschaft auch einen Appell. Dieser Aspekt bezieht sich auf das, was der oder die Sprecher:in beim Gegenüber erreichen möchte. Das kann ein offener Wunsch sein, eine Bitte, eine Aufforderung oder auch eine Erwartung. Der Appell kann deutlich ausgesprochen sein oder sich zwischen den Zeilen verstecken. In der Bildungsarbeit begegnet uns der Appell ständig. Wenn wir erklären, was zu tun ist, wenn wir Fragen stellen, Aufgaben formulieren oder zu Reflexion einladen, senden wir Appelle. Wichtig ist, dass Appelle klar und nachvollziehbar sind, damit sie annehmbar bleiben. Gleichzeitig sollte reflektiert werden, wie Appelle wirken. Wer ständig verdeckte Appelle aussendet, ohne sie offen zu machen, riskiert, manipulativ oder belehrend zu wirken. Auch Teilnehmende senden Appelle an Trainer:innen, etwa in Form von Kritik, Erwartung oder Rückzug. Diese sollten sensibel wahrgenommen und in ihrer Funktion verstanden werden.

Kommunikationsquadrat
(Vier-Seiten-Modell)

Sachinhalt
Worüber ich
informiere

Selbstoffenbarung
Was ich von
mir preisgebe

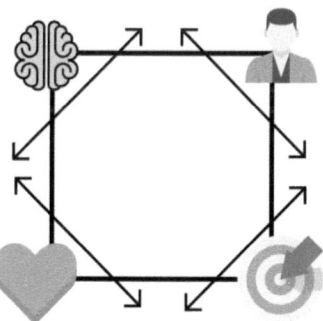

Beziehung
Was ich von dir
halte und wie
wir zueinander
stehen

Appell
Wozu ich dich
veranlassen
möchte

Das Kommunikationsquadrat macht deutlich, warum Kommunikation so oft misslingt, obwohl die beteiligten Personen guten Willens sind. Wenn der oder die Sender:in eine Botschaft auf der Sachebene formuliert, der oder die Empfänger:in aber vor allem mit dem Beziehungsohr hört, entstehen leicht Missverständnisse. Wenn jemand sagt: „Der Beamer ist schon wieder nicht angeschlossen", kann das als sachlicher Hinweis, als Ausdruck von Genervtheit, als versteckte Kritik oder als Aufforderung verstanden werden. Schulz von Thun rät deshalb, sich der vier Ebenen bewusst zu werden, sowohl beim Senden als auch beim Hören. Wer alle vier Ebenen achtsam kommuniziert und aufnimmt, kann Gespräche klarer, respektvoller und effektiver gestalten.

Für Trainer:innen ist dieses Modell besonders hilfreich, weil es eine differenzierte Analyse von Gesprächssituationen ermöglicht. Es bietet einen Zugang zu mehr Reflexion, mehr Klarheit und mehr Handlungsspielraum. In der Praxis kann es helfen, schwierige Situationen zu entwirren, unausgesprochene Erwartungen sichtbar zu machen oder unklare Reaktionen besser zu verstehen. Gleichzeitig fördert es eine wertschätzende Haltung, weil es dazu einlädt, hinter die Worte zu schauen und die verschiedenen Ebenen einer Botschaft ernst zu nehmen. Kommunikation ist nicht nur das, was gesagt wird. Es ist das, was auf mehreren Ebenen wirkt, ankommt, verstanden oder missverstanden wird. Das Kommunikationsquadrat bietet dafür ein kraftvolles Werkzeug.

Reflexionsfragen:

- Wann hast du zuletzt erlebt, dass eine scheinbar harmlose Aussage unterschiedlich interpretiert wurde?
- In welchen Situationen gelingt es dir, alle vier Ebenen deiner Kommunikation bewusst wahrzunehmen?
- Wie reagierst du, wenn du merkst, dass dein Gegenüber deine Botschaft nur auf einer Ebene wahrnimmt?
- Welche Ebene fällt dir im Alltag am leichtesten, welche am schwersten?
- Wie kannst du deine Selbstoffenbarung gezielter und authentischer nutzen, ohne dich zu überfordern?

- Was hilft dir, zwischen sachlicher Information und implizitem Appell zu unterscheiden?
- Wie kannst du in Gruppensituationen auf Beziehungssignale sensibel reagieren, ohne die Sachebene aus dem Blick zu verlieren?
- Welche Rolle spielt das Kommunikationsquadrat in deinem eigenen Kommunikationsstil?

Wer die vier Dimensionen jeder Botschaft kennt und bewusst einsetzt, schafft mehr Klarheit, vermeidet Missverständnisse und fördert respektvolle und lebendige Gesprächskultur im Lernkontext wie im Alltag.

Gelingende Kommunikation im Sinne des Kommunikationsquadrats

Eine gelingende Kommunikation erfordert nicht nur inhaltliche Klarheit, sondern auch Bewusstsein über die verschiedenen Ebenen, die in jeder Botschaft mitschwingen. Wer die vier Seiten einer Nachricht aktiv gestaltet und aufnimmt, kann die Verständigung verbessern und die Beziehungsebene stärken. Für das bewusste Senden und Empfangen von Botschaften im Sinne des Kommunikationsquadrats nach Schulz von Thun gibt es einige hilfreiche Hinweise.

Beim Senden einer Botschaft ist auf der Sachebene besonders wichtig, verständlich zu formulieren. Klare, kurze und prägnante Sätze helfen dabei, Missverständnisse zu vermeiden. Aussagen sollten eindeutig und stimmig sein. Verzicht auf Konjunktive schafft Klarheit und verhindert Unsicherheit in der Interpretation. Auf der Selbstoffenbarungsebene empfiehlt es sich, authentisch zu bleiben und in der Ich-Form zu sprechen. Wer sich nicht hinter Rollen versteckt, sondern sich ehrlich zeigt, wirkt glaubwürdig und nahbar. Die Beziehungsebene wird durch wertschätzendes Verhalten, persönlichen Kontakt und eine vertrauensvolle Haltung gestärkt. Ein aufmerksamer Blick, ein ruhiger Ton und eine offene Körpersprache sind ebenso wichtig wie Respekt und Zugewandtheit. Auf der Appellebene ist es ratsam, klar zu sagen, was man möchte. Indirekte Formulierungen oder Andeutungen führen leicht zu Missverständnissen. Wer von seinem Anliegen überzeugt ist und es eindeutig äußert, kommuniziert effektiv und nachvollziehbar. Schulz von Thun weist darauf hin, dass in jeder gesendeten Nachricht ein innerer Klärungsprozess enthalten ist. Der oder die Sender:in entscheidet, bewusst oder unbewusst, welche Botschaften auf welchen Ebenen mitgeteilt werden. Dabei wirken verbale und nonverbale Anteile stets zusammen.

Auch das Empfangen von Botschaften verlangt Aufmerksamkeit und Differenzierung. Auf der Sachebene bedeutet gutes Zuhören, bei Unsicherheiten nachzufragen und sich rückzuversichern, ob das Gehörte richtig verstanden wurde. Auf der Ebene der Selbstoffenbarung ist es hilfreich, aufmerksam und empathisch zuzuhören. Rückmeldungen zeigen, dass die sprechende Person gehört und ernst genommen wird. Die Beziehungsebene erfordert ein respektvolles Verhalten gegenüber dem Gegenüber. Wertschätzung, Blickkontakt, offene Körperhaltung und freundlicher Tonfall fördern ein gutes Miteinander. Auf der Appellebene schließlich geht es darum, den Wunsch oder die Erwartung zu erkennen, die in der Botschaft steckt. Wer aktiv mitdenkt, Vorschläge einbringt oder Rückfragen stellt, zeigt Bereitschaft zur Kooperation. Die Empfänger:in hat immer die Wahl, auf welcher Ebene sie die Botschaft primär hört. Diese Entscheidung beeinflusst wesentlich die Interpretation und kann förderlich, aber auch hinderlich sein. Wird beispielsweise eine sachliche Aussage als persönlicher Angriff auf der Beziehungsebene verstanden, entsteht leicht ein Konflikt. Es ist daher hilfreich, sich dieser Auswahl bewusst zu sein und im Zweifelsfall nachzufragen, wie die Botschaft gemeint war. Die bewusste Arbeit mit allen vier Ebenen unterstützt eine offene, klare und respektvolle Kommunikation im beruflichen wie im privaten Alltag.

Fragetechniken

Fragen sind das zentrale Instrument jeder professionellen Kommunikation. Sie strukturieren Gespräche, schaffen Klarheit, eröffnen Denkprozesse, ermöglichen Perspektivwechsel und fördern die Beziehungsgestaltung. Gerade in der Erwachsenenbildung, im Coaching oder in der Gruppenleitung ist die Fähigkeit, gezielt und wirkungsvoll zu fragen, ein wesentliches Element der professionellen Gesprächsführung. Doch nicht jede Frage erfüllt denselben Zweck. Es gibt unterschiedliche Arten von Fragen, die jeweils spezifische Wirkungen erzielen können. Wer diese Formen kennt und bewusst einsetzt, erhöht die Qualität von Lernprozessen, Beratungssettings und Gruppeninteraktionen erheblich.

Eine grundlegende Form sind **Informationsfragen**. Sie sind offen formuliert und beginnen meist mit klassischen W-Fragen wie wer, was, wann, wo, wie oder warum. Informationsfragen eignen sich besonders gut für den Gesprächseinstieg, denn sie ermöglichen es, einen Überblick zu gewinnen und einen möglichst breiten Einblick in eine Situation zu erhalten. Sie wirken einladend und signalisieren Interesse. Offene Fragen laden zur Beschreibung, zum Erzählen und zur Reflexion ein. Indem sie keine Antwort vorgeben, ermöglichen sie Freiheit im Ausdruck und fördern eigenständiges Denken. In der Gesprächsführung zeigen sie Respekt gegenüber der Perspektive des Gegenübers.

Beispiele für Informationsfragen:

- Was sind die bisherigen Erfahrungen mit diesem Thema?
- Welche Beteiligten sind bisher in den Prozess eingebunden?
- Wie kam es ursprünglich zu dieser Entscheidung?

Demgegenüber stehen **Entscheidungsfragen**. Sie sind meist geschlossen formuliert und zielen auf eine klare Entscheidung ab. Die Antwortmöglichkeiten beschränken sich häufig auf Ja oder Nein. Diese Form der Frage ist hilfreich, wenn Klarheit geschaffen oder ein Prozess vorangetrieben werden soll. Entscheidungsfragen bringen Struktur, sie helfen bei der Verbindlichkeit und machen deutlich, wo jemand steht. In manchen

Situationen können sie auch Druck erzeugen, weshalb ihr Einsatz gut überlegt sein sollte. Besonders in Gesprächen mit konflikthaftem Potenzial sollte mit dieser Form der Fragen achtsam umgegangen werden.

Beispiele für Entscheidungsfragen:

- Können Sie die Unterlagen bis Freitag vorbereiten?
- Würden Sie diesen Vorschlag unterstützen?
- Sind Sie mit dem Ablauf, wie wir ihn besprochen haben, einverstanden?

Alternativfragen bieten eine Zwischenform. Sie enthalten zwei oder mehr Antwortoptionen, zwischen denen sich das Gegenüber entscheiden kann. Alternativfragen vermitteln zugleich Struktur und Beteiligung. Sie geben einen Rahmen vor, ohne die Entscheidungsfreiheit völlig einzuschränken. Gerade bei organisatorischen Fragen oder in Entscheidungsprozessen sind sie hilfreich, um konkrete Schritte zu planen oder Vorschläge zu konkretisieren. Ihre Stärke liegt in der Balance zwischen Offenheit und Zielorientierung.

Beispiele für Alternativfragen:

- Möchten Sie lieber den Workshop am Vormittag oder am Nachmittag besuchen?
- Sollen wir das nächste Treffen online oder in Präsenz abhalten?
- Wünschen Sie sich bei der Umsetzung mehr Eigenverantwortung oder mehr Begleitung?

Suggestivfragen hingegen sind in der professionellen Kommunikation mit Vorsicht zu behandeln. Sie zielen darauf ab, das Gegenüber in eine bestimmte Richtung zu lenken und eine gewünschte Antwort zu provozieren. Formulierungen wie „Sie sind doch sicher auch der Meinung, dass..." oder „Bestimmt haben Sie schon bemerkt, dass..." enthalten bereits eine Bewertung und lassen wenig Raum für eigene Standpunkte. Suggestivfragen können manipulativ wirken und das Vertrauen beeinträchtigen. In der Werbung oder in rhetorisch zugespitzten Kontexten mögen sie ihren Platz haben, in der wertschätzenden Gesprächsführung sollten sie jedoch sparsam und reflektiert eingesetzt werden.

Beispiele für Suggestivfragen:

- Sie sind doch sicherlich auch der Meinung, dass wir sofort handeln müssen?
- Sie haben doch sicher auch festgestellt, dass diese Methode wirkungsvoller ist?
- Sie stimmen mir doch bestimmt zu, dass das alte Konzept nicht mehr funktioniert?

Eine besondere Form stellen **rhetorische Fragen** dar. Sie sind keine echten Fragen im klassischen Sinn, sondern dienen dazu, Aufmerksamkeit zu wecken, Zustimmung zu erzeugen oder emotionale Resonanz zu erzeugen. Rhetorische Fragen erwarten keine Antwort, sondern wirken durch das, was sie beim Gegenüber anregen. Sie sind oft Bestandteil von Präsentationen, Reden oder pädagogischen Impulsen. Ihr Einsatz verlangt ein gutes Gespür für Timing und Wirkung, da sie schnell ins Leere laufen können, wenn sie nicht authentisch eingebettet sind.

Beispiele für rhetorische Fragen:

- Wer möchte nicht gerne in einem Umfeld arbeiten, in dem Wertschätzung selbstverständlich ist?
- Ist es nicht an der Zeit, neue Wege zu gehen?
- Haben wir nicht alle schon einmal erlebt, wie frustrierend schlechte Kommunikation sein kann?

Klärende Fragen spielen eine zentrale Rolle in der Gesprächsführung. Sie dienen dazu, unklare Aussagen zu hinterfragen, Verallgemeinerungen zu konkretisieren und Hintergründe sichtbar zu machen. Durch sie wird das Gesagte präzisiert und Missverständnisse werden reduziert. Sie helfen dabei, vage oder emotional aufgeladene Aussagen auf eine sachliche Ebene zu bringen und schaffen Struktur im Gespräch. Gleichzeitig laden sie dazu ein, eigene Aussagen zu hinterfragen und fördern eine differenzierte Betrachtung.

<u>Beispiele für klärende Fragen:</u>

- Wie genau definieren Sie den Begriff „regelmäßig" in diesem Zusammenhang?
- Könnten Sie erläutern, was Sie mit „komplex" meinen?
- Wenn Sie sagen, Sie fühlen sich überfordert, woran merken Sie das konkret?

Eine lebendige und dynamische Gesprächsführung erfordert manchmal auch **stimulierende Fragen**. Diese Form zielt darauf ab, einen stockenden Prozess wieder in Gang zu bringen, neue Ideen zu fördern oder die Kreativität zu aktivieren. Stimulierende Fragen regen dazu an, neue Perspektiven zu entwickeln, weiterzudenken oder Lösungsmöglichkeiten zu entdecken. Sie öffnen den Raum für Entwicklung und laden zur gemeinsamen Gestaltung ein. In Gruppenprozessen oder bei kreativen Aufgaben sind sie unverzichtbar, um den Dialog lebendig zu halten.

<u>Beispiele für stimulierende Fragen:</u>

- Welche weiteren Möglichkeiten fallen Ihnen zu diesem Thema ein?
- Was wäre ein völlig anderer Blickwinkel auf diese Herausforderung?
- Wer hat noch eine Idee, die wir bisher nicht bedacht haben?

Teilnehmende Fragen lenken die Aufmerksamkeit gezielt auf die emotionale Verfassung und persönliche Wahrnehmung der Gesprächspartner:innen. Sie fördern das Bewusstwerden innerer Zustände, regen zur Selbstreflexion an und eröffnen einen Raum, in dem Gefühle benannt und geteilt werden können. Gerade in Gruppenprozessen, Beratungsgesprächen oder im Coaching leisten sie einen wertvollen Beitrag zur Beziehungsgestaltung und zur Vertiefung des Dialogs. Teilnehmende Fragen ermöglichen es, Empathie aufzubauen, nonverbale Signale zu thematisieren und das soziale Klima in der Gruppe besser zu erfassen.

<u>Beispiele für teilnehmende Fragen:</u>

- Wie geht es dir mit dem bisher Besprochenen?
- Was macht diese Rückmeldung gerade mit Ihnen?
- Wie fühlst du dich in dieser Entscheidungssituation?

Eine sehr wirkungsvolle Technik sind **zirkuläre Fragen**. Sie ermöglichen es, die Perspektive zu wechseln und sich in andere Personen hineinzuversetzen. Dabei spielt es keine Rolle, ob die Annahmen über die andere Person korrekt sind, entscheidend ist der Perspektivwechsel als solcher. Zirkuläre Fragen laden dazu ein, eingefahrene Sichtweisen zu hinterfragen und sich gedanklich in neue Positionen zu begeben. Sie fördern Empathie, regen zur Selbstreflexion an und helfen dabei, versteckte Muster oder Überzeugungen sichtbar zu machen. Besonders im Coaching, in der Mediation oder in der systemischen Beratung kommen sie zum Einsatz, um den Horizont auf sanfte Weise zu erweitern. Sie eignen sich außerdem hervorragend für Selbstklärungsprozesse, da sie explorativ statt konfrontativ wirken.

<u>Beispiele für zirkuläre Fragen:</u>

- Was würde Ihre beste Freundin über Ihre derzeitige Entscheidung sagen?
- Wie könnte Ihr Vorgesetzter Ihre aktuelle Haltung beschreiben?
- Was glauben Sie, was Ihr Team denkt, wenn es Ihre Lösungsvorschläge hört?

Am Ende eines Gesprächs kommen **abschließende** Fragen zum Einsatz. Sie dienen der Klärung, ob alle relevanten Themen bearbeitet wurden und ob es noch offene Punkte gibt. Solche Fragen helfen, Prozesse zu strukturieren, das Gespräch bewusst abzuschließen und gemeinsam Bilanz zu ziehen. Sie fördern eine klare Vereinbarung und erhöhen die Verbindlichkeit. Abschließende Fragen wirken strukturierend und entlastend, da sie den Gesprächspartner:innen ermöglichen, letzte Gedanken oder Rückmeldungen zu äußern.

<u>Beispiele für abschließende Fragen:</u>

- Gibt es noch etwas, das Ihnen in diesem Zusammenhang wichtig ist?
- Fühlen Sie sich mit dem bisherigen Ergebnis wohl?
- Sind alle offenen Punkte für Sie ausreichend geklärt?

Alle genannten Fragetechniken haben ihre Berechtigung und ihren spezifischen Anwendungsbereich. Entscheidend ist nicht nur die Wahl der passenden Frageform, sondern auch die Haltung, mit der gefragt wird. Fragen sollten nicht kontrollierend, übergriffig oder suggestiv wirken, sondern einladend, klärend und entwicklungsorientiert. Eine professionelle Gesprächsführung zeichnet sich dadurch aus, dass sie Fragen als Mittel zur Förderung von Selbstreflexion, Partizipation und Klärung versteht. Wer lernt, gezielt zu fragen, öffnet Räume für Entwicklung, Verständnis und Zusammenarbeit.

Reflexionsfragen:

- Welche Arten von Fragen verwendest du in deiner Arbeit besonders häufig, und warum?
- In welchen Situationen war der gezielte Einsatz einer bestimmten Frageform besonders hilfreich?
- Wann hast du erlebt, dass eine Frage mehr Verwirrung gestiftet als Klarheit geschaffen hat?
- Wie gehst du damit um, wenn dein Gegenüber auf eine Frage ausweichend oder ablehnend reagiert?
- Welche Frageformen möchtest du in Zukunft bewusster einsetzen?
- Was hilft dir dabei, zwischen klärenden, teilnehmenden und zirkulären Fragen zu unterscheiden?
- Wie beeinflusst deine Haltung als fragende Person die Wirkung deiner Fragen?
- In welchen Kontexten empfindest du rhetorische oder suggestive Fragen als hilfreich oder problematisch?

Gezielte Fragen schaffen Raum für Entwicklung, ermöglichen Perspektivwechsel und fördern die Qualität professioneller Gespräche. Wer Fragetechniken gezielt einsetzt, strukturiert Kommunikation, öffnet neue Denkwege und stärkt die Beziehungsqualität im Dialog.

Aktives Zuhören

Angenehme Gesprächspartner:innen zeichnen sich vor allem durch eines aus: Sie können gut zuhören. Diese Fähigkeit wird oft unterschätzt, obwohl sie eine zentrale Grundlage gelingender Kommunikation bildet. Viele Menschen sehnen sich danach, gehört und verstanden zu werden, doch nur wenige erleben in Gesprächen echtes Zuhören. Und Hand aufs Herz: Wie oft hast du selbst bereits innerlich an einer möglichen Antwort gebastelt, während dein Gegenüber noch sprach? Wie häufig warst du mit deinen Gedanken ganz woanders, obwohl dir jemand gerade etwas anvertraute?

Aktives Zuhören ist in nahezu allen Kommunikationssituationen von Bedeutung. Es spielt eine Rolle im Zweiergespräch ebenso wie in Diskussionen, Präsentationen oder Gruppensettings. Insbesondere bei Missverständnissen oder Konflikten entfaltet es seine besondere Kraft. Es ist kein Zufall, dass aktives Zuhören oft als „Zaubermittel" beschrieben wird, weil es dazu beiträgt, Spannungen zu lösen und eine Verbindung herzustellen. Das zentrale Ziel besteht darin, dass sich dein Gegenüber angenommen, verstanden und wertgeschätzt fühlt. Wer diese Haltung einnimmt, baut Vertrauen auf, erweitert seinen Horizont, vermeidet Missverständnisse und lernt neue Perspektiven kennen.

Aktives Zuhören zeigt sich durch ungeteilte Aufmerksamkeit. Dazu gehört, alle Ablenkungen zu vermeiden, etwa keine Nachrichten zu schreiben oder Mails zu checken, während jemand spricht. Es bedeutet auch, sich körperlich zuzuwenden, Blickkontakt zu halten und durch nonverbale Signale Präsenz zu zeigen. Interesse äußert sich nicht nur in den Worten, sondern auch durch ein aufmerksames, zugewandtes Verhalten. Wichtig ist, dass du deinem Gegenüber nicht ständig ins Wort fällst, sondern ausreden lässt und erst danach reagierst. Verstehen zu signalisieren heißt nicht automatisch, mit allem Gehörten einverstanden zu sein, sondern dem anderen Raum zu geben, ohne vorschnell zu bewerten. Kurze bekräftigende Rückmeldungen wie „mhm" oder „ja" unterstützen das Gespräch und signalisieren, dass du dabei bist. Auch ausreichend Zeit und Ruhe gehören zum aktiven Zuhören.

Besonders hilfreich ist aktives Zuhören in Kombination mit einer methodischen Gesprächsführung. Ein möglicher Einstieg ist eine offene Frage, die das Gespräch auf natürliche Weise in Gang bringt, ohne es in eine bestimmte Richtung zu lenken. Ziel ist es, dass die andere Person einfach beginnt zu sprechen. Solche öffnenden Fragen können lauten: „Wie läuft das Geschäft?", „Was hat sich bei Ihnen seit unserem letzten Treffen verändert?" oder „Wie beurteilen Sie die aktuelle Situation?" Sobald dein Gegenüber spricht, beginnt deine aktive Zuhörarbeit.

Eine hilfreiche Technik dabei ist das Spiegeln oder Paraphrasieren von Satzteilen. Das bedeutet, dass du zentrale Aussagen in eigenen Worten zusammenfasst und dadurch zeigst, dass du zugehört und verstanden hast. Ergänzend kannst du Du-Aussagen oder sogenannte emotionale Statements verwenden. Wenn dein Gesprächspartner beispielsweise sagt: „Die Auftragslage ist momentan wirklich schlecht", kannst du reagieren mit: „Das belastet Sie", oder „Das macht Ihnen Sorgen". Du benennst damit ein mögliches Gefühl, das aus der Aussage mitschwingt. Es geht nicht darum, absolut richtig zu liegen, sondern ein Gefühl anzubieten, das gerade eine Rolle spielen könnte.

Diese Technik hat zwei mögliche Reaktionen zur Folge: Entweder die Aussage wird angenommen, etwa durch „Ja, so ist es", oder sie wird abgelehnt und durch ein anderes Gefühl ersetzt, zum Beispiel „Nein, Sorgen mache ich mir nicht, aber ich bin schon überrascht". In beiden Fällen fühlt sich dein Gegenüber verstanden. Entweder durch Zustimmung oder dadurch, dass er oder sie die eigene Sichtweise präzisieren konnte. Es gibt kein richtig oder falsch in diesem Prozess. Wichtig ist die emotionale Resonanz.

Wenn dein Gegenüber das angebotene Gefühl annimmt, ist das ein Zeichen für emotionalen Rapport. In diesem Moment kann eine weiterführende emotionale Frage angeschlossen werden, etwa: „Was beschäftigt Sie denn am meisten?" Diese Anschlussfrage öffnet häufig sehr persönliche und tiefgehende Gesprächsräume. Wenn das angebotene Gefühl abgelehnt wird, geschieht dies in der Regel durch eine Präzisierung. Auch dadurch gewinnst du wertvolle Informationen, ohne explizit nachfragen zu müssen. Beide Varianten stärken die Gesprächsbasis.

Emotionale Fragen sind ein wesentliches Werkzeug des aktiven Zuhörens. Sie setzen bewusst an einem bereits geäußerten und vom Gegenüber akzeptierten Gefühl an und vertiefen das Gesagte. Mit Fragen wie „Was stört Sie daran am meisten?", „Was bedeutet Ihnen das?" oder „Was macht Ihnen dabei am meisten zu schaffen?" führst du dein Gegenüber von der Oberfläche des Gesprächs in dessen Tiefe. Emotionale Fragen fördern Selbstreflexion, innere Klärung und die Bereitschaft zur Öffnung. Die Reaktion auf eine solche Frage ist selten oberflächlich. Vielmehr führt sie dazu, dass die befragte Person innehält, sich selbst befragt und authentische Antworten formuliert.

Der Gesprächsverlauf verändert sich durch emotionale Fragen spürbar. Während rein sachliche oder erklärende Fragen eher an der Oberfläche bleiben, lenken emotionale Fragen den Fokus auf das, was wirklich bedeutsam ist. Du wirst feststellen, dass dein Gegenüber sich öffnet, sich vertieft und die eigene Haltung oder Befindlichkeit differenzierter reflektiert. Dies geschieht nicht, weil du drängst oder bohrst, sondern weil die Frage in Resonanz mit dem inneren Erleben tritt. Das Gefühl, verstanden worden zu sein, bleibt erhalten. Zugleich entsteht kein Eindruck eines Verhörs oder übermäßigen Ausfragens, weil die emotionale Frage ein Angebot ist, keine Zumutung.

Ein weiterer Vorteil besteht darin, dass emotionale Fragen helfen können, langatmige oder detailverliebte Ausführungen zu unterbrechen, ohne unhöflich zu wirken. Anstatt auf sachlicher Ebene einzuhaken, leitest du elegant zu einem Kernaspekt über. Damit schaffst du Orientierung und bringst das Gespräch in eine tiefere, oft bedeutsamere Richtung. Ein anschauliches Bild für diesen Prozess ist das Meer: An der Oberfläche ist es oft bewegt, hektisch, voller Strömungen. In der Tiefe aber herrscht Ruhe, Klarheit und Substanz. Emotionale Fragen führen vom Oberflächenrauschen hinunter zum Grund des Gesprächs. Dort wird Kommunikation wahrhaftig, ehrlich und bedeutsam.

Beispiele für emotionale Fragen sind: Was stört Sie daran am meisten? Was beschäftigt Sie aktuell besonders? Was bedeutet Ihnen das ganz persönlich? Was ist Ihnen in dieser Situation am wichtigsten? Was macht Ihnen dabei die größten Sorgen? Was berührt Sie an diesem Thema besonders stark? Was fasziniert Sie daran?

Achte bei der Verwendung von Statements und Du-Aussagen auf deine Stimme. Während Fragen mit einer angehobenen Stimme am Ende formuliert werden, sollten Aussagen ruhig und mit einer leicht fallenden Stimme gesprochen werden. Damit signalisierst du Sicherheit und stellst das Gesagte nicht infrage. Wenn du in der Tonlage nach oben gehst, kann das Unsicherheit oder eine unausgesprochene Frage vermitteln, was den Effekt der Aussage mindert.

In der Praxis ist es besser, lieber etwas zu intensiv zu formulieren als zu vorsichtig. Wenn du zum Beispiel sagst: „Sie sind verzweifelt", und dein Gegenüber darauf antwortet: „So schlimm ist es nicht, aber es macht mir schon zu schaffen", dann hast du etwas überzeichnet, aber das Gegenüber hat sich gehört gefühlt. Umgekehrt, wenn du zu vage bleibst, etwa mit „Das macht Ihnen ein wenig zu schaffen", und dein Gegenüber tief getroffen ist, fühlt sich diese Person möglicherweise nicht ernst genommen. Zwischen überverstanden und unterverstanden zu werden, ist also das kleinere Übel. Ziel ist es, Resonanz zu erzeugen, nicht perfekte Gefühlsanalysen abzuliefern.

Aktives Zuhören bedeutet auch, sowohl die Inhaltsebene als auch die Beziehungsebene wahrzunehmen. Was gesagt wird, ist ebenso bedeutsam wie die Art, wie es gesagt wird. Tonfall, Wortwahl, Körpersprache und Mimik liefern Hinweise, die nicht übersehen werden sollten. Wer sich im aktiven Zuhören übt, entwickelt mit der Zeit eine hohe Sensibilität für Zwischentöne und lernt, auch unausgesprochene Botschaften zu deuten. Aktives Zuhören ist mehr als eine Technik. Es ist eine Haltung. Eine Haltung der Offenheit, der Neugier, des Respekts und der inneren Ruhe. Sie macht Gespräche tiefer, ehrlicher und oft auch wirksamer.

Reflexionsfragen:

- In welchen Situationen fällt dir aktives Zuhören leicht, in welchen eher schwer?
- Wann hast du zuletzt erlebt, dass dir wirklich aktiv zugehört wurde, und wie hat sich das für dich angefühlt?
- Welche äußeren und inneren Ablenkungen erschweren dir das Zuhören am meisten?
- Wie kannst du deine eigene Gesprächspräsenz bewusster gestalten?
- Was hilft dir dabei, Gefühle deines Gegenübers wahrzunehmen und angemessen zu spiegeln?
- Wie gehst du damit um, wenn du mit dem Gehörten innerlich nicht einverstanden bist?
- Welche Rolle spielt aktives Zuhören in deiner Arbeit mit Gruppen oder Einzelpersonen?
- Welche Wirkung möchtest du durch aktives Zuhören künftig stärker erzielen?

Wer aktiv zuhört, schafft Vertrauen, reduziert Missverständnisse und öffnet Türen zu echter Begegnung. Die Kunst des Zuhörens ist lernbar, aber sie erfordert Aufmerksamkeit, Übung und eine klare innere Haltung. Wer sie beherrscht, verändert Gespräche, und manchmal sogar Beziehungen.

Feedback nach Übungen

Woher weißt du, dass du etwas gut machst? Vertraust du auf dein eigenes Gefühl? Kennst du deine blinden Flecken? Weißt du, in welchen Bereichen du noch Entwicklungspotential hast? Mit Sicherheit kennst du dein eigenes Bild von dir selbst, dein Selbstbild. Doch wie sehen dich andere Menschen? Wie wirst du von deinem Umfeld eingeschätzt? Um die mögliche Diskrepanz zwischen Selbstbild und Fremdbild zu verringern, benötigen wir alle regelmäßig eines: ehrliches, wertschätzendes Feedback.

Feedback ist etwas Wertvolles. Es ist nicht mit Kritik zu verwechseln. Während Kritik häufig mit einem wertenden Unterton einhergeht und sich für viele unangenehm anfühlt, kann Feedback als Geschenk betrachtet werden. Es zeigt uns auf, was wir nicht sehen können, wo wir ungenutzte Potenziale haben, und es kann uns sanft auf Entwicklungsmöglichkeiten hinweisen. Feedback fördert persönliche und berufliche Weiterentwicklung, schafft Klarheit und kann Beziehungen stärken, vorausgesetzt, es wird bewusst, respektvoll und verantwortungsvoll gegeben und angenommen.

Damit Feedback tatsächlich als Geschenk angenommen und nicht als Angriff empfunden wird, braucht es bestimmte Rahmenbedingungen und Regeln. Diese gelten sowohl für die Person, die Feedback gibt, als auch für jene, die Feedback empfängt. Feedback ist kein einseitiger Prozess, sondern ein interaktiver Austausch. Es lebt von der Bereitschaft beider Seiten, sich einzulassen, offen zu sein und voneinander lernen zu wollen.

Ein zentrales Prinzip lautet: Feedback soll erwünscht sein. Wie jedes Geschenk sollte auch Feedback nicht ungefragt verteilt werden. Niemand möchte etwas aufgedrängt bekommen, das er oder sie nicht will oder nicht brauchen kann. Frag also, ob dein Feedback willkommen ist, und kläre, warum du es geben möchtest. Feedback ist kein Selbstzweck. Es geht nicht darum, Kritik zu üben, sondern darum, einen Beitrag zur Entwicklung des Gegenübers zu leisten. Diese Haltung schafft Vertrauen und erhöht die Bereitschaft zur Annahme.

Feedback entfaltet seine Wirkung nur dann, wenn es zeitnah gegeben wird. Wer mit Rückmeldungen zu lange wartet, riskiert, dass der Bezug zur ursprünglichen Situation verloren geht. Je näher Feedback an das beobachtete Verhalten oder Ereignis geknüpft ist, desto leichter kann es nachvollzogen und verarbeitet werden. Auch die emotionale Relevanz bleibt erhalten. Deshalb sollte Feedback nicht aufgeschoben, sondern möglichst bald geäußert werden, in einem ruhigen, passenden Moment.

Ein weiterer wichtiger Aspekt ist die Einbeziehung positiver Elemente. Menschen konzentrieren sich häufig auf Fehler oder Defizite, während Stärken und Erfolge viel zu selten benannt werden. Dabei wirkt nichts so motivierend wie Anerkennung und Wertschätzung. Gutes Feedback benennt, was gelungen ist, und würdigt Fortschritte. Es basiert auf einer positiven Grundhaltung, die das Gegenüber in seiner Entwicklung unterstützen will, anstatt es zu bewerten oder zu kontrollieren.

Feedback sollte realistisch und konstruktiv sein. Das bedeutet, es muss nachvollziehbar, ehrlich und hilfreich formuliert sein. Es geht nicht darum, Perfektion einzufordern, sondern Entwicklungen anzuregen. Dabei ist zu berücksichtigen, dass jeder Mensch individuelle Grenzen hat. Manche Fähigkeiten lassen sich trainieren, andere sind nur begrenzt veränderbar. Feedback sollte dazu ermutigen, das eigene Potenzial auszuschöpfen, aber nicht überfordern oder beschämen.

Besonders bedeutsam ist die Unterscheidung zwischen verhaltensbezogenem und personenbezogenem Feedback. Nur Verhalten kann verändert werden. Aussagen wie „Sie sind zu langsam" oder „Sie sind nicht teamfähig" greifen die Person an und verfehlen ihr Ziel. Besser ist es, konkretes Verhalten zu beschreiben, etwa: „Mir ist aufgefallen, dass Sie die letzten drei Teammeetings jeweils erst nach Beginn betreten haben." Solche Formulierungen lassen Raum für Reflexion und Veränderung. Sie respektieren die Person und adressieren das Verhalten.

Eine hilfreiche Methode besteht darin, Feedback in Form von Ich-Botschaften zu geben. Vermeide es, dein Gegenüber zu bewerten oder zu analysieren. Teile stattdessen mit, was du beobachtet hast und welche Wirkung dieses Verhalten auf dich hatte. Anstatt zu sagen: „Sie sind oft geistig abwesend", kannst du sagen: „Auf mich wirken Sie in manchen Gesprächen geistig nicht ganz präsent." Diese Formulierung ist subjektiv, ehrlich und respektvoll. Gegen persönliche Eindrücke lässt sich schwer argumentieren, während direkte Bewertungen häufig Widerstand hervorrufen. Ich-Botschaften tragen dazu bei, dass sich das Gegenüber weniger angegriffen fühlt und offener auf das Gesagte reagiert.

Feedback ist keine Einbahnstraße. Auch die Person, die Feedback erhält, trägt Verantwortung dafür, wie sie mit dem Gehörten umgeht. Offenheit, Zuhören und die Bereitschaft, sich mit dem Gesagten auseinanderzusetzen, sind entscheidend. Niemand muss alles unreflektiert annehmen. Doch wer Feedback ausschließlich abwehrt, verpasst die Chance auf persönliches Wachstum. Es lohnt sich, Feedback nicht als Urteil, sondern als Einladung zur Selbstreflexion zu betrachten.

Wenn du Feedback bekommst, überlege zunächst, ob du dich aktuell in der Lage fühlst, es anzunehmen. Es gibt Momente, in denen du verletzlich bist oder ohnehin emotional belastet, sodass selbst gut gemeintes Feedback das Fass zum Überlaufen bringen könnte. In solchen Situationen darfst du selbst bestimmen, ob du das Geschenk Feedback annehmen möchtest. Manchmal braucht es etwas Abstand oder ein späterer Zeitpunkt. Gutes Feedback erfordert auch einen geeigneten inneren Raum, um aufgenommen werden zu können.

Wenn du dich entscheidest, Feedback anzunehmen, prüfe sorgfältig, was davon für dich relevant ist. Nicht alles, was du hörst, muss für dich Bedeutung haben. Manches mag dir besonders wertvoll erscheinen, anderes interessiert dich vielleicht nur am Rande, wieder anderes erscheint dir unpassend oder sogar falsch. Triff bewusst eine Auswahl und entscheide, was du davon mitnehmen möchtest.

Nimm dir im Anschluss Zeit, über das Gehörte ernsthaft nachzudenken. Auch wenn der tiefere Sinn eines Feedbacks nicht sofort ersichtlich ist, kann es später eine wichtige Bedeutung entfalten. Manche Rückmeldungen brauchen Zeit, um zu wirken. Vielleicht entdeckst du Tage oder Wochen später, was dir zunächst verborgen geblieben ist. Reflexion bedeutet nicht, dass du alles ungefiltert übernimmst, sondern dass du dich ernsthaft mit dem Feedback auseinandersetzt.

Wenn du die Wirkung deines Verhaltens auf andere besser verstanden hast, kannst du beginnen, über mögliche Veränderungen nachzudenken. Veränderungen brauchen Zeit, Mut und Bereitschaft. Es ist hilfreich, kleine Schritte zu planen, anstatt alles auf einmal verändern zu wollen. Feedback liefert Impulse, aber du entscheidest selbst, wie du damit umgehst und in welchem Tempo du dich entwickelst. Auch kleine, kontinuierliche Veränderungen führen zu Wachstum.

Und schließlich: Bedanke dich für Feedback. Du hast ein Geschenk erhalten. Jemand hat sich Zeit genommen, dir eine persönliche Rückmeldung zu geben. Unabhängig davon, ob du alles annehmen kannst oder möchtest, verdient diese Offenheit Anerkennung. Ein einfaches Danke signalisiert Wertschätzung und hält die Tür für weiteren Austausch offen.

Eine wertschätzende Feedbackkultur ist nicht selbstverständlich, aber lernbar. Sie beginnt bei einer Haltung der gegenseitigen Anerkennung und wächst mit jeder Erfahrung. In Teams kann regelmäßiges Feedback Vertrauen fördern, Klarheit schaffen und Zusammenarbeit verbessern. In Lern- und Ausbildungskontexten ermöglicht Feedback gezielte Förderung und erleichtert individuelles Lernen. In Führungssituationen ist Feedback ein zentrales Instrument zur Motivation, Orientierung und Entwicklung.

Gutes Feedback ist konkret, nachvollziehbar und gut gemeint. Es zielt nicht darauf ab, zu verletzen oder zu kontrollieren, sondern soll unterstützen, entwickeln und stärken. Es lebt von Ehrlichkeit, Klarheit und Empathie. Wer Feedback gibt, sollte sich stets fragen: Was will ich mit meiner Rückmeldung bewirken? Was braucht mein Gegenüber in diesem Moment? Und wie kann ich das sagen, ohne zu verletzen, sondern aufbauend zu wirken? Wer Feedback annimmt, darf sich fragen: Was kann ich daraus mitnehmen? Was stimmt für mich, was nicht? Und wofür bin ich vielleicht sogar dankbar?

Feedback ist ein Lernfeld. Es fordert uns heraus, ehrlich, achtsam und klar zu sein, mit uns selbst und mit anderen. Doch gerade darin liegt seine große Kraft. Denn wer Feedback geben und annehmen kann, öffnet die Tür zu Entwicklung, Verbindung und echter Begegnung.

Reflexionsfragen:

- In welchen Situationen fällt es dir leicht, Feedback zu geben?
- Wann hast du zuletzt Feedback erhalten, das dich wirklich weitergebracht hat?
- Welche Rückmeldungen nimmst du gerne an, welche lehnst du eher ab?
- Wie formulierst du Feedback, damit es ehrlich, aber nicht verletzend ist?
- Was hilft dir dabei, Ich-Botschaften statt Bewertungen zu äußern?
- Welche Haltung nimmst du ein, wenn du Feedback bekommst, das dich irritiert?
- Wie möchtest du deine Feedbackkultur in deinem Arbeitsumfeld künftig gestalten?
- Was kannst du tun, um Feedback öfter als Geschenk wahrzunehmen?

Feedback ist ein Weg zur Selbsterkenntnis, zur Entwicklung und zur Verbindung mit anderen. Es braucht Mut, Übung und Bereitschaft, aber es lohnt sich, für alle Beteiligten.

Rhetorik und Präsentation

Rhetorik begegnet uns in allen Lebensbereichen, ob bei einem Gespräch im Büro, bei einer politischen Rede, in der Werbung oder in einem Verkaufsgespräch. Sie ist weit mehr als das bloße Halten von Reden. Ursprünglich als Kunst der Rede verstanden, ist sie heute ein zentraler Bestandteil gelungener Kommunikation. Wer rhetorisch sicher auftreten möchte, muss nicht nur informieren, sondern auch begeistern und aktivieren können. Eine gute Rede beginnt mit einem klaren Ziel und endet in einem nachhaltigen Eindruck. Dazwischen liegt die Kunst, Inhalte lebendig, glaubwürdig und überzeugend zu vermitteln. Dabei helfen neben sprachlicher Präzision auch nonverbale Ausdrucksmittel, eine gut gewählte Struktur und eine wirkungsvolle Visualisierung.

Der römische Rhetoriker Cicero unterschied in seiner Lehre drei wesentliche Ziele einer gelungenen Rede: zu informieren, zu erfreuen und zu bewegen. Dieses Dreigestirn ist bis heute aktuell. Eine gelungene Präsentation oder Rede erfüllt idealerweise alle drei Aspekte in ausgewogener Form. Wer nur informiert, bleibt blass. Wer nur unterhält, wird nicht ernst genommen. Wer nur überzeugen will, wirkt rasch belehrend oder manipulativ. Erst im Zusammenspiel entfaltet Rhetorik ihre volle Wirkung.

Wer informiert, vermittelt Fakten, Zusammenhänge und Inhalte. Dazu gehört es, sich vorab Gedanken über die zentralen Botschaften zu machen. Was soll das Publikum auf jeden Fall mitnehmen? Welche Kernaussagen sind wirklich relevant? Es ist hilfreich, den Schlussteil zuerst zu entwickeln, denn er enthält oft die Quintessenz. Von dort aus lässt sich der Weg dorthin besser gestalten. Verständlichkeit ist oberstes Gebot. Fachbegriffe sollten sparsam und zielgruppengerecht eingesetzt werden. Thesen sollten mit Beispielen, Zahlen und Geschichten gestützt werden. Visualisierungen können dabei helfen, komplexe Inhalte zugänglich zu machen. Ob mit Flipchart, PowerPoint oder Modellen, das Zusammenspiel von Bild und Wort wirkt meist stärker als Sprache allein. Zuhörer:innen sollen nicht nur hören, sondern verstehen, was gemeint ist. Deshalb ist es auch wichtig, im Vortrag Gelegenheiten für Fragen, Reflexion und Austausch zu schaffen.

Wer eine Präsentation vorbereitet, sollte darauf achten, verschiedene Lerntypen anzusprechen. Manche Menschen lernen besser durch Hören, andere durch Sehen, wieder andere durch aktives Tun. Versuche daher, deine Inhalte so aufzubereiten, dass sie über unterschiedliche Kanäle vermittelt werden. Kombiniere gesprochene Worte mit Bildern, benutze Metaphern, arbeite mit Flipcharts oder Gegenständen, die du zeigen und in Beziehung setzen kannst. Nutze Wiederholungen, um zentrale Botschaften zu verankern, und achte auf einen roten Faden, der deine Inhalte logisch miteinander verbindet. Achte auch auf die Länge deiner Ausführungen. Weniger ist oft mehr. Ein klar strukturierter Vortrag mit drei Hauptpunkten bleibt besser im Gedächtnis als ein überladener Informationsblock.

Neben der Information spielt die emotionale Ansprache eine wesentliche Rolle. Zuhörer:innen möchten nicht nur verstehen, sie wollen auch angesprochen, berührt und unterhalten werden. Eine wohl strukturierte Präsentation bietet dabei Halt und Orientierung. Geschichten, Anekdoten oder Vergleiche erzeugen Bilder im Kopf, bleiben im Gedächtnis und machen das Gesagte greifbarer. Humor kann Brücken bauen, Spannung abbauen und Aufmerksamkeit schaffen, solange er zum Thema und zur Situation passt. Auch kleine Überraschungen, ein Perspektivenwechsel oder eine provokante These können Interesse wecken und das Publikum aktivieren. Je mehr Sinne angesprochen werden, desto nachhaltiger wirkt eine Präsentation. Ein Bild sagt mehr als tausend Worte, und eine stimmige Körpersprache sagt oft mehr als viele Sätze.

Eine gelungene Rhetorik aktiviert. Sie lädt zum Mitdenken, Mitfühlen und idealerweise auch zum Mitmachen ein. Gute Redner:innen nehmen ihr Publikum mit auf eine Reise. Sie führen durch Inhalte, öffnen Denkräume, setzen Impulse. Dabei helfen eine klare Sprache, ein ruhiger Tonfall, eine aufrechte Haltung und der gezielte Einsatz von Pausen. Wer spricht, sollte nicht durch sein Thema hetzen, sondern dem Gesagten Raum geben. Pausen signalisieren Souveränität und geben dem Publikum Zeit zum Verarbeiten. Blickkontakt und eine lebendige Stimme tragen ebenso zur Wirkung bei wie ein authentischer Auftritt. Es geht nicht darum, perfekt zu sein, sondern glaubwürdig und nahbar. Menschen folgen Menschen, nicht PowerPoint-Folien.

Praktische Tipps zur Verbesserung der Rhetorik sind vielfältig. Übe regelmäßig vor dem Spiegel oder mit einer vertrauten Person. Achte dabei auf deine Körpersprache, deinen Stand und deine Gestik. Nimm dich selbst auf Video auf und analysiere deine Wirkung. Übe mit einem Timer, um dein Zeitgefühl zu schärfen und zu lange Monologe zu vermeiden. Versuche, frei zu sprechen, auch wenn du eine Gliederung vor dir hast. Markiere dir nur Schlüsselbegriffe und sprehe in deinen eigenen Worten. Entwickle eine Einleitung, die sofort Aufmerksamkeit erzeugt. Das kann ein Zitat sein, eine Frage, ein überraschender Fakt oder eine persönliche Erfahrung. Am Ende der Präsentation solltest du deine Kernbotschaft noch einmal klar und eindrucksvoll zusammenfassen. Lass das Gesagte wirken, ohne es zu relativieren oder abzuschwächen.

Damit eine Rede gelingt, braucht es Vorbereitung, Übung und eine klare innere Haltung. Gute Rhetorik beginnt nicht erst beim Sprechen, sondern schon beim Denken. Wer sich fragt, was der Mehrwert für das Publikum ist, wird anders sprechen. Wer sich bewusst ist, welche Wirkung erzielt werden soll, kann gezielter formulieren. Und wer sich in die Perspektive der Zuhörenden hineinversetzt, wird verständlicher kommunizieren. Übung macht auch in der Rhetorik den Unterschied. Sich selbst sprechen zu hören, ist ungewohnt, aber hilfreich. Aufnahmen, Probevorträge oder Rückmeldungen aus dem Kolleg:innenkreis sind wertvolle Trainingsmöglichkeiten. Auch kleine Rituale vor einem Auftritt können helfen, Nervosität zu reduzieren und in die eigene Präsenz zu kommen. Dazu gehören Atemübungen, kurze Fokussierungen oder ein inneres Einstimmen auf das Publikum.

Eine wirkungsvolle Präsentation lebt nicht nur vom Inhalt, sondern auch von der Form. Wie etwas gesagt wird, ist oft entscheidender als was gesagt wird. Deshalb lohnt es sich, auf Stimmführung, Körpersprache und die eigene Ausstrahlung zu achten. Die Stimme sollte gut tragend, aber nicht dominant sein. Eine zu monotone Sprache ermüdet, zu viel Variation kann hektisch wirken. Ein ruhiger, variabler Sprechrhythmus wirkt souverän und angenehm. Die Körpersprache soll das Gesagte unterstreichen, nicht überlagern. Offene Gesten, ein fester Stand, gezielte Bewegungen und authentische Mimik machen das Auftreten lebendig. Wer seine Zuhörer:innen immer wieder aktiv einbindet, etwa durch Fragen, kurze Impulse oder Mitmachaktionen, sorgt für Beteiligung und Aufmerksamkeit. So wird aus einem Vortrag ein gemeinsames Erlebnis.

Wichtig ist auch der Umgang mit Lampenfieber. Nervosität vor einem Auftritt ist völlig normal und sogar hilfreich, wenn sie in positive Energie umgewandelt wird. Atme vor deinem Auftritt ruhig und tief in den Bauch, visualisiere einen gelungenen Vortrag, konzentriere dich auf deine Stärken. Denke daran, dass das Publikum meist wohlwollend ist. Die meisten Zuhörer:innen wünschen sich, dass du erfolgreich bist. Fehler passieren, und sie machen dich menschlich. Entscheidend ist, wie du damit umgehst. Humor, Gelassenheit und ein souveräner Umgang mit kleinen Hoppalas wirken sympathischer als verbissene Perfektion.

Rhetorik ist erlernbar. Es braucht Mut, sich zu zeigen, und Übung, um sich wohlzufühlen. Doch je öfter du dich traust, desto sicherer wirst du. Je mehr du deine eigene Stimme findest, desto überzeugender wirkst du. Gute Rhetorik ist keine Zauberei, sondern Handwerk mit Herz. Und wenn du deine Zuhörer:innen nicht nur informierst, sondern auch begeisterst und in Bewegung bringst, hast du mehr erreicht als viele Worte sagen können.

Reflexionsfragen:

- Wie erlebst du deine eigene Wirkung, wenn du vor Gruppen sprichst?
- Was macht für dich eine gelungene Präsentation aus?
- Welche Redner:innen oder Präsentationen haben dich besonders beeindruckt, und warum?
- Wie kannst du deine rhetorischen Fähigkeiten gezielt weiterentwickeln?
- Welche Elemente möchtest du in Zukunft öfter bewusst in Präsentationen einsetzen?
- Was hilft dir, deine Nervosität vor einem Auftritt zu regulieren?
- Wie kannst du dein Publikum besser aktiv einbinden?
- Woran erkennst du, dass deine Botschaft angekommen ist?

Rhetorik ist die Kunst, durch Sprache zu wirken. Wer sie mit Authentizität, Klarheit und Leidenschaft einsetzt, hinterlässt Spuren, nicht nur im Kopf, sondern auch im Herzen der Zuhörenden.

Drei-Satz und Fünf-Satz in der Rhetorik

Eine überzeugende Rede lebt nicht nur vom Inhalt, sondern vor allem von der Art und Weise, wie dieser Inhalt präsentiert wird. Struktur verleiht jeder Aussage Klarheit und Nachvollziehbarkeit. Zwei der bewährtesten Methoden, um Aussagen wirkungsvoll zu strukturieren, sind der Drei-Satz und der Fünf-Satz. Beide Techniken stammen aus der klassischen Rhetorik und sind bis heute zentrale Werkzeuge für wirkungsvolle Kommunikation. Wer sie beherrscht, kann Inhalte prägnant, überzeugend und einprägsam formulieren. Sie sind sowohl im beruflichen Alltag als auch in der pädagogischen Arbeit, in Führungssituationen oder im privaten Gespräch anwendbar. Ihr Einsatz ist einfach, aber höchst wirkungsvoll.

Der Drei-Satz ist eine Technik zur Pointierung. Er dient dazu, eine zentrale Aussage in drei aufeinanderfolgenden Sätzen oder Satzteilen auf den Punkt zu bringen. Dabei wird der erste Satz genutzt, um die Grundaussage zu formulieren, der zweite Satz vertieft diese Aussage oder konkretisiert sie, und der dritte Satz steigert sie inhaltlich oder emotional. Die Dreigliedrigkeit sorgt für rhythmische Klarheit und wirkt besonders überzeugend, weil unser Gehirn Dreierstrukturen besonders gut verarbeitet. Der Drei-Satz ist ideal für Redeeinstiege, Kernsätze und Schlussformulierungen. Er eignet sich auch hervorragend, um Haltung zu zeigen, zu motivieren oder ein Publikum emotional anzusprechen.

Ein klassisches Beispiel aus der Geschichte ist Cäsars berühmte Formulierung: Ich kam. Ich sah. Ich siegte. Diese drei knappen Sätze vermitteln eine vollständige Handlungskette, sind rhythmisch klar gegliedert und bleiben durch ihre Struktur im Gedächtnis. Auch in modernen Reden wird der Drei-Satz häufig genutzt: Wir stehen für Vertrauen. Wir stehen für Verantwortung. Wir stehen für eine gemeinsame Zukunft. Diese Formulierungen sind eindrücklich, weil sie Wiederholung, Steigerung und Rhythmus miteinander verbinden. Im Trainingskontext kannst du den Drei-Satz nutzen, um am Ende einer Präsentation deine zentrale Botschaft noch einmal zusammenzufassen:

1. Diese Methode ist praxisnah.
2. Sie ist wirksam.
3. Und sie ist sofort anwendbar.

Der Drei-Satz eignet sich besonders gut, wenn du eine Aussage betonen, ein Argument zugespitzt wiederholen oder einen Abschluss kraftvoll formulieren willst. Du kannst ihn auch in der Interaktion verwenden, etwa bei Feedback oder in der Moderation.

Beispielsweise:

1. Ich höre dir zu.
2. Ich nehme dein Anliegen ernst.
3. Ich suche gemeinsam mit dir nach einer Lösung.

Oder in einem Verkaufsgespräch:

1. Dieses Produkt ist langlebig.
2. Es ist vielseitig.
3. Und es ist preiswert.

Wichtig ist, dass die drei Aussagen miteinander verbunden sind und eine klare, logische oder emotionale Steigerung enthalten.

Der Fünf-Satz ist eine umfassendere Struktur, die sich besonders gut für Argumentationen eignet. Er besteht aus fünf Teilen, die einem klaren Aufbau folgen: Einleitung, These, Begründung, Beispiel oder Beleg, und Schlussfolgerung oder Appell. Diese Struktur hilft dabei, auch komplexe Inhalte nachvollziehbar zu gliedern. Sie bietet sowohl dir als Redner:in als auch dem Publikum Orientierung. Der Fünf-Satz eignet sich für längere Beiträge, Reden, Stellungnahmen, Moderationen oder auch für schriftliche Argumentationen.

Ein typischer Fünf-Satz könnte folgendermaßen aussehen:

1. Bildung ist die Grundlage unserer Zukunft.
2. Nur gut ausgebildete Menschen können den Anforderungen des Arbeitsmarktes gerecht werden.
3. Studien zeigen, dass Unternehmen mit hohem Qualifikationsniveau produktiver sind.
4. Investitionen in Bildung zahlen sich langfristig aus.
5. Deshalb müssen wir unser Bildungssystem weiter stärken.

Ein weiteres Beispiel:

1. In unserem Unternehmen zählt Teamarbeit.
2. Viele Aufgaben sind heute so komplex, dass sie nur gemeinsam lösbar sind.
3. Das hat sich bei unserem letzten Projekt deutlich gezeigt.
4. Durch offene Kommunikation und gegenseitige Unterstützung konnten wir ein herausragendes Ergebnis erzielen.
5. Deshalb sollten wir auch künftig konsequent auf Teamarbeit setzen.

In dieser Form sorgt der Fünf-Satz für Klarheit, Struktur und Überzeugungskraft. Auch spontane Redebeiträge lassen sich auf diese Weise gut aufbauen. Wer sich die Fünf-Satz-Struktur einprägt, kann jederzeit nachvollziehbar, systematisch und wirkungsvoll argumentieren. In Trainings- oder Unterrichtssituationen kannst du damit Teilnehmer:innen helfen, ihre Aussagen zu strukturieren. Gerade Menschen, die Mühe haben, sich verbal klar auszudrücken, profitieren von dieser Methode.

In der Praxis lassen sich Drei-Satz und Fünf-Satz gut kombinieren. So kannst du deine Argumentation in einem Fünf-Satz aufbauen und zentrale Aussagen innerhalb dieser Struktur in Drei-Sätzen pointieren. Beispielsweise so:

1. Wir müssen mutiger handeln.

2. Denn die Herausforderungen der Zukunft erfordern Entschlossenheit.
3. Das hat uns die Pandemie eindrucksvoll gezeigt.
4. Wer zu lange wartet, verliert wertvolle Zeit.
5. Deshalb gilt: Wir handeln. Wir gestalten. Wir gehen voran.

Hier siehst du, wie sich beides harmonisch ergänzen lässt.

Auch rhetorisch wirkst du mit diesen Strukturen professioneller. Du vermittelst Klarheit, Selbstbewusstsein und Zielstrebigkeit. Du gibst deinem Publikum Orientierung und bleibst leichter in Erinnerung. In der politischen Rede, in der Unternehmenskommunikation oder auch im pädagogischen Setting entfalten diese Werkzeuge ihre Wirkung. Wer viel spricht, sollte regelmäßig mit Drei-Satz und Fünf-Satz üben. Du kannst sie auch schriftlich vorbereiten und in Präsentationen einsetzen. Achte bei der Anwendung auf Abwechslung, vermeide mechanische Wiederholungen und achte auf den Spannungsbogen. Die Struktur soll helfen, nicht einengen.

Beispiele aus dem Alltag:

Drei-Satz beim Lob:

1. Du warst pünktlich.
2. Du warst gut vorbereitet.
3. Du hast überzeugend präsentiert.

Drei-Satz beim Appell:

1. Lass uns beginnen.
2. Lass uns dranbleiben.
3. Lass uns gemeinsam etwas bewegen.

Drei-Satz zur Motivation:

1. Du kannst das.
2. Du schaffst das.

3. Du wirst daran wachsen.

Fünf-Satz zur Einführung einer Maßnahme:

1. Die Arbeitsbelastung im Team ist hoch.
2. Viele Mitarbeitende arbeiten an der Grenze ihrer Kapazitäten.
3. Das gefährdet unsere Gesundheit und unsere Qualität.
4. Eine neue Aufgabenverteilung kann Entlastung schaffen.
5. Deshalb starten wir ab kommender Woche mit einer neuen Aufgabenzuordnung.

Fünf-Satz zur Teamentwicklung:

1. Ein Team funktioniert nur mit Vertrauen.
2. Vertrauen entsteht durch Offenheit und Verlässlichkeit.
3. Das haben wir in der letzten Phase unserer Zusammenarbeit erlebt.
4. Durch klare Absprachen konnten wir Konflikte vermeiden.
5. Lasst uns diesen Weg weitergehen und als Team wachsen.

Fünf-Satz zur Wertevermittlung:

1. Respekt ist einer unserer zentralen Werte.
2. Wir begegnen einander auf Augenhöhe.
3. Das gilt für Mitarbeitende ebenso wie für Führungskräfte.
4. Nur so entsteht ein Arbeitsklima, in dem sich alle entfalten können.
5. Wir leben diesen Wert – im Alltag und in jeder Entscheidung.

Diese Beispiele zeigen: Die Technik ist leicht zu lernen, aber wirkungsvoll in der Anwendung. Du kannst sie sofort ausprobieren und in deinen rhetorischen Werkzeugkasten aufnehmen. Je öfter du damit arbeitest, desto leichter wird dir das Formulieren fallen. Du wirst erleben, wie du an Sicherheit gewinnst, wie deine Aussagen klarer werden und wie dein Publikum aufmerksamer zuhört.

Reflexionsfragen:

- In welchen Gesprächssituationen könntest du den Drei-Satz nutzen, um Klarheit zu schaffen?
- Welche Themen in deinem beruflichen Kontext eignen sich für den Einsatz eines Fünf-Satzes?
- Wie kannst du mit diesen Techniken deine Argumentationsfähigkeit verbessern?
- In welchen Reden oder Präsentationen hast du klare Strukturen besonders geschätzt?
- Welche Wirkung haben gut strukturierte Aussagen auf dich als Zuhörer:in?
- Wie kannst du anderen Menschen helfen, sich über diese Methoden besser auszudrücken?
- Was brauchst du, um diese Techniken regelmäßig und spontan einzusetzen?
- Welche Variante passt besser zu deinem persönlichen Kommunikationsstil?

Struktur ist kein Selbstzweck. Sie hilft, Gedanken zu ordnen, Inhalte zu vermitteln und andere zu erreichen. Der Drei-Satz und der Fünf-Satz sind einfache, aber kraftvolle Formen der sprachlichen Gestaltung. Wer sie klug einsetzt, spricht nicht nur verständlicher, sondern auch überzeugender und bleibt im Gedächtnis.

Beziehung zum Publikum – von Anfang an!

Eine gelungene Präsentation, ein gutes Training oder ein überzeugender Vortrag beginnen nicht erst mit dem ersten Inhalt, sondern bereits mit dem ersten Kontakt. Noch bevor das erste Wort gesprochen ist, beginnt die Beziehung zwischen dir und deinem Publikum zu entstehen. Diese Beziehung ist das Fundament für alles Weitere. Ist sie stabil, tragfähig und vertrauensvoll, öffnen sich die Menschen, hören dir zu, lassen sich auf neue Inhalte ein. Ist sie hingegen brüchig, distanziert oder unklar, wird selbst der beste Inhalt kaum seine Wirkung entfalten. Es lohnt sich daher, bereits die ersten Minuten einer Veranstaltung gezielt dafür zu nutzen, Rapport aufzubauen, also eine Verbindung im Sinne von Gleichklang und gegenseitiger Aufmerksamkeit herzustellen.

Rapport entsteht nicht zufällig, sondern ist das Ergebnis bewusster Gestaltung. Es beginnt mit der inneren Haltung. Wenn du selbst in einem positiven, präsenten Zustand bist, strahlst du das auch nach außen aus. Dein Publikum spürt, ob du wirklich da bist, ob du Freude an deiner Rolle hast, ob du offen, neugierig und zugewandt bist. Diese Energie überträgt sich. Wenn du selbst neugierig bist, werden deine Teilnehmerinnen und Teilnehmer neugierig. Wenn du dich auf sie freust, werden sie sich auf dich einlassen. Wenn du dich verbindest, entsteht Verbindung. Ein Lächeln, ein Blickkontakt, ein ruhiger, zugewandter Einstieg, all das sind einfache, aber kraftvolle Signale, mit denen du dein Publikum von der ersten Sekunde an erreichst.

Eine sehr wirkungsvolle Methode zu Beginn einer Veranstaltung ist der Einsatz sogenannter Truismen, also Aussagen, die unbestreitbar wahr sind. Diese dienen dazu, Zustimmung herzustellen, Sicherheit zu vermitteln und eine gemeinsame Basis zu schaffen. Wenn du sagst: „Ich freue mich, Sie heute hier im sonnendurchfluteten Seminarraum begrüßen zu dürfen. Es ist Samstag, 10 Uhr, der Duft des Kaffees liegt noch in der Luft, ideale Bedingungen für einen inspirierenden Start", dann nicken deine Zuhörerinnen und Zuhörer innerlich mit. Diese Zustimmung ist keine Kleinigkeit. Sie erzeugt ein erstes Gefühl von Übereinstimmung. Du beschreibst eine gemeinsame Realität. Damit erzeugst du Nähe und

Vertrauen, ohne dass du schon etwas über Inhalte gesagt hast. Es ist wie ein stiller Handschlag, der die Basis für die Beziehung legt.

Wichtig ist auch, dass du von Anfang an versuchst, alle Teilnehmenden ins Boot zu holen. Auch wenn dein Publikum auf den ersten Blick homogen erscheint, sind darin viele unterschiedliche Bedürfnisse, Erwartungen, Erfahrungen und Hintergründe versammelt. Menschen möchten gesehen werden. Sie möchten sich angesprochen fühlen. Deshalb ist es hilfreich, sich im Vorfeld Gedanken zu machen, welche Zielgruppen im Raum sein könnten, und wie du sie alle mit wenigen Worten einbeziehen kannst. Ein Beispiel: „Einige von Ihnen bringen viel Erfahrung in der Seminarpraxis mit, andere stehen vielleicht erst am Anfang dieser Reise. Manche sind heute aus dem Marketingbereich hier, andere kommen aus dem Vertrieb oder der Kundenbetreuung. Und einige von Ihnen haben eine weite Anreise auf sich genommen, um heute hier dabei zu sein. Ich freue mich über diese Vielfalt und lade Sie ein, gemeinsam voneinander und miteinander zu lernen."

Solche Formulierungen haben eine große Wirkung. Sie zeigen, dass du dein Publikum wahrnimmst und wertschätzt. Sie erzeugen ein Gefühl von Gemeinschaft und Zugehörigkeit. Und sie bereiten den Boden dafür, dass Menschen sich öffnen, beteiligen und einbringen. Wenn jemand das Gefühl hat, gemeint zu sein, steigt die Bereitschaft zur aktiven Teilnahme erheblich. Die oft zitierte Aussage „Der kürzeste Weg zwischen zwei Menschen ist ein Lächeln" bekommt hier eine konkrete Bedeutung. Es geht um Verbindung. Um menschliche Nähe. Um Resonanz.

Damit dein Publikum in diesen Resonanzraum eintreten kann, brauchst du selbst Zugang zu einem stimmigen inneren Zustand. Wenn du motivieren möchtest, musst du selbst motiviert sein. Wenn du Begeisterung wecken willst, musst du selbst begeistert sein. Wenn du Neugier entfachen möchtest, solltest du selbst neugierig sein. Emotionale Zustände lassen sich nicht bloß inszenieren. Sie müssen authentisch sein. Dein Publikum spürt, ob du nur eine Rolle spielst oder ob du wirklich hinter dem stehst, was du sagst. Deshalb lohnt es sich, sich vor einem Auftritt bewusst in einen passenden inneren Zustand zu versetzen. Denk an eine

Situation, in der du besonders motiviert warst. Rufe dir Bilder, Geräusche, Gefühle ins Gedächtnis. Atme ruhig. Richte dich auf. Stell dir dein Publikum als wohlwollend, offen und interessiert vor. So aktivierst du dein eigenes Potenzial, und das überträgt sich.

Neben innerer Haltung und gezielter Ansprache helfen auch Geschichten, Metaphern oder persönliche Anekdoten dabei, Beziehung aufzubauen. Menschen lieben Geschichten. Sie wecken Emotionen, erzeugen Bilder und wirken oft stärker als abstrakte Inhalte. Wenn du zu Beginn eine kurze Geschichte erzählst, die deine eigene Neugier, deine Herausforderungen oder eine berührende Erfahrung beschreibt, öffnest du einen Raum. Du zeigst dich als Mensch, nicht nur als Vortragende oder Vortragender. Das schafft Nähe. Und wenn du dabei noch eine Brücke zum Thema schlägst, schlägst du zwei Fliegen mit einer Klappe. Beziehung und inhaltlicher Einstieg gehen Hand in Hand.

Beziehung zum Publikum bedeutet auch, aufmerksam zu bleiben. Nimm Reaktionen wahr. Spüre hin, ob du dein Publikum erreichst. Nutze offene Fragen, um Resonanz zu erzeugen. Binde dein Publikum aktiv ein. Gib Raum für Rückfragen, Einwürfe, Kommentare. Wer spricht, möchte gehört werden, aber auch wer zuhört, möchte wahrgenommen werden. Beziehung ist keine Einbahnstraße. Sie lebt vom wechselseitigen Kontakt. Und je früher du diesen Kontakt herstellst, desto leichter wird der weitere Verlauf deiner Veranstaltung.

Beziehung zum Publikum beginnt nicht erst, wenn es Fragen stellt. Sie beginnt mit dem ersten Blickkontakt, mit dem ersten Satz, mit dem ersten Lächeln. Wenn du das beherzigst, schaffst du die Grundlage für alles Weitere. Eine gute Beziehung zum Publikum ist der stärkste Erfolgsfaktor für jede Form von Kommunikation.

Reflexionsfragen:

- Wie gestaltest du den Beginn eines Vortrags oder Trainings bisher?
- Was tust du konkret, um Rapport zu deinem Publikum aufzubauen?
- Welche Worte oder Bilder nutzt du, um alle Teilnehmenden anzusprechen?
- Wie kannst du deine persönliche Authentizität besser zur Wirkung bringen?
- Welche Geschichten oder Erfahrungen könntest du nutzen, um Beziehung aufzubauen?
- In welchem inneren Zustand bist du, wenn du mit Menschen arbeitest, und wie kannst du diesen gezielt aktivieren?
- Wie kannst du künftig noch achtsamer auf Reaktionen deines Publikums eingehen?

Wer Beziehung gestaltet, gestaltet Wirkung. Der erste Eindruck, den du vermittelst, ist kein Zufallsprodukt. Er ist das Resultat bewusster Haltung, gezielter Sprache und achtsamer Präsenz. Wer das Publikum von Beginn an ernst nimmt, öffnet Türen, nicht nur für Inhalte, sondern für echte Begegnung.

Umgang mit Lampenfieber

Lampenfieber gehört zu den weitverbreitetsten Begleiterscheinungen beim Sprechen vor Publikum. Fast alle Menschen kennen es, ganz gleich, ob sie eine Präsentation halten, ein Theaterstück aufführen oder vor einer Gruppe etwas erklären sollen. Lampenfieber ist kein Zeichen von Schwäche, sondern ein Ausdruck unserer inneren Alarmanlage, die anschlägt, wenn wir uns in eine Situation begeben, die für uns potenziell bedrohlich wirkt. Es geht um die Angst, sich zu blamieren, Fehler zu machen oder abgelehnt zu werden. Selbst erfahrene Rednerinnen und Redner kennen dieses Gefühl. Der Unterschied ist: Sie haben gelernt, mit dem Lampenfieber umzugehen, es zu nutzen und sogar davon zu profitieren.

Lampenfieber ist also kein Feind, sondern kann ein wertvoller Freund sein. Es zeigt an, dass uns etwas wichtig ist. Es aktiviert unseren Körper, macht uns wach, bringt uns auf den Punkt. Die physiologische Reaktion, die damit einhergeht, ist eine erhöhte Ausschüttung von Adrenalin. Dadurch werden unsere Sinne geschärft, unsere Aufmerksamkeit steigt, und unser Körper bereitet sich auf eine außergewöhnliche Leistung vor. Was evolutionär betrachtet eine sinnvolle Reaktion auf reale Gefahren war, erleben wir heute als unangenehmes Herzklopfen, feuchte Hände oder einen trockenen Mund. Wenn wir jedoch lernen, diese Reaktion richtig einzuordnen, verlieren die Symptome ihren bedrohlichen Charakter.

Der wichtigste Schritt im Umgang mit Lampenfieber ist daher Akzeptanz. Es geht nicht darum, das Lampenfieber zu bekämpfen oder loszuwerden, sondern darum, es als natürlichen Teil der Situation zu begreifen. Was hilft, ist Übung. Je öfter du in ähnlichen Situationen sprichst, desto vertrauter wird dir der Kontext, desto geringer wird die gefühlte Bedrohung. Auch wenn die Nervosität nicht vollständig verschwindet, verändert sich dein Umgang damit. Du entwickelst Routinen, erlebst Erfolgsmomente, lernst dich besser kennen. Redeerfahrung ist der beste Weg, um Lampenfieber zu relativieren. Es gilt: Dichter werden geboren, Rednerinnen und Redner werden gemacht.

Neben der Akzeptanz spielen konkrete Strategien eine große Rolle. Ein wichtiger Tipp ist, sich vor dem Auftritt bewusst abzulenken. Wer unmittelbar vor der Rede nur noch an den eigenen Auftritt denkt, vergrößert die Nervosität unnötig. Besser ist es, ins Gespräch mit anderen zu kommen, sich zu bewegen, bewusst zu atmen oder sich mental mit positiven Gedanken zu beschäftigen. Was du vermeiden solltest, ist das Grübeln über mögliche Fehler. Wenn du dir innerlich wiederholst, was alles schiefgehen könnte, verstärkst du die Angst. Besser ist es, dich auf das zu konzentrieren, was gut laufen wird. Positive Autosuggestionen helfen dabei. Statt „hoffentlich geht das nicht schief" kannst du dir sagen „ich bin gut vorbereitet, ich schaffe das".

Ein weiterer Schlüssel liegt in der inneren Haltung zum eigenen Anspruch. Perfektion ist kein realistisches Ziel und schon gar nicht sympathisch. Fehler gehören zum Leben, auch zum Reden. Niemand erwartet von dir absolute Fehlerfreiheit. Was zählt, ist dein authentisches Auftreten. Wenn du versuchst, perfekt zu sein, machst du dich angreifbar. Wenn du hingegen du selbst bist, ehrlich und offen, dann erreichst du die Menschen. Dein Publikum besteht nicht aus perfekten Wesen, sondern aus

Menschen mit eigenen Unsicherheiten. Wenn du diese Verbindung zulässt, wird auch dein Lampenfieber weniger bedrohlich.

Körpersprache kann dich ebenfalls unterstützen. Wenn du dich frei bewegst, deine Hände offen hältst, den Raum nutzt, baust du Spannung ab. Bewegung hilft, angestaute Energie zu kanalisieren. Eine gute Vorbereitung ist das Fundament für Sicherheit. Wer gut vorbereitet ist, kann sich auf das Wesentliche konzentrieren. Besonders wichtig sind dabei der Einstieg und der Schluss. Diese beiden Teile solltest du so gut kennen, dass du sie im Notfall sogar auswendig sprechen könntest. Ein gelungener Einstieg gibt dir Selbstsicherheit, ein starker Schluss hinterlässt Eindruck. Wenn du weißt, wie du beginnst und wie du endest, fällt es dir leichter, die Mitte flexibel zu gestalten.

Was du unbedingt vermeiden solltest, sind vermeintliche Hilfsmittel wie Alkohol, übermäßiger Koffeingenuss oder andere Mittel, die dir scheinbar kurzfristig helfen. Sie stören deine natürliche Reaktion und schaden dir langfristig. Vertraue lieber auf deine eigenen Ressourcen. Nutze deine Atmung. Atme ruhig und tief. Schließe kurz die Augen. Stelle dir einen gelungenen Auftritt vor. Visualisiere dich in einer erfolgreichen Situation. Spüre die Kraft in deinem Körper, richte dich auf, zeige dich. Jeder Mensch kann lernen, vor anderen zu sprechen. Es ist eine Frage der Übung, der Vorbereitung und der inneren Haltung.

Viele Menschen profitieren auch von Ritualen. Ein kurzes Mantra, ein festes Atemmuster, eine bestimmte Bewegung – all das kann dir helfen, dich zu fokussieren und bei dir zu bleiben. Achte auf deine Gedanken. Unsere Gedanken bestimmen unsere Gefühle. Wenn du dich mental stärkst, stärkt das auch deine Präsenz. Statt dich selbst klein zu machen, erinnere dich an deine Kompetenz, an das, was du zu geben hast. Rede dir gut zu. Sprich mit dir selbst, wie du mit einem guten Freund sprechen würdest. Mutmachend, zugewandt, unterstützend. Du bist nicht allein. Fast alle Menschen fühlen sich vor einem Auftritt unsicher. Aber du hast etwas zu sagen. Und dein Publikum will dir zuhören.

Auch der Umgang mit unvorhergesehenen Situationen lässt sich üben. Was passiert, wenn du den Faden verlierst? Wenn jemand dazwischenruft? Wenn die Technik versagt? Statt dich zu fürchten, kannst du solche Szenarien innerlich durchspielen. Stell dir vor, du bleibst ruhig, freundlich, gelassen. Du reagierst mit einem Lächeln, mit Humor, mit Souveränität. Du bleibst bei dir. Das beruhigt dich und stärkt dein Selbstvertrauen.

Redeangst verliert ihren Schrecken, wenn du ihr mit Klarheit und Freundlichkeit begegnest. Wenn du anerkennst, dass sie Teil der Situation ist, aber nicht über dich bestimmen muss. Du darfst aufgeregt sein. Du darfst zittern. Du darfst dich menschlich zeigen. Was zählt, ist, dass du sprichst. Dass du dich zeigst. Dass du da bist.

Reflexionsfragen:

- Wann hast du zuletzt Lampenfieber erlebt, und wie bist du damit umgegangen?
- Welche Strategien haben dir bisher geholfen, mit Nervosität umzugehen?
- Wie denkst du über Fehler beim Reden – und wie könntest du deine Haltung dazu verändern?
- Welche Rituale oder inneren Bilder könnten dir vor einem Auftritt helfen?
- Wie kannst du dich besser auf Einstieg und Ausstieg deiner Präsentationen vorbereiten?
- Was wäre ein positiver Satz, den du dir selbst vor einem Auftritt sagen könntest?
- Wie kannst du dir selbst erlauben, menschlich und authentisch zu sein?
- Welche Haltung möchtest du künftig gegenüber deinem Lampenfieber einnehmen?

Lampenfieber ist nicht dein Feind. Es ist dein innerer Begleiter, der dich aufrüttelt und dir zeigt, dass dir etwas wichtig ist. Wenn du lernst, es anzunehmen und mit ihm zu arbeiten, wird es zu einer Quelle der Kraft. Jede Rede ist eine Chance, über dich hinauszuwachsen. Und jeder Moment der Unsicherheit birgt das Potenzial für echte Präsenz.

Notbrücken bei Redepannen

Niemand ist vor ihnen gefeit, und trotzdem fürchten sich viele davor: Redepannen. Sie treten meist unerwartet auf und reichen von technischen Problemen über Zwischenrufe bis hin zum berühmten Fadenverlust. Besonders beim freien Sprechen kann es passieren, dass man den nächsten Gedanken nicht mehr parat hat, den Anschluss verpasst oder kurz die Orientierung verliert. In solchen Momenten geraten viele Menschen in Panik, die innere Anspannung steigt, der Puls beschleunigt sich, der Kopf wird leer. Doch genau hier liegt die große Chance. Denn wie du mit einer solchen Situation umgehst, macht den Unterschied zwischen Unsicherheit und Souveränität.

Der wichtigste erste Schritt ist: Bleib ruhig. Was du als Katastrophe empfindest, nimmt dein Publikum oft gar nicht so dramatisch wahr. Viele Zuhörerinnen und Zuhörer registrieren eine Redepanne erst dann als solche, wenn du sie selbst thematisierst oder verunsichert wirkst. Deshalb ist es entscheidend, wie du innerlich und äußerlich reagierst. Und hier hilft eine einfache Faustregel: Schrecksekunde ernst nehmen. Die erste Reaktion auf eine Redepanne dauert meist nur zwei bis drei Sekunden. Es ist eine Art inneres Stocken, ein kurzes Innehalten. Wenn du in diesem Moment nicht in Panik verfällst, sondern dich sammelst, kannst du souverän damit umgehen.

Nutze diesen Moment bewusst. Atme ruhig ein und aus. Halte kurz inne. Sieh dich im Raum um. Nimm Blickkontakt mit deinem Publikum auf. Diese kurze Pause ist nicht nur erlaubt, sie wirkt sogar professionell. Viele gute Rednerinnen und Redner arbeiten ganz bewusst mit Pausen. Pausen sind kein Zeichen von Schwäche, sondern von Klarheit. Sie signalisieren: Hier geschieht etwas Wichtiges. Du kannst diese Gelegenheit auch nutzen, um das bisher Gesagte noch einmal zusammenzufassen. Wiederholung ist ein starkes rhetorisches Mittel. Sie fördert das Verständnis und den Behaltensprozess. Eine kurze Zusammenfassung gibt dir die Möglichkeit, dich wieder zu orientieren und deinem Publikum hilft sie, sich neu zu fokussieren.

Ein Beispiel: Du hast gerade ausführlich einen Punkt dargestellt und verlierst beim Übergang den Faden. Statt dich zu ärgern, sagst du: „Lassen Sie mich das eben Gesagte noch einmal auf den Punkt bringen." Oder: „Ich denke, dieser Gedanke ist so wichtig, dass ich ihn kurz wiederhole." Damit gewinnst du Zeit, strukturierst deine Inhalte neu und wirkst gleichzeitig souverän. Wiederholung ist keine Schwäche, sondern eine rhetorische Stärke.

Eine weitere Möglichkeit ist, gezielt eine rhetorische Frage einzubauen. Damit lenkst du den Fokus deines Publikums auf einen neuen Aspekt, gleichzeitig gewinnst du selbst Zeit zum Nachdenken. Du könntest beispielsweise sagen: „Was bedeutet das für unsere tägliche Arbeit?" oder „Wie lässt sich dieser Gedanke konkret umsetzen?" Solche Fragen helfen dir, den Anschluss wiederzufinden, und geben deinem Publikum die Gelegenheit, sich aktiv einzubringen.

Auch der direkte Kontakt zu den Zuhörenden kann dir helfen. Frag in die Runde: „Gibt es bis hierher Fragen?" oder „Was würden Sie an dieser Stelle ergänzen?" Damit beziehst du dein Publikum aktiv ein und gewinnst wertvolle Zeit. Vielleicht entsteht sogar ein spannender Austausch, der dir neue Impulse für den weiteren Verlauf liefert. Wenn du dabei offen und interessiert bleibst, zeigst du echte Kommunikationskompetenz. Zuhörende erleben dich nicht als unsicher, sondern als authentisch und interaktiv.

Eine weitere Möglichkeit besteht darin, ein Kapitel einfach zu überspringen oder auf später zu verschieben. Wenn du merkst, dass du dich verrannt hast, sag offen: „Diesen Punkt greife ich später noch einmal auf" oder „Darauf möchte ich im weiteren Verlauf zurückkommen". So bleibst du im Fluss und gewinnst Raum, ohne aus dem Konzept zu geraten. Manchmal hilft es auch, bewusst eine neue Methode einzusetzen. Wenn du etwa ein Stichwort auf ein Flipchart schreibst und deine Zuhörerinnen und Zuhörer bittest, sich kurz mit der Nachbarin oder dem Nachbarn darüber auszutauschen, entsteht ein Moment der Interaktion. Währenddessen kannst du dich neu sortieren.

Auch kleine methodische Übungen können helfen, dich zu stabilisieren. Du kannst etwa sagen: „Bitte überlegen Sie jetzt kurz in Zweiergruppen, welche Aspekte Ihnen aus dem bisher Gesagten besonders im Gedächtnis geblieben sind." Während die Gruppe arbeitet, hast du Zeit, dich neu zu fokussieren. Solche Mini-Übungen sind hilfreich, stärken den Kontakt zur Gruppe und zeigen, dass du flexibel auf Situationen reagieren kannst. Wer flexibel ist, wirkt souverän. Nicht das perfekte Durchziehen macht eine gute Präsentation aus, sondern der gelassene Umgang mit Unvorhergesehenem. Wenn du dich gut vorbereitest und einen klaren Plan hast, bist du besser gewappnet. Trotzdem gilt: Auch der beste Plan kann in einer Live-Situation ins Wanken geraten. Deshalb ist es hilfreich, einen kleinen Werkzeugkoffer für Redepannen parat zu haben. In diesem Koffer befinden sich kurze Formulierungen, Pausenrituale, alternative Übergänge, Fragen zur Einbindung des Publikums und kleine methodische Tricks. Du kannst dir auch visuelle Anker setzen, etwa ein Stichwort auf einem Moderationskärtchen oder ein Symbolbild auf deiner Folie, das dich an dein Thema erinnert. Visualisierungen sind Gedächtnisstützen. Sie helfen dir, in schwierigen Momenten den roten Faden wieder aufzunehmen.

Manchmal hilft es auch, einen klaren Schlussanker zu haben. Wenn du merkst, dass du dich nicht mehr zurück in den geplanten Verlauf bringen kannst, dann steuere gezielt auf ein vorbereitetes Fazit oder eine zentrale Schlussbotschaft zu. Du könntest sagen: „Lassen Sie mich das Wichtigste noch einmal zusammenfassen." Oder: „Was ich Ihnen heute auf jeden Fall mitgeben möchte, ist dieser eine Gedanke." So verlässt du den Moment der Unsicherheit mit Klarheit und Richtung.

Letztlich ist jede Redepanne auch eine Einladung zur Menschlichkeit. Du darfst innehalten. Du darfst den Faden verlieren. Du darfst suchen. Du darfst ehrlich sein. Wenn du dein Publikum mitnimmst, dich nicht versteckst, sondern präsent bleibst, wirst du als echt und nahbar wahrgenommen. Und das ist in der Kommunikation oft viel wertvoller als jeder perfekte Ablauf.

Reflexionsfragen:

- Wie reagierst du in der Regel, wenn dir beim Reden ein Fehler passiert?
- Welche Formulierungen könntest du dir für Redepannen vorbereiten?
- Wie kannst du Pausen gezielt als Notbrücke nutzen?
- Welche Methoden zur Einbindung des Publikums helfen dir, Zeit zu gewinnen?
- Welche Erfahrungen hast du bereits mit Redepannen gemacht und was hast du daraus gelernt?
- Wie kannst du dich innerlich auf unerwartete Situationen besser vorbereiten?
- Welche kleinen Rituale könnten dir helfen, dich schnell zu sammeln?
- Wie kannst du deinen Blick auf Redepannen verändern, um sie gelassener zu meistern?

Redepannen sind keine Katastrophe, sondern Teil des Lebens. Wer sie als Chance zur Neuorientierung nutzt, zeigt nicht nur Stärke, sondern auch Authentizität. Es ist nicht der perfekte Vortrag, der überzeugt, sondern der echte, lebendige, zugewandte Moment.

Ihr Auftritt, bitte!

Der Moment des Auftritts ist entscheidend. Noch bevor du das erste Wort gesprochen hast, beginnt dein Publikum, dich zu beobachten und zu bewerten. Wie du auftrittst, wie du den Raum betrittst, wie du den ersten Kontakt aufbaust, all das bestimmt maßgeblich, wie deine Worte später aufgenommen werden. Der erste Eindruck ist prägend, und in diesem Moment entscheidet sich oft, ob du als souverän, präsent und glaubwürdig wahrgenommen wirst oder nicht. Es lohnt sich also, genau diesen ersten Augenblick bewusst zu gestalten. Wenn du deine Bühne betrittst, nimm dir Zeit. Stehe aufrecht, blicke ruhig in dein Publikum. Zwei bis drei Sekunden reichen oft schon aus, um Blickkontakt herzustellen, Präsenz zu zeigen und Wertschätzung zu signalisieren. Diese wenigen Sekunden sind wie ein stilles Begrüßungsritual, das deinem Publikum zeigt: Jetzt beginnt etwas, das Aufmerksamkeit verdient.

Wenn dein Publikum im Sesselkreis sitzt, lass deinen Blick ruhig kreisen. Schau jede und jeden an, nimm die Anwesenden mit deinem Blick auf. Das schafft Nähe und baut Beziehung auf. Bei größerem Publikum in Kinobestuhlung ist es kaum möglich, jede Person direkt anzusehen. Aber du kannst durch eine gezielte Blickführung trotzdem Verbindung herstellen. Lass deinen Blick in Form eines großen M oder W über die Zuhörenden schweifen. Variiere diese Bewegung und verweile in jeder Blickrichtung jeweils für einen Gedanken. Der Blickkontakt ist eine der stärksten kommunikativen Brücken. Er zeigt Interesse, Aufmerksamkeit und Verbundenheit. Studien belegen, dass guter Blickkontakt die Wirksamkeit einer Rede um bis zu dreißig Prozent erhöhen kann. Menschen fühlen sich angesprochen, wahrgenommen und in den Dialog eingebunden, auch wenn sie nur zuhören.

Gleichzeitig erhältst du über die Augensprache wertvolle Rückmeldungen. Du siehst, ob deine Zuhörenden zustimmend nicken, sich abwenden, lächeln oder gelangweilt wirken. Diese Signale helfen dir, deine Kommunikation anzupassen, zu vertiefen oder zu variieren. Schon vor dem ersten gesprochenen Wort beginnt also deine Wirkung. Achte deshalb auch auf deine Körperhaltung, noch bevor du deine Rede startest. Deine

Haltung sendet Botschaften. Ein aufrechter, offener Stand wirkt kompetent. Gähnen, in die Luft starren oder mit den Händen nesteln sendet ganz andere Signale. Sei präsent, sobald du sichtbar bist.

Deine Einleitung sollte neben einer kurzen Begrüßung auch eine Vorstellung enthalten. Menschen wollen wissen, mit wem sie es zu tun haben. Achte aber darauf, dass deine Vorstellung interessant, aber nicht ausufernd wird. Dein Publikum möchte keine Lebensgeschichte hören, sondern ein Bild davon bekommen, wer du bist und was dich kompetent macht. Mit einem kurzen persönlichen Bezug oder einem kleinen humorvollen Einstieg kannst du hier zusätzlich punkten.

Sobald du beginnst zu sprechen, nimm eine stabile, rhetorische Grundhaltung ein. Stehe entweder mit beiden Füßen parallel oder in einer leichten Schrittstellung, wobei das Gewicht auf dem vorderen Bein ruht. So wirkst du standfest, präsent und kannst dich bei Bedarf jederzeit auf dein Publikum zubewegen. Diese körperliche Präsenz unterstützt deine inhaltliche Wirkung. Deine Arme sollten sich im Bereich zwischen Oberkörper und Bauch befinden. Das ermöglicht dir freie, natürliche Gestik. Gesten sind ein wesentliches Element nonverbaler Kommunikation. Sie verstärken Inhalte, geben deinen Worten Ausdruck und helfen dir dabei, in den Fluss zu kommen. Achte darauf, wie du gestikulierst. Positive Aussagen unterstreichst du mit Gesten auf Kopfhöhe, neutrale mit Gesten auf Brusthöhe und negative Informationen mit Gesten unterhalb der Taille.

Wenn du eine freie Bühne zur Verfügung hast, nutze den Raum. Bewegung bringt Dynamik in deinen Vortrag. Gehe bewusst einige Schritte zur Seite, wenn du ein Thema wechselst. Komm näher ans Publikum, wenn du etwas betonen willst. Bewegung hilft dir nicht nur beim Denken, sondern reduziert auch Nervosität. Natürlich gilt: Alles mit Maß. Zu viel Bewegung kann unruhig wirken. Dein Publikum ist in einem Vortrag, nicht bei einem Tennismatch.

Manchmal wirst du in Situationen sprechen, in denen ein Rednerpult verwendet wird. Rednerpulte haben den Vorteil, dass du Unterlagen ablegen kannst. Der Nachteil ist, dass sie dich körperlich von deinem Publikum trennen. Viele Menschen neigen dazu, sich am Pult festzuhalten, was gestisch einschränkt und oft Unsicherheit ausstrahlt. Moderne Rednerpulte aus Plexiglas mildern diesen Effekt, aber die Barriere bleibt bestehen. Wenn du mit einem Pult arbeiten musst, achte darauf, dich nicht zu verstecken. Stehe aufrecht, halte deine Hände nicht dauerhaft an den Seiten des Pults und achte besonders darauf, keine Klopfgeräusche mit Papieren oder Gegenständen zu verursachen. Diese übertragen sich über das Mikrofon und werden als störend wahrgenommen.

Wenn du im Sitzen sprichst, etwa bei einer Podiumsdiskussion oder einem Tischgespräch, achte auf deine Sitzhaltung. Auch im Sitzen wirkt deine Körpersprache. Besonders deine Füße verraten oft mehr, als dir lieb ist. Vermeide es, die Beine zu verschränken oder mit den Füßen unruhige Bewegungen zu machen. Dies wirkt angespannt und signalisiert Fluchtverhalten. Besser ist eine parallele Beinstellung mit festem Bodenkontakt. Wenn möglich, achte darauf, dass deine Beine nicht für das Publikum sichtbar sind. Eine Tischdecke oder eine Abdeckung kann hier hilfreich sein. So kannst du dich ungestört auf deinen Auftritt konzentrieren.

Ob im Stehen oder im Sitzen, ob auf der großen Bühne oder im kleinen Kreis, ob mit oder ohne Rednerpult: Deine Haltung, dein Blickkontakt und deine Präsenz machen den Unterschied. Sie sind die Grundlage dafür, dass dein Publikum dir zuhört, dir glaubt und sich auf dich einlässt. Wenn du dich gut vorbereitest, deinen Auftritt bewusst gestaltest und dich selbst ernst nimmst, wirst du genau die Wirkung entfalten, die du dir wünschst.

Reflexionsfragen:

- Wie gestaltest du die ersten Sekunden deines Auftritts bisher?
- Welche Erfahrungen hast du mit Blickkontakt gemacht, und wie könntest du diesen gezielter einsetzen?
- Wie achtest du auf deine Haltung, bevor du zu sprechen beginnst?
- Was tust du, um auch bei Rednerpulten körperlich präsent zu bleiben?

- Wie kannst du deine Gestik gezielter einsetzen, um Inhalte zu unterstreichen?
- Welche Möglichkeiten siehst du, Raum und Bewegung in deine Präsentation zu integrieren?
- Welche Rolle spielt deine Sitzhaltung bei Gesprächen oder Diskussionen für dich?
- Was möchtest du künftig in deinem Auftreten gezielt verändern?

Der erste Eindruck entsteht in Sekunden. Wer bewusst auftritt, Blickkontakt hält, offen bleibt und sich selbst treu bleibt, gewinnt sein Publikum nicht nur mit Worten, sondern durch Präsenz, Haltung und Persönlichkeit.

Einsatz von Moderationskarten

Moderationskarten sind ein praktisches Hilfsmittel, um bei einer Präsentation oder einem Vortrag den roten Faden nicht zu verlieren. Sie bieten Orientierung und Struktur und vermitteln dir ein Gefühl von Sicherheit. Gleichzeitig solltest du darauf achten, dich nicht zu sehr an ihnen festzuklammern. Die Karten sollen dir Halt geben, aber nicht zum ständigen Begleiter deiner Hände werden. Halte sie locker, nutze sie als Unterstützung, aber sprich so frei wie möglich. Je weniger du auf sie angewiesen bist, desto überzeugender wirkt dein Auftritt.

Vermeide es, herkömmliche A4 oder A5 Blätter zu verwenden. Diese wirken zu groß, lassen sich schlecht handhaben und neigen dazu, bei Nervosität das Zittern der Hand zu verstärken. Stattdessen empfiehlt es sich, auf handelsübliche Moderationskarten zurückzugreifen, die etwa 205 Millimeter mal 95 Millimeter groß sind. Achte bei der Auswahl auf eine ausreichende Papierstärke von mindestens 120 Gramm pro Quadratmeter. Dünnes Papier ist instabil und wirkt unprofessionell.

Auch die Farbwahl spielt eine Rolle. Verwende keine grellweißen Karten, sondern setze auf dezente Pastelltöne. Diese reflektieren weniger Licht und lenken die Aufmerksamkeit deines Publikums nicht unnötig ab. Die Schrift auf den Karten sollte groß und gut lesbar sein. Ein dicker Filzstift hilft dir dabei, klare Buchstaben und Symbole zu erzeugen, die auch bei flüchtigem Blick sofort erkennbar sind. Achte auf einen hohen Kontrast zwischen Papierfarbe und Schriftfarbe, damit du auch bei ungünstigen Lichtverhältnissen problemlos lesen kannst.

Gestalte deine Moderationskarten übersichtlich. Jede Karte sollte nur auf einer Seite beschrieben sein. Das verhindert Verwirrung und ermöglicht dir, sie während des Vortrags ruhig und unauffällig zu wechseln. Nummeriere die Karten durch, damit du im Fall eines Fallens oder Durcheinanders die richtige Reihenfolge schnell wiederherstellen kannst. Nutze Stichworte statt ganzer Sätze. Nur bei Einleitung und Schluss kann es hilfreich sein, den vollständigen Wortlaut vorzubereiten. Das hilft dir, mit Sicherheit in den Vortrag zu starten und einen klaren Abschluss zu setzen.

Verzichte auf getippte oder ausgedruckte Texte. Schreibe deine Karten von Hand, idealerweise in gut lesbarer Druckschrift. Das händische Schreiben fördert die gedankliche Auseinandersetzung mit dem Inhalt und hilft dir, das Gesagte besser zu verinnerlichen. Wenn du mit Symbolen oder kleinen Zeichnungen arbeitest, gestalte auch diese selbst. So entwickelst du eine visuelle Verbindung zu deinen Inhalten, die dir beim freien Sprechen Sicherheit gibt.

Eine Moderationskarte ist kein Spickzettel, sondern eine Gedankenstütze. Sie hilft dir, deine Gedanken zu strukturieren, dich im Moment zu orientieren und den Überblick zu behalten. Je besser du deine Inhalte kennst, desto weniger wirst du auf die Karten angewiesen sein. Deshalb lautet das wichtigste Prinzip: üben, üben, üben. Sprich deine Präsentation mehrmals laut durch. Lass dich filmen oder übe mit einer vertrauten Person. Achte darauf, wie oft du auf die Karten schaust, und reduziere diesen Blickkontakt schrittweise. So gewinnst du an Freiheit und Präsenz.

Vermeide es, auswendig zu lernen. Auch wenn du deinen Einstieg und Ausstieg sicher im Kopf hast, sollte der Rest deiner Präsentation im Moment entstehen. Formuliere deine Gedanken spontan, authentisch, direkt an dein Publikum gerichtet. Der natürliche Wechsel zwischen Denken und Sprechen macht deine Rede lebendig. Es entsteht ein echter Dialog. Jede Formulierung wird zur Erstgeburt deines Denkens. Dein Publikum merkt, ob du frei sprichst oder nur abliest. Und es wird auf die frei gesprochenen Worte mit größerem Interesse und mehr Vertrauen reagieren.

Wenn du mit Moderationskarten arbeitest, achte auch auf deine Körpersprache. Halte die Karten so, dass sie nicht zwischen dir und deinem Publikum eine Barriere bilden. Wechsle die Karten ruhig, aber unauffällig. Nutze eine Hand, um zu gestikulieren, während die andere die Karte hält. Entwickle ein Gefühl für den Rhythmus deiner Präsentation. Und sei vorbereitet darauf, dass du im Laufe des Vortrags vielleicht gar nicht mehr alle Karten brauchst. Das ist kein Zeichen von Versagen, sondern ein Beweis dafür, dass du dein Thema verinnerlicht hast.

Die Kunst im Umgang mit Moderationskarten besteht darin, ihre Vorteile zu nutzen, ohne von ihnen abhängig zu werden. Sie geben dir Struktur, Klarheit und Orientierung. Wenn du dich in ihrer Anwendung sicher fühlst, wirst du dich auch freier und selbstbewusster auf der Bühne bewegen. Und genau das ist es, was eine gute Präsentation ausmacht: Klarheit, Präsenz und die Fähigkeit, mit dem Publikum in Kontakt zu bleiben.

Reflexionsfragen:

* Wie bereitest du dich aktuell auf Präsentationen vor, und welche Rolle spielen dabei Notizen?
* Welche Erfahrungen hast du bisher mit Moderationskarten gemacht?
* Wie kannst du deine Karten so gestalten, dass sie dich optimal unterstützen, aber nicht ablenken?
* Welche Inhalte möchtest du auf den Karten festhalten, und welche lieber frei formulieren?
* Wie kannst du deine Blickkontakte mit dem Publikum verbessern, wenn du Karten nutzt?
* In welchen Situationen kannst du auf Moderationskarten besonders gut verzichten?
* Welche Übungen könntest du in deine Vorbereitung integrieren, um freier zu sprechen?
* Wie kannst du deine Präsentationen so strukturieren, dass du dich auch ohne Karten sicher fühlst?

Moderationskarten sind ein wertvolles Werkzeug auf deinem Weg zur freien Rede. Wenn du sie richtig einsetzt, schenken sie dir Sicherheit und Freiheit zugleich. Sie unterstützen dich, ohne dich zu dominieren. Und genau das macht sie zu einem unverzichtbaren Begleiter auf jeder Bühne.

Arbeiten mit dem Flipchart

Das Flipchart ist ein klassisches, aber äußerst wirksames Präsentations-medium, vor allem bei Gruppen bis etwa zwanzig Personen. Es erlaubt dir, Inhalte in Echtzeit zu visualisieren, Gedanken zu strukturieren und dein Publikum aktiv in den Entstehungsprozess der Inhalte einzubinden. Richtig eingesetzt wirkt das Flipchart persönlich, lebendig und authen-tisch. Die Zuhörenden können die Entwicklung der Visualisierungen mit-verfolgen, was nicht nur die Aufmerksamkeit steigert, sondern auch den Behaltens- und Erinnerungswert der Inhalte erhöht.

Beim Schreiben auf dem Flipchart gilt: groß, klar und deutlich. Verwende idealerweise Druckbuchstaben, die auch aus der letzten Reihe noch gut lesbar sind. Halte die Flipchartseite übersichtlich. Überlade sie nicht. Lasse an allen vier Seiten einen ausreichenden Rand frei, damit die In-halte luftig und strukturiert wirken. Sechs bis sieben Zeilen pro Seite rei-chen vollkommen aus. Nutze kurze, verständliche Sätze oder besser noch stichwortartige Satzfragmente. Lange Sätze verlangsamen deinen Vor-trag, kosten Zeit und lenken die Aufmerksamkeit der Zuhörenden ab.

Farben helfen, Inhalte zu strukturieren und visuell zu gliedern. Doch auch hier gilt: Weniger ist mehr. Verwende nicht mehr als drei Farben pro Flip-chart. Schwarz oder Blau eignen sich besonders gut für den Fließtext, da sie am besten lesbar sind. Verwende andere Farben gezielt, etwa für Überschriften, Rahmen oder Hervorhebungen. Vermeide helle Farben wie Orange oder Rosa, sie sind oft schlecht zu erkennen. Gib jeder Flip-chartseite eine klare Überschrift. Das schafft Orientierung und struktu-riert den Ablauf deiner Präsentation.

Eine bewährte Faustregel lautet: Ein Flipchart – ein Thema. Wechsle das Blatt, sobald du einen Themenwechsel vornimmst, selbst wenn auf dem bisherigen Flipchart noch Platz wäre. So bleibt deine Präsentation klar gegliedert und dein Publikum kann den Inhalten besser folgen. Es ist sinn-voll, sich im Vorfeld kleine, unsichtbare Notizen zu machen. Mit einem harten Bleistift lassen sich am Rand des Papiers Hinweise oder Stichworte anbringen, die für das Publikum nicht sichtbar sind, dir aber Sicherheit geben.

Ein zentraler Aspekt beim Arbeiten mit dem Flipchart ist die richtige Körperhaltung. Wende dich beim Schreiben dem Flipchart zu, aber sprich währenddessen nicht. Schweigen lenkt automatisch die Aufmerksamkeit auf das Entstehende. Wenn du wieder sprichst, wende dich dem Publikum zu und stelle Blickkontakt her. Dieses Prinzip nennt sich „Touch – Turn – Talk". Es bedeutet: Erst zum Flipchart, dann umdrehen, dann sprechen. Das wirkt klar, präsent und professionell.

Auch die Platzierung des Flipcharts im Raum hat Einfluss auf die Wahrnehmung. Inhalte, die neu vermittelt werden, platzierst du idealerweise rechts vorne im Raum. Inhalte, auf die du später zurückkommen möchtest oder die bereits bekannt sind, finden links ihren Platz. Das unterstützt die innere Sortierung deines Publikums. Wenn du zusätzlich zur Schrift einfache Zeichnungen oder Symbole einsetzt, kannst du die Wirkung deiner Flipcharts deutlich steigern. Du brauchst kein zeichnerisches Talent. Schon einfache Elemente wie Wolken, Pfeile oder Strichmännchen machen deine Visualisierungen lebendig und einprägsam.

Das Flipchart ist ein stiller Partner in deiner Präsentation. Es verstärkt, was du sagst, macht Inhalte sichtbar und unterstützt den Dialog mit deinem Publikum. Wenn du es bewusst, klar und kreativ einsetzt, wird es zu einem starken Instrument deiner Kommunikation.

Reflexionsfragen:

- Wie sicher fühlst du dich im Umgang mit dem Flipchart?
- Welche Gestaltungstipps möchtest du künftig verstärkt umsetzen?
- Wie kannst du deine Flipcharts strukturierter und klarer gestalten?
- Welche einfachen Symbole oder Zeichnungen nutzt du gern zur Visualisierung?
- Wie gelingt es dir, mit dem Flipchart lebendig zu präsentieren, ohne den Kontakt zum Publikum zu verlieren?
- Welche Farben nutzt du regelmäßig, und warum?

- Wie kannst du dich auf spontane Visualisierungen besser vorbereiten?
- In welchen Situationen setzt du Flipcharts bewusst ein, und wann greifst du auf andere Medien zurück?

Wer mit dem Flipchart gekonnt arbeitet, schafft Nähe, Klarheit und Dynamik. Es ist nicht das perfekte Bild, das zählt, sondern die Verbindung, die durch das Sichtbarmachen von Gedanken entsteht.

Präsentationen mit PowerPoint und Beamer

PowerPoint-Präsentationen können deine Präsentation sinnvoll ergänzen und unterstützen, sollten aber niemals zum Zentrum deiner Darbietung werden. Der Fokus sollte stets auf dir als Redner:in und deiner Interaktion mit dem Publikum liegen. Der Beamer zeigt lediglich die Folien, die deine Botschaften strukturieren und visuell untermalen sollen, aber nicht die Hauptrolle übernehmen. Der lebendige Kontakt mit deinen Zuhörenden ist nicht zu ersetzen.

Nutze PowerPoint, um deine Inhalte gut vorzubereiten. Durch die Planung der Folien kannst du deinen Vortrag strukturieren und visuelle Reize einsetzen. Gleichzeitig erfordert diese Form der Präsentation eine besondere Aufmerksamkeit für das gesprochene Wort. Lies nicht einfach die Inhalte deiner Folien vor. Vermeide es, Überschriften zu wiederholen, sondern gib direkt einen kurzen Überblick über die Inhalte. Wenn ein Thema zu umfangreich ist, teile es auf mehrere Folien auf, anstatt die eine mit zu viel Information zu überladen. Halte deine Sprache lebendig, wende dich dem Publikum zu und beziehe es aktiv mit ein.

Gestalte deine Folien klar und übersichtlich. Nutze ein einheitliches, professionelles Design ohne unnötige Animationen oder akustische Effekte, die lediglich ablenken. Der Stil sollte zurückhaltend sein und den Inhalt in den Vordergrund stellen. Verwende gut lesbare Standardschriften wie Arial oder Helvetica. Für Überschriften empfiehlt sich eine Mindestgröße von 28 Punkt, für Fließtexte mindestens 24 Punkt. Die gewählten Farben sollten einen guten Kontrast bieten. Helle Farben wie Gelb oder Orange auf hellem Hintergrund sind zu vermeiden. Bilder, Grafiken und Logos kannst du gezielt einsetzen, um Inhalte zu verdeutlichen, aber achte darauf, dass sie den Text nicht überlagern.

Präsentiere deine PowerPoint möglichst im Stehen. Das verleiht dir mehr Präsenz und erlaubt dir, mit deinem ganzen Körper zu kommunizieren. Verliere dabei den Blickkontakt zum Publikum nicht. Es ist verlockend, den Blick ständig auf den Bildschirm zu richten, doch der direkte Kontakt zu den Menschen im Raum ist entscheidend. Achte auch auf deine

Körpersprache. Stehe aufrecht, bewege dich bei Bedarf bewusst und halte deine Hände offen und locker. Sprich mit Energie und Überzeugung.

Wenn du deine Folien gerade nicht brauchst, kannst du die Präsentation zeitweise unterbrechen. Drücke dafür auf deiner Tastatur die Taste „B" für eine schwarze Folie oder „W" für eine weiße. Dadurch richtest du die Aufmerksamkeit wieder vollständig auf dich und das gesprochene Wort. Dieser Wechsel wirkt wie ein kurzer Akzent und hilft, besonders wichtige Inhalte hervorzuheben oder in einen Dialog mit dem Publikum einzusteigen.

Auch der Umgang mit Handouts sollte gut überlegt sein. Vermeide es, deine Präsentationsfolien während der Präsentation als Papierform auszuteilen. Die Zuhörenden würden dann eher lesen als zuhören. Gib die Unterlagen erst im Anschluss aus oder erstelle zusätzlich ein Handout, das komprimierte Inhalte enthält und als Nachbereitung dient. Achte bei Handouts darauf, dass sie klar strukturiert und visuell ansprechend aufbereitet sind. Sie sollen deinen Vortrag ergänzen, nicht wiederholen.

Ein bewährter Tipp ist die sogenannte 10–20–30-Regel: Eine gelungene PowerPoint-Präsentation umfasst maximal zehn Folien, dauert nicht länger als zwanzig Minuten und verwendet eine Schriftgröße von nicht weniger als dreißig Punkt. Natürlich ist das nicht in jeder Situation umsetzbar, aber diese Regel hilft, sich auf das Wesentliche zu konzentrieren und die Präsentation kompakt, klar und einprägsam zu gestalten.

Platziere die Höhepunkte deiner Präsentation bewusst zu Beginn und am Ende. Der Einstieg entscheidet über die Aufmerksamkeit, das Ende über die Wirkung, mit der du in Erinnerung bleibst. Bereite diese beiden Teile besonders gut vor, gerne auch wortwörtlich. Achte darauf, dass deine Botschaft klar und überzeugend transportiert wird. PowerPoint ist dabei dein Werkzeug, nicht deine Bühne.

Reflexionsfragen:

- Welche Rolle spielt PowerPoint bisher in deinen Präsentationen?
- Wie kannst du deine Folien so gestalten, dass sie dich unterstützen, aber nicht dominieren?
- Was könntest du tun, um freier zu sprechen und weniger abzulesen?
- Wie gelingt es dir, Blickkontakt zu halten, auch wenn du mit Beamer arbeitest?
- Welche gestalterischen Elemente nutzt du regelmäßig, und welche möchtest du überdenken?
- Wie gehst du mit zu umfangreichen Inhalten um? Welche Inhalte gehören in ein Handout?
- Welche Techniken helfen dir, Aufmerksamkeit zu lenken und Inhalte zu betonen?
- Wie kannst du deine Präsentationen abwechslungsreicher und interaktiver gestalten?

PowerPoint ist ein unterstützendes Instrument, kein Ersatz für lebendige Präsentation. Wer es bewusst und gezielt einsetzt, kann Inhalte strukturieren, visuell verstärken und das Publikum neugierig machen. Entscheidend bleibt aber immer der Mensch, der präsentiert.

Visualisieren und Strukturieren von Diskussionen

Diskussionen sind ein zentrales Element vieler Seminare. Sie ermöglichen es den Teilnehmenden, unterschiedliche Perspektiven einzubringen, voneinander zu lernen, eigene Meinungen zu formulieren und gemeinsam neue Erkenntnisse zu gewinnen. Damit Diskussionen jedoch nicht ins Beliebige abgleiten oder von Einzelnen dominiert werden, brauchen sie eine klare Struktur. Als Trainer:in ist es deine Aufgabe, diesen Prozess zu gestalten. Eine der wirksamsten Methoden dafür ist die Visualisierung. Sie bringt nicht nur Ordnung in den Gesprächsverlauf, sondern macht Gedanken sichtbar, bündelt Argumente, fördert das Verstehen und schafft Transparenz.

Der erste Schritt zur Visualisierung einer Diskussion besteht darin, die Beiträge der Teilnehmenden so zu erfassen, dass sie für alle sichtbar sind. Am besten eignet sich dafür ein Flipchart, ein Whiteboard oder eine digitale Pinnwand. Wichtig ist, dass du während der Diskussion mitschreibst oder die Teilnehmenden selbst aktiv in den Visualisierungsprozess einbeziehst. So entstehen gemeinsam getragene Übersichten, in denen jede Stimme einen Platz hat. Das schafft Beteiligung und erhöht die Bereitschaft, zuzuhören und aufeinander einzugehen. Achte darauf, die Beiträge nicht zu kommentieren oder zu bewerten, sondern möglichst neutral festzuhalten. Nutze dabei eine klare Sprache, gut lesbare Schrift und visuelle Gliederungshilfen wie Pfeile, Kästen oder Farben.

Ein bewährtes Format ist die sogenannte Argumentesammlung. Dabei werden Pro- und Contra-Positionen auf zwei gegenüberliegenden Seiten dargestellt. Du kannst diese Methode nutzen, um Meinungen zu einem Thema sichtbar zu machen, Kontroversen zu strukturieren oder Entscheidungshilfen zu erarbeiten. Eine weitere Möglichkeit ist die Clusterbildung. Hier werden ähnliche Beiträge zusammengefasst und thematisch gruppiert. Diese Form der Visualisierung eignet sich besonders gut für kreative Prozesse, Brainstormings oder komplexe Fragestellungen. Durch das Clustern werden inhaltliche Schwerpunkte deutlich, Zusammenhänge sichtbar und Redundanzen vermieden. Auch Mindmaps oder

Diagramme können helfen, Diskussionen zu strukturieren und das Verständnis für komplexe Inhalte zu fördern.

Eine besondere Form der Strukturierung ist die Visualisierung von Prozessen. Wenn es in einer Diskussion beispielsweise um Abläufe, Entwicklungen oder Entscheidungswege geht, kannst du Zeitachsen, Flussdiagramme oder Entscheidungsbäume nutzen. Sie helfen dabei, Argumente zeitlich oder logisch einzuordnen und verdeutlichen, an welchen Stellen es offene Fragen, Konflikte oder Entscheidungsmöglichkeiten gibt. Visuelle Prozessdarstellungen machen komplexe Diskussionsinhalte greifbar und laden dazu ein, über Alternativen nachzudenken oder Lösungswege zu entwickeln.

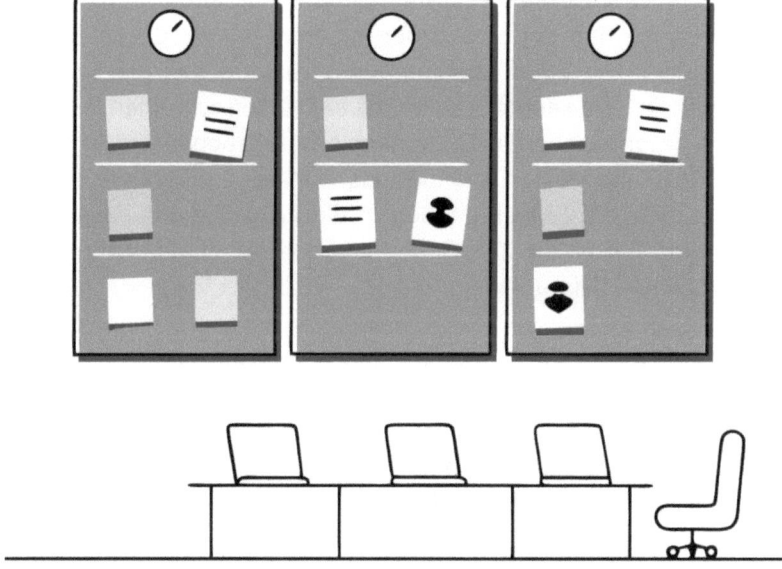

Die Visualisierung dient nicht nur der Strukturierung, sondern auch der Verlangsamung. Sie bremst überhitzte Debatten, weil nicht gleichzeitig gesprochen und geschrieben werden kann. Sie lädt zur Reflexion ein, weil Beiträge sichtbar und damit überprüfbar werden. Und sie fördert die Verständigung, weil sie gemeinsame Bezugspunkte schafft. Gerade in emotional aufgeladenen Diskussionen kann die Visualisierung helfen, wieder zur Sache zurückzukehren. Ein sichtbar gemachtes Argument ist weniger angreifbar als ein unausgesprochener Vorwurf. Eine gemeinsame Tafel der Beiträge wirkt ausgleichend, weil alle Positionen nebeneinander stehen dürfen.

Auch bei der Auswertung von Diskussionen spielt die Visualisierung eine zentrale Rolle. Du kannst die entstandene Übersicht nutzen, um zusammenzufassen, offene Fragen zu identifizieren oder nächste Schritte zu planen. Frage die Gruppe: Was fällt euch auf? Wo gibt es Konsens? Wo liegen Unterschiede? Welche Beiträge waren besonders wichtig? Welche Themen wollen wir vertiefen? So wird die Visualisierung zur Gesprächsgrundlage für die Reflexion und Weiterarbeit.

Besonders effektiv ist die Visualisierung dann, wenn du sie methodisch mit anderen Formen der Strukturierung kombinierst. Du kannst etwa eine Diskussion mit einer Abstimmung verbinden und die Ergebnisse sichtbar machen. Du kannst Statements auf Karten schreiben lassen und diese gemeinsam sortieren. Du kannst Arbeitsgruppen Ergebnisse auf Flipcharts festhalten lassen und diese dann in der großen Runde besprechen. Je stärker die Teilnehmenden in die Visualisierung eingebunden sind, desto größer ist die Beteiligung und der Lerneffekt. Visualisierung ist immer auch Aktivierung.

Ein gutes Hilfsmittel sind vorbereitete Vorlagen oder Raster, die du je nach Thema einsetzen kannst. Zum Beispiel eine Matrix mit zwei Achsen, ein Entscheidungsbaum mit Ja- oder Nein-Pfaden, ein Kreisdiagramm zur Darstellung von Anteilen oder eine einfache Tabelle zur Gegenüberstellung. Diese Formate geben der Diskussion eine Orientierung und erleichtern dir die Strukturierung. Du kannst solche Vorlagen vorbereiten oder spontan entwickeln. Wichtig ist, dass du flexibel bleibst und deine Visualisierung an die Dynamik der Gruppe anpasst.

Nicht zuletzt ist Visualisierung auch eine Frage der Haltung. Sie bedeutet, dass du die Gedanken der Teilnehmenden ernst nimmst, ihnen Raum gibst und ihnen eine Form gibst. Sie ist Ausdruck deiner Wertschätzung und deines Bemühens um Verständlichkeit. Eine gut strukturierte

Diskussion ist kein Zufall, sondern das Ergebnis von Achtsamkeit, Planung und Präsenz. Wenn du es schaffst, Diskussionen so zu moderieren, dass sie sowohl offen als auch zielgerichtet, sowohl lebendig als auch strukturiert sind, dann entsteht ein Raum, in dem Lernen wirklich möglich wird.

Reflexionsfragen:

- Wie gestaltest du Diskussionen in deinen Seminaren – eher offen oder eher gelenkt?
- Welche Visualisierungsmethoden nutzt du, um Diskussionen zu strukturieren?
- Wie gehst du mit kontroversen oder emotionalen Beiträgen um?
- Welche Vorlagen oder Formate haben sich in deiner Praxis bewährt?
- Wie aktiv bindest du die Teilnehmenden in die Visualisierung ein?
- In welchen Situationen hat Visualisierung dir geholfen, den Überblick zu behalten?
- Wie kannst du noch besser mit spontanen Beiträgen oder thematischen Abschweifungen umgehen?
- Was möchtest du an deiner Diskussionsmoderation in Zukunft noch verbessern?

Diskussionen sind dann am wertvollsten, wenn sie nicht nur gesprochen, sondern auch sichtbar werden. Durch Visualisierung werden Gedanken greifbar, Unterschiede respektvoll nebeneinander gestellt und gemeinsame Linien erkennbar. Wer Diskussionen strukturiert, schafft Verständigung. Wer Visualisierung einsetzt, schafft Klarheit. Wer beides kombiniert, schafft Räume für gemeinsames Lernen und echte Veränderung.

Medieneinsatz didaktisch sinnvoll gestalten

In der modernen Seminarpraxis stehen Trainer:innen eine Vielzahl an Medien zur Verfügung. Von klassischen Flipcharts über Pinnwände, Karten, Arbeitsblätter, digitale Präsentationen bis hin zu interaktiven Tools, Videos und Lernplattformen reicht das Spektrum der Möglichkeiten. Doch nicht jeder Medieneinsatz ist automatisch sinnvoll. Entscheidend ist, dass der Einsatz von Medien nicht Selbstzweck ist, sondern einer didaktischen Intention folgt. Medien sollen Lernprozesse unterstützen, nicht überlagern. Sie sollen Aufmerksamkeit fokussieren, nicht zerstreuen. Und sie sollen Inhalte veranschaulichen, nicht verstecken. Der didaktisch sinnvolle Medieneinsatz beginnt deshalb nicht mit der Auswahl technischer Mittel, sondern mit der Frage: Was möchte ich erreichen und welches Medium unterstützt dieses Ziel am besten?

Die erste Überlegung betrifft die Zielgruppe. Je nach Vorerfahrung, Alter, Berufsgruppe oder Medienaffinität unterscheiden sich die Erwartungen und der Umgang mit bestimmten Medien. Während manche Gruppen mit digitalen Tools wie Mentimeter, Padlet oder interaktiven Whiteboards vertraut sind, fühlen sich andere durch zu viel Technik schnell überfordert oder abgelenkt. Medienkompetenz ist deshalb auch eine Frage der Zielgruppenorientierung. Was für die eine Gruppe inspirierend wirkt, kann für eine andere Gruppe unverständlich oder sogar störend sein. Es gilt also, sensibel zu prüfen, welche Medien zur Gruppe passen und wie sie eingeführt und begleitet werden sollten.

Ein weiterer Aspekt ist die didaktische Funktion der Medien. Grundsätzlich lassen sich Medien in drei zentrale Funktionen einteilen: Präsentation, Interaktion und Dokumentation. Präsentationsmedien wie Flipcharts, PowerPoint oder Plakate dienen dazu, Inhalte strukturiert und visuell ansprechend darzustellen. Interaktive Medien ermöglichen die Beteiligung der Teilnehmenden, etwa durch Abstimmungen, Visualisierungen, gemeinsame Arbeit an digitalen Pinnwänden oder durch das Einbringen eigener Beiträge. Dokumentationsmedien schließlich helfen dabei, Ergebnisse festzuhalten, Lernprozesse zu reflektieren oder Inhalte für die Nachbereitung verfügbar zu machen. Ein sinnvoller Medieneinsatz berücksichtigt alle drei Funktionen und bringt sie in ein ausgewogenes Verhältnis.

Gerade bei der Präsentation von Inhalten ist weniger oft mehr. Überladene PowerPoint-Folien, zu viele Flipcharts oder eine übertriebene Nutzung von Animationen führen schnell zu Reizüberflutung. Stattdessen solltest du dich auf das Wesentliche konzentrieren und klare Botschaften vermitteln. Verwende Medien, um zentrale Inhalte zu strukturieren, Zusammenhänge sichtbar zu machen und die Aufmerksamkeit gezielt zu lenken. Dabei spielen auch Gestaltungskriterien eine Rolle: gut lesbare Schriftgrößen, kontrastreiche Farben, übersichtliche Gliederungen und einheitliche Layouts erhöhen die Verständlichkeit und die ästhetische Qualität deiner Präsentation.

Interaktive Medien gewinnen in der Seminarpraxis zunehmend an Bedeutung, weil sie Beteiligung ermöglichen, Gruppenprozesse anregen und unterschiedliche Lernkanäle ansprechen. Der Einsatz von digitalen Umfragetools, virtuellen Whiteboards oder interaktiven Präsentationen kann dabei helfen, Meinungen einzuholen, Vorwissen zu aktivieren, Kreativität zu fördern oder gemeinsame Ergebnisse zu entwickeln. Wichtig ist, dass der Einsatz solcher Tools gut vorbereitet ist und technisch reibungslos funktioniert. Nichts stört den Lernfluss mehr als langwierige Technikprobleme oder unklare Anleitungen. Deshalb solltest du digitale Tools immer im Vorfeld testen und bei Bedarf alternative Methoden bereithalten.

Analoge Medien wie Flipchart und Moderationskarten haben trotz digitaler Möglichkeiten weiterhin ihren festen Platz. Sie wirken unmittelbar, fördern die Konzentration und ermöglichen eine kreative Gestaltung des Lernraums. Besonders wirkungsvoll ist der sogenannte Echtzeit-Einsatz: Inhalte werden live visualisiert, Zusammenfassungen entstehen im Moment, Beiträge der Teilnehmenden werden sichtbar gemacht. Diese Form des Medieneinsatzes erhöht die Präsenz, fördert das Mitdenken und stärkt das gemeinsame Lernen. Auch haptische Materialien wie Karten, Modelle oder Gegenstände können gezielt eingesetzt werden, um multisensorische Zugänge zu schaffen und komplexe Inhalte greifbar zu machen.

Ein zentrales Kriterium für den sinnvollen Medieneinsatz ist die Kohärenz. Die eingesetzten Medien müssen zum Inhalt, zur Methode, zur Zielgruppe und zum Setting passen. Wenn du ein Thema bearbeitest, das viel Reflexion erfordert, brauchst du ruhige, reduzierte Medien. Wenn du Kreativität fördern möchtest, sind bunte, offene Materialien oder digitale Whiteboards besser geeignet. Wenn du Diskussionen strukturieren willst, helfen klare Visualisierungen und greifbare Argumentationshilfen. Medien sollten nie isoliert gedacht werden, sondern immer Teil eines Gesamtbildes sein. Ihre Auswahl und ihr Einsatz sind Ausdruck deiner didaktischen Haltung und deiner methodischen Kompetenz.

Auch der Umgang mit Medien will geübt sein. Viele Präsentationen verlieren an Wirkung, weil Medien ungeschickt eingesetzt werden. Wenn du mit PowerPoint arbeitest, solltest du dich nicht vom Bildschirm abwenden oder deine Folien vorlesen. Wenn du mit dem Flipchart arbeitest, solltest du leserlich schreiben, klare Überschriften setzen und den Blickkontakt halten. Wenn du digitale Tools nutzt, solltest du technische Abläufe erklären, Rückfragen zulassen und souverän mit Störungen umgehen können. Die Wirkung eines Mediums hängt nicht nur von seiner Gestaltung, sondern auch von deinem Umgang damit ab. Medienkompetenz bedeutet deshalb nicht nur Technikbeherrschung, sondern auch didaktische Reflexion und kommunikative Präsenz.

Ein oft unterschätzter Aspekt ist die Balance der Medien. In vielen Seminaren werden bestimmte Medien bevorzugt, während andere kaum zum Einsatz kommen. Ein durchdachter Wechsel zwischen unterschiedlichen Medien erhöht jedoch die Aufmerksamkeit, spricht verschiedene Lerntypen an und sorgt für Abwechslung. Wichtig ist, dass die Medien nicht willkürlich wechseln, sondern im Sinne einer sinnvollen Dramaturgie eingesetzt werden. Jeder Medienwechsel braucht einen inhaltlichen oder methodischen Anlass. Wenn du Medien gezielt einsetzt, entstehen rhythmische Lernverläufe, die den Seminarprozess strukturieren und lebendig machen.

Nicht zuletzt solltest du auch mit der Gruppe über den Medieneinsatz sprechen. Gerade bei digitalen Tools oder ungewohnten Methoden kann es hilfreich sein, den Nutzen zu erklären, Fragen zu klären und die Bereitschaft der Gruppe zu erkunden. Offenheit und Transparenz stärken das Vertrauen und fördern die Bereitschaft zur aktiven Teilnahme. Du kannst auch Feedback zum Medieneinsatz einholen, um dich weiterzuentwickeln und deinen Stil zu verfeinern.

Medien sind keine Zaubermittel. Sie ersetzen nicht die Qualität der Beziehung, die Klarheit des Gedankens oder die Tiefe des Dialogs. Aber sie können Lernprozesse auf vielfache Weise bereichern, strukturieren und vertiefen. Der didaktisch sinnvolle Medieneinsatz besteht darin, das passende Medium für das jeweilige Ziel, die jeweilige Gruppe und die jeweilige Situation zu finden. Wenn du diese Passung mit Bewusstsein und Sorgfalt gestaltest, dann entsteht ein stimmiger, wirksamer und professioneller Medieneinsatz, der den Unterschied macht.

Reflexionsfragen:

- Welche Medien nutzt du regelmäßig in deinen Seminaren und warum?
- Wie wählst du Medien aus und welche didaktischen Kriterien legst du dabei zugrunde?
- In welchen Situationen warst du mit deinem Medieneinsatz besonders zufrieden – und warum?
- Welche Medien würdest du gerne öfter einsetzen, traust dich aber noch nicht so recht?
- Wie sorgst du für eine gute Balance zwischen analogen und digitalen Medien?
- Wie reagierst du, wenn ein technisches Medium plötzlich nicht funktioniert?
- Welche Wirkung hat dein Medieneinsatz auf die Aufmerksamkeit und Beteiligung der Gruppe?
- Wie möchtest du deine Medienkompetenz in Zukunft erweitern oder vertiefen?

Ein didaktisch durchdachter Medieneinsatz macht dein Seminar nicht nur abwechslungsreicher, sondern auch nachhaltiger. Er zeigt deine Professionalität, deine kreative Energie und deine Bereitschaft, dich auf die Bedürfnisse deiner Lernenden einzulassen.

Arbeitsunterlagen und Handouts

Gute Seminare leben von Interaktion, lebendiger Vermittlung und der aktiven Einbindung der Teilnehmenden. Ebenso zentral für den nachhaltigen Lernerfolg sind jedoch gut gestaltete Arbeitsunterlagen und Handouts. Sie begleiten den Lernprozess, strukturieren die Inhalte, dienen der Vertiefung und Nachbereitung und stellen sicher, dass zentrale Gedanken, Methoden oder Modelle nicht im Fluss des Seminars verloren gehen. Die Erstellung von Handouts und Arbeitsunterlagen ist daher nicht bloß eine organisatorische Pflicht, sondern eine didaktische Kunst, die durchdacht und zielgerichtet erfolgen sollte.

Arbeitsunterlagen dienen dazu, den Lernprozess während des Seminars zu unterstützen. Sie bieten Raum für Notizen, enthalten Fragestellungen, Übungen oder Aufgaben, verweisen auf zentrale Begriffe oder visualisieren Zusammenhänge. Handouts hingegen sind in der Regel als kompakter Überblick über zentrale Inhalte gedacht und werden häufig am Ende eines Seminars zur Verfügung gestellt. Sie sind in ihrer Form stärker zusammenfassend und weniger interaktiv. Dennoch ist es sinnvoll, beide Formen gezielt aufeinander abzustimmen, sodass sie sich gegenseitig ergänzen und stützen. Das Ziel besteht darin, nicht nur Wissen zu vermitteln, sondern auch Materialien anzubieten, die es den Teilnehmenden ermöglichen, das Gelernte zu behalten, weiterzugeben und auf den eigenen Kontext zu übertragen.

Bereits bei der Planung deiner Unterlagen solltest du dich fragen, welche Funktion sie erfüllen sollen. Möchtest du die Teilnehmenden durch das Seminar begleiten? Dann sind Arbeitsblätter mit offenen Feldern, Platz für Reflexionen oder strukturierende Leitfragen sinnvoll. Möchtest du eine Vertiefung ermöglichen? Dann können ergänzende Texte, Literaturempfehlungen oder weiterführende Übungen integriert werden. Willst du sicherstellen, dass zentrale Modelle oder Begriffe behalten werden? Dann bieten sich klare Übersichten, Schaubilder oder Merksätze an. Die Gestaltung deiner Unterlagen sollte sich immer an deinem methodisch-didaktischen Konzept orientieren und klar auf die Zielgruppe zugeschnitten sein.

Die Qualität eines Handouts liegt nicht in seiner Länge, sondern in seiner Aussagekraft. Ein gutes Handout ist klar strukturiert, gut lesbar, visuell ansprechend und inhaltlich fokussiert. Es bietet keine vollständige Mitschrift, sondern eine didaktisch aufbereitete Zusammenfassung. Achte dabei auf Übersichtlichkeit: Verwende Zwischenräume, Absätze, Hervorhebungen, Bullet-Points oder Grafiken, um das Lesen zu erleichtern. Vermeide es, deine Folien einfach auszudrucken. PowerPoint-Folien sind oft zu komprimiert oder visuell überfrachtet, um als sinnvolle Handouts zu funktionieren. Stattdessen solltest du aus deinen Seminarinhalten eine neue Form entwickeln, die bewusst auf Papier oder als digitale Datei wirkt. Auch die Sprache deiner Unterlagen sollte auf die Zielgruppe abgestimmt sein. Fachbegriffe sollten entweder vermieden oder erklärt werden. Verwende klare, verständliche Formulierungen. Wenn du mit Zitaten oder theoretischen Bezügen arbeitest, gib nachvollziehbare Quellen an. Wenn du mit Übungen arbeitest, beschreibe den Ablauf präzise und gib Hinweise zu Zeitaufwand, Materialbedarf oder möglichen Varianten. Je praxisnäher deine Unterlagen gestaltet sind, desto eher werden sie auch über das Seminar hinaus genutzt.

Ein wichtiges Element vieler Handouts sind Visualisierungen. Sie helfen dabei, komplexe Inhalte zu vereinfachen, Zusammenhänge zu verdeutlichen und Lerninhalte einprägsam zu gestalten. Diagramme, Tabellen, Mindmaps, Prozessdarstellungen oder Symbolbilder können den Unterschied machen. Dabei muss nicht alles perfekt gestaltet sein. Auch einfache Skizzen oder handgezeichnete Grafiken wirken authentisch und anschaulich. Entscheidend ist, dass sie zur Verständlichkeit beitragen. Achte darauf, dass alle Visualisierungen auch in Schwarz-Weiß gut erkennbar bleiben, falls deine Materialien kopiert oder ausgedruckt werden.

Arbeitsunterlagen können auch eine wichtige Rolle bei der Aktivierung der Teilnehmenden spielen. Wenn du während des Seminars Aufgaben stellst, Gruppenarbeiten anleitest oder individuelle Reflexionen anregst, sind vorbereitete Arbeitsblätter oft hilfreich. Sie geben Struktur, verhindern Leerlauf und unterstützen unterschiedliche Lerntypen. Nicht alle Menschen können aus freiem Reden oder Zuhören gleich viel mitnehmen. Manche brauchen das Schriftbild, den visuellen Rahmen oder die

Möglichkeit, sich schriftlich auszudrücken. Gerade in heterogenen Gruppen ist das Angebot unterschiedlicher Zugänge entscheidend.

Ein weiteres wichtiges Kriterium ist die Nachhaltigkeit deiner Unterlagen. Überlege dir, wie du deine Materialien gestalten kannst, damit sie über das Seminar hinaus genutzt werden. Biete Platz für persönliche Notizen. Gib Hinweise, wie und wo Inhalte im Arbeitsalltag angewendet werden können. Füge Reflexionsfragen ein, die auch später noch zur Selbstklärung anregen. Oder gib Impulse für Kollegialgespräche, Teammeetings oder Weiterarbeit im eigenen Kontext. Wenn deine Unterlagen so gestaltet sind, dass sie nicht im Ordner verstauben, sondern im Alltag wieder zur Hand genommen werden, hast du alles richtig gemacht.

Nicht zuletzt spielt auch das Format eine Rolle. Während gedruckte Unterlagen haptische Vorteile haben und eine gewisse Verbindlichkeit ausstrahlen, bieten digitale Handouts viele Möglichkeiten zur Verlinkung, Ergänzung und individuellen Weiterverarbeitung. In vielen Seminarkontexten ist es sinnvoll, beides anzubieten. Du kannst im Seminar mit Papier arbeiten und im Anschluss ein PDF mit zusätzlichen Materialien versenden. Wichtig ist, dass du dir frühzeitig über das Format Gedanken machst und deine Gestaltung daran orientierst. Achte bei digitalen Formaten auf Kompatibilität, geringe Dateigröße und Barrierefreiheit.

Ein häufiger Fehler besteht darin, Materialien erst kurz vor dem Seminar zu erstellen. Das führt dazu, dass sie entweder zu knapp, zu überladen oder wenig stimmig wirken. Plane genügend Zeit ein, um deine Unterlagen sorgfältig zu konzipieren, zu layouten und an die Bedürfnisse deiner Teilnehmenden anzupassen. Teste sie im Vorfeld, bitte Kolleg:innen um Feedback, oder probiere einzelne Elemente in anderen Kontexten aus. Materialien sind keine Nebensache, sondern ein zentrales Element deiner didaktischen Professionalität.

Auch der Zeitpunkt der Verteilung will gut überlegt sein. Manche Inhalte machen erst Sinn, wenn sie gemeinsam erarbeitet wurden. Andere Unterlagen können vor dem Seminar als Vorbereitung dienen. Wieder andere werden erst im Anschluss wirklich relevant. Überlege dir daher genau, wann du welche Unterlage einsetzen möchtest. In der Regel ist es sinnvoll, Handouts erst am Ende zu verteilen, um die Aufmerksamkeit der Gruppe nicht zu früh auf das Material zu lenken. Arbeitsunterlagen hingegen können von Beginn an eingebunden werden und als roter Faden durch das Seminar dienen.

Wenn du möchtest, dass deine Unterlagen als hochwertig, nützlich und professionell wahrgenommen werden, dann investiere Zeit, Sorgfalt und kreative Energie in deren Gestaltung. Es lohnt sich. Gut gestaltete Unterlagen tragen wesentlich zum Lernerfolg bei, zeigen deine fachliche und methodische Kompetenz und stärken das Vertrauen deiner Teilnehmenden in deinen professionellen Anspruch. In einer Zeit, in der Aufmerksamkeit knapp und Informationen überall verfügbar sind, ist die Qualität deiner Arbeitsunterlagen ein deutliches Signal für Wertschätzung, Klarheit und Verbindlichkeit.

Reflexionsfragen:

- Welche Funktion sollen deine Arbeitsunterlagen und Handouts im Seminar erfüllen?
- Wie kannst du sie so gestalten, dass sie für deine Zielgruppe verständlich und nützlich sind?
- Welche visuellen Elemente nutzt du und wie wirken sie auf die Verständlichkeit?
- Wie sorgst du dafür, dass deine Materialien auch nach dem Seminar noch nützlich bleiben?
- Welche Formate bevorzugst du, digital, gedruckt oder beides, und warum?
- Wann gibst du welche Unterlagen aus und welche Überlegungen stecken dahinter?
- Wie prüfst du die Qualität deiner Unterlagen und holst dir gegebenenfalls Feedback ein?
- Was möchtest du an deinen bisherigen Arbeitsunterlagen in Zukunft verbessern oder ergänzen?

Gut gestaltete Arbeitsunterlagen und Handouts sind ein Spiegel deiner didaktischen Haltung. Sie zeigen, dass du die Lernenden ernst nimmst, ihre Zeit achtest und ihnen etwas mitgeben möchtest, das Bestand hat. Sie machen den Unterschied zwischen einem Vortrag und einem Lernerlebnis, das bleibt.

Tipps und Tricks für deine erfolgreiche Präsentation

In der Präsentation zählt nicht nur der Inhalt, sondern ganz entscheidend das Wie. Eine großartige Idee kann an einer mangelhaften Präsentation scheitern, während ein mittelmäßiger Inhalt durch eine lebendige und authentische Präsentation an Strahlkraft gewinnt. Deine Wirkung entsteht durch dein Auftreten, deine Sprache, deinen Kontakt zum Publikum und durch die Lebendigkeit, mit der du präsentierst. Es lohnt sich also, die Feinheiten der Präsentationstechnik zu verfeinern, denn oft sind es genau diese kleinen Dinge, die den Unterschied machen.

Achte auf deine Sprache. Vermeide unnötige Fachausdrücke und Fremdwörter. Wenn du sie doch verwendest, dann erkläre sie sofort auf einfache und verständliche Weise. Dein Ziel ist es, verstanden zu werden, nicht zu beeindrucken. Wenn du einen Dialekt sprichst, nutze ihn ruhig, denn er macht dich authentisch und nahbar. Achte aber darauf, dass du für alle verständlich bleibst. Klarheit geht vor Originalität.

Binde dein Publikum ein, wo immer es möglich ist. Frag nach, lass kurze Reflexionen zu, lade zu Gedankenreisen ein. Wer sich angesprochen fühlt, ist wacher, aktiver und erinnert sich länger an das Gehörte. Du kannst Geschichten erzählen, Anekdoten oder persönliche Erlebnisse einfließen lassen. Der Mensch denkt in Bildern und fühlt mit Geschichten. Verwende eine bildhafte Sprache, die Emotionen weckt und innere Bilder erzeugt. So wird deine Botschaft lebendig und bleibt im Gedächtnis.

Redepausen sind kein Zeichen von Unsicherheit, sondern ein Zeichen von Souveränität. Nutze Pausen gezielt, um deinen Worten Nachdruck zu verleihen, um dein Publikum zum Nachdenken oder Vorausdenken einzuladen. In der Pause wirkt dein Gesagtes weiter. Deine Zuhörer:innen können die Gedanken sortieren, bewerten oder eigene Assoziationen entwickeln. Stille ist eine starke rhetorische Figur.

Biete deinem Publikum Abwechslung. Wenn dein Vortrag länger dauert, wechsle die Methoden. Nutze einmal das Flipchart, dann wieder eine PowerPoint-Folie, vielleicht eine kleine Übung oder eine Frage in die

Runde. Achte jedoch darauf, nicht zu überfrachten. Zu viele Medien wirken überfordernd und lenken ab. Die zentrale Verbindung zwischen deinen Inhalten und deinem Publikum bist immer noch du. Die beste Technik kann dich nicht ersetzen.

Wenn du Bilder, Grafiken oder Schaubilder verwendest, achte darauf, dass sie selbsterklärend sind. Es sollte klar erkennbar sein, was sie aussagen. Wenn du Zahlen, Zeiten oder Daten nennst, erkläre immer auch ihre Bedeutung. Sag nicht nur: „Die Zahl liegt bei 27 Prozent", sondern: „Das bedeutet, dass mehr als ein Viertel der Befragten in dieser Situation ähnlich handeln würde." Solche Ergänzungen helfen deinem Publikum, das Gehörte einzuordnen und sich etwas darunter vorzustellen.

Gesprochene Sprache ist anders als geschriebene Sprache. Sprich frei, lebendig und in einfachen Sätzen. Lies deine Präsentation nicht ab. Ablesen wirkt distanziert, künstlich und langweilig. Deine Zuhörer:innen schalten dann schnell ab. Stattdessen sprich aus dem Moment heraus, mit echtem Interesse an deinem Thema und den Menschen vor dir.

Vermeide Weichmacher. Worte wie eigentlich, vielleicht, ein bisschen, im Prinzip oder ich würde gerne schwächen deine Botschaften. Sie wirken zögerlich und unsicher. Ersetze sie durch klare, deutliche Aussagen. Sag, was du sagen willst. Klare Botschaften wirken überzeugend und geben deinem Publikum Orientierung.

Wenn du etwas erklärst oder präsentierst, dann sprich oder zeig – aber niemals beides gleichzeitig. Wenn dein Publikum liest, hört es nicht mehr gut zu. Wenn du willst, dass man dir zuhört, dann reduziere die Texte auf deinen Folien auf das Wesentliche oder nimm sie für diesen Moment ganz aus dem Spiel. Deine Stimme, deine Körpersprache, dein Blickkontakt – das sind deine stärksten Werkzeuge.

Nutze den Raum, der dir zur Verfügung steht. Beweg dich. Stehe nicht regungslos da. Wenn du einen Gedanken entwickelst, mach einen Schritt. Wenn du ein Thema wechselst, verändere deinen Standort. Bewegung erzeugt Dynamik. Dynamik erzeugt Aufmerksamkeit. Präsenz bedeutet, sichtbar zu sein, sich zu zeigen, körperlich, stimmlich und emotional.

Ergänzend zur Sprache, zur Körpersprache und zum inhaltlichen Aufbau ist auch deine innere Haltung von großer Bedeutung. Eine Präsentation beginnt nicht mit dem ersten gesprochenen Wort, sondern mit deiner inneren Vorbereitung. Welche Absicht verfolgst du? Was möchtest du bei deinem Publikum bewirken? Gehst du mit einer klaren Haltung hinein, wird sich das in deiner Präsenz und in deiner Sprache widerspiegeln. Innere Klarheit strahlt nach außen und gibt dir Halt. Wenn du selbst weißt, was du willst, wirst du überzeugender auftreten und dein Publikum mitnehmen können.

Achte auf deinen Atem. Vor allem bei Nervosität kann er flach und hektisch werden. Ein ruhiger, tiefer Atem hingegen hilft dir, präsent zu bleiben und deine Stimme stabil zu halten. Nimm dir kurz vor deinem Auftritt einen Moment Zeit, um bewusst zu atmen. Atme tief durch die Nase ein und langsam durch den Mund wieder aus. Das beruhigt nicht nur dein Nervensystem, sondern auch deinen Geist. Deine Stimme wird kraftvoller und deine Gedanken klarer.

Auch dein Umgang mit Blickkontakt ist entscheidend. Such dir nicht nur eine Person im Publikum, sondern wechsle regelmäßig deinen Blick. Nimm möglichst viele Menschen wahr. Damit gibst du jedem einzelnen das Gefühl, gemeint zu sein. Dein Publikum spürt, ob du präsent bist oder nur deine Inhalte abspulst. Präsenz entsteht durch echten Kontakt. Wenn du mit den Augen sprichst, entsteht Verbindung. Du signalisierst: Ich sehe euch. Ich nehme euch wahr.

Wenn du Fragen stellst, achte darauf, dass du wirklich Raum für Antworten lässt. Zu oft stellen Vortragende Fragen und beantworten sie gleich selbst. Lass Stille zu. Vertraue darauf, dass dein Publikum die Zeit nutzt. Vielleicht dauert es einen Moment, bis jemand reagiert, aber genau das ist der Moment, in dem sich Aufmerksamkeit verdichtet. Auch rhetorische Fragen wirken besser, wenn du danach eine kurze Pause machst. Sie geben Raum zum Nachdenken und erzeugen Spannung.

Ein weiterer Aspekt, der deine Präsentation verbessern kann, ist die bewusste Gestaltung von Übergängen. Oft verlieren Präsentationen an Klarheit, wenn der Wechsel von einem Thema zum nächsten zu abrupt erfolgt. Formuliere Überleitungen bewusst. Sag zum Beispiel: „Nachdem wir uns nun mit den Grundlagen beschäftigt haben, möchte ich euch in den nächsten Minuten einen Einblick in die Praxis geben." Solche Sätze geben deinem Publikum Orientierung und strukturieren deine Inhalte nachvollziehbar.

Reflektiere auch deine Stimme. Sprich mit natürlicher Lautstärke, variiere deine Tonhöhe, setze Akzente. Eine monotone Stimme wirkt einschläfernd, selbst wenn der Inhalt spannend ist. Begeisterung ist hörbar. Wenn du für dein Thema brennst, überträgt sich das auf deine Stimme. Deine Energie wird spürbar. Wenn du müde oder unsicher bist, merkt dein Publikum das ebenfalls. Arbeite an deiner stimmlichen Präsenz, indem du regelmäßig laut sprichst, liest oder präsentierst. Deine Stimme ist dein wichtigstes Instrument.

Denke daran, dass das Ziel einer Präsentation nicht ist, möglichst fehlerfrei durchzukommen. Es geht darum, einen lebendigen, echten Moment zu gestalten. Fehler gehören dazu. Wenn dir etwas nicht gelingt, lächle, atme durch und mach weiter. Du darfst Mensch sein. Authentizität wirkt oft stärker als Perfektion. Dein Publikum erwartet keine makellose Performance, sondern echte Begegnung. Wer den Mut hat, sich zu zeigen, wird gehört.

Wenn du ein Thema präsentieren sollst, das dir nicht liegt, versuche trotzdem, einen Zugang dazu zu finden. Frag dich, was daran für dich interessant oder bedeutsam sein könnte. Vielleicht gibt es einen Aspekt, der dich neugierig macht. Vielleicht erkennst du, wie wichtig das Thema für andere ist. Deine innere Haltung färbt auf dein Publikum ab. Wenn du dich innerlich abgrenzt, wird man das merken. Wenn du dich öffnest, wird dein Publikum folgen.

Zum Schluss lohnt es sich, Präsentationen als einen Prozess zu betrachten. Jede Präsentation ist eine Übung. Mit jeder Präsentation entwickelst du dich weiter. Sammle Rückmeldungen, reflektiere deine Wirkung, beobachte, wie du auf andere wirkst. Was lief gut? Was würdest du beim nächsten Mal anders machen? Halte deine Erkenntnisse schriftlich fest. So wird deine persönliche Entwicklung sichtbar. Schritt für Schritt wirst du sicherer, lebendiger und überzeugender.

Reflexionsfragen:

- Wie bereitest du dich innerlich auf deine Präsentationen vor?
- Welche Atemtechniken oder Rituale helfen dir, ruhig und präsent zu bleiben?
- Wie nutzt du Blickkontakt, um Verbindung zum Publikum herzustellen?
- Was macht deine Stimme lebendig und kraftvoll?
- Wie gestaltest du Übergänge zwischen einzelnen Themen oder Abschnitten?
- Wie gehst du mit unerwarteten Fehlern oder Störungen um?
- Inwiefern lässt du dich wirklich auf dein Publikum ein?
- Wie kannst du dich nach einer Präsentation gezielt weiterentwickeln?

Eine starke Präsentation beginnt mit innerer Klarheit und endet mit echtem Kontakt. Wer sich traut, sich zu zeigen, wer offen spricht, klar formuliert und bewusst mit seiner Präsenz umgeht, kann auch komplexe oder einfache Inhalte so vermitteln, dass sie wirken. Es braucht nicht die perfekte Folie oder den perfekten Satz, sondern Mut zur Begegnung, Freude am Austausch und Vertrauen in die eigene Stimme.

Umgang mit herausfordernden Situationen

Herausfordernde Situationen gehören zum Alltag jeder Trainerin und jedes Trainers. Sie sind kein Zeichen von Scheitern, sondern ein natürlicher Bestandteil lebendiger Lernprozesse. Wo Menschen gemeinsam lernen, entstehen Missverständnisse, Widerstände, Unruhe, Langeweile, Provokationen oder emotionale Reaktionen. Die Art und Weise, wie du mit solchen Situationen umgehst, bestimmt maßgeblich, wie professionell du wahrgenommen wirst und wie gut sich deine Gruppe auf den gemeinsamen Lernprozess einlassen kann. Störungen gehören zum Lernprozess: So lautet ein oft zitierter Satz aus der Gruppendynamik. Und wie bei allen Prozessen gilt auch hier: Sie wollen gesehen, verstanden und bearbeitet werden.

Die wichtigste Haltung im Umgang mit Störungen ist zunächst die innere Klarheit. Wenn du selbst ruhig und klar bleibst, strahlst du Sicherheit aus und gibst der Gruppe Orientierung. Deine eigene Haltung hat eine starke Wirkung auf das Geschehen im Raum. Wenn du dich provozieren lässt, unsicher wirkst oder dich verteidigst, spiegelt sich das sofort in der Gruppe wider. Professioneller Umgang mit Störungen beginnt also mit der Selbstführung. Atme bewusst, nimm wahr, was passiert, und bleibe innerlich präsent. Erst dann kannst du angemessen reagieren.

Ein zweiter zentraler Aspekt ist die Unterscheidung zwischen verschiedenen Arten von Störungen. Nicht jede Irritation ist gleich bedeutsam. Manches ist harmlos, anderes deutet auf tiefer liegende Konflikte hin. Als Trainer:in solltest du lernen, zu differenzieren. Handelt es sich um eine kurze Unruhe, ein Missverständnis, eine technische Panne, eine Störung im Raumklima oder um einen echten Konflikt? Ist es ein individuelles Thema oder betrifft es die ganze Gruppe? Je besser du die Art der Störung erkennst, desto gezielter kannst du damit umgehen. Häufig hilft es, kurz innezuhalten, die Situation zu benennen und der Gruppe einen Moment der Reflexion zu ermöglichen.

Die meisten Störungen lassen sich durch gute Vorbereitung und vorausschauendes Handeln vermeiden. Ein klarer Einstieg, transparente

Zielsetzungen, verständliche Regeln, passende Methoden und ein wertschätzender Umgangston sind der beste Schutz vor Irritationen. Wenn du mit der Gruppe bereits zu Beginn ein Klima der Offenheit, des Respekts und der Mitverantwortung entwickelst, entsteht ein tragfähiges Fundament, auf dem auch herausfordernde Situationen gemeinsam getragen werden können. Prävention ist also immer der erste Schritt im professionellen Umgang mit Störungen.

Kommt es dennoch zu einer Störung, ist dein Umgang damit entscheidend. Benenne die Situation klar, aber wertschätzend. Vermeide es, zu bagatellisieren oder zu dramatisieren. Stelle Fragen, anstatt Urteile zu fällen. Höre genau hin, was wirklich gesagt wird. Versuche, das Anliegen hinter dem Verhalten zu verstehen. Oft verbergen sich hinter einer vermeintlichen Provokation Unsicherheiten, Frustrationen oder unerfüllte Erwartungen. Wenn du es schaffst, solche Bedürfnisse ernst zu nehmen, ohne dich vereinnahmen zu lassen, schaffst du eine Kultur der Offenheit und Klärung.

Es kann hilfreich sein, Regeln und Rahmenbedingungen gemeinsam mit der Gruppe zu reflektieren. Wenn Unruhe herrscht, frage: Woran liegt es, dass gerade so viel Bewegung im Raum ist? Was brauchen wir, um wieder gemeinsam arbeiten zu können? Wenn jemand sich ständig einmischt, frage: Was ist dir wichtig, dass du es immer wieder einbringen möchtest? Wenn jemand sich verweigert, frage: Was hindert dich gerade, mitzugehen? Solche Fragen laden zur Reflexion ein, ohne zu beschuldigen. Sie signalisieren, dass du Interesse an den Menschen hast, ohne dich von deren Verhalten leiten zu lassen.

Manchmal ist es sinnvoll, die Gruppe in die Lösung einzubeziehen. Wenn du spürst, dass eine Situation mehrere betrifft, frage in die Runde: Wie erleben die anderen die aktuelle Situation? Was brauchen wir, um wieder gut weiterarbeiten zu können? So übernimmst du nicht allein die Verantwortung, sondern gibst der Gruppe die Chance, sich selbst zu regulieren. In vielen Fällen entwickeln sich daraus tragfähige Lösungen, weil die Gruppe merkt, dass sie mitverantwortlich ist.

Wenn eine Störung sehr massiv ist oder dich persönlich betrifft, kannst du auch einen kurzen Break setzen. Stehe auf, atme durch, trinke einen Schluck Wasser oder kündige eine kurze Pause an. Danach kannst du das Gespräch neu beginnen. Auch ein klares Statement kann in solchen Momenten sinnvoll sein. Etwa: Ich habe gerade gemerkt, dass mich das Verhalten irritiert hat. Ich möchte kurz sammeln, bevor wir weiterarbeiten. Solche Sätze zeigen Haltung, ohne anzugreifen. Sie schaffen Raum für Klärung, ohne zu eskalieren.

Eine besondere Herausforderung sind stille Störungen. Menschen, die sich entziehen, abkapseln oder ablehnen, ohne sich zu äußern. Hier ist Feingefühl gefragt. Manchmal reicht es, die Person in der Pause persönlich anzusprechen. Manchmal hilft ein Blickkontakt oder ein unterstützendes Signal. Wichtig ist, nicht zu interpretieren oder zu überreden. Gib Raum und bleibe offen. Manchmal brauchen Menschen einfach etwas Zeit, um sich einzufinden.

Auch das Setting spielt eine Rolle. Unbequeme Stühle, schlechte Luft, unklare Akustik oder zu lange Sitzphasen können Unruhe erzeugen. Achte deshalb auf die äußeren Rahmenbedingungen. Schaffe Pausen, ermögliche Bewegung, achte auf Licht, Temperatur und Raumgestaltung. Viele Störungen entstehen nicht durch Inhalte, sondern durch Rahmenbedingungen. Wenn du diese im Blick hast, beugst du vor und förderst ein gutes Lernklima.

Störungen sind auch Gelegenheiten zum Lernen. Sie zeigen, wo etwas nicht stimmig ist, wo Bedürfnisse nicht gesehen werden oder wo der Prozess neue Impulse braucht. Wenn du sie als Hinweise verstehst, anstatt sie als Bedrohung zu erleben, gewinnst du Handlungsspielräume. Jede gelöste Störung stärkt deine Autorität, dein Vertrauen in dich selbst und deine Beziehung zur Gruppe. Je souveräner du mit Herausforderungen umgehst, desto mehr entsteht ein Raum, in dem Menschen sich zeigen und entwickeln können.

Reflexionsfragen:

- Welche Arten von Störungen hast du in deinen Seminaren bisher erlebt?
- Wie gehst du mit Unsicherheiten oder Provokationen aus der Gruppe um?
- Was hilft dir, in herausfordernden Situationen ruhig und präsent zu bleiben?
- Welche Techniken nutzt du, um mit emotional aufgeladenen Momenten umzugehen?
- Wie sorgst du für gute Rahmenbedingungen, die Störungen vorbeugen?
- Wie beziehst du die Gruppe in die Klärung von Störungen mit ein?
- Was möchtest du an deinem Umgang mit schwierigen Situationen verbessern?
- Welche Haltung hilft dir, auch bei Widerstand professionell und gelassen zu bleiben?

Der professionelle Umgang mit herausfordernden Situationen ist ein zentrales Merkmal guter Trainer:innenarbeit. Wer Störungen als Teil des Prozesses versteht, wer sie mit Klarheit, Empathie und Präsenz aufgreift, wer die Gruppe beteiligt und die eigene Haltung reflektiert, wird nicht nur an Respekt gewinnen, sondern auch an Wirksamkeit. Störungen sind keine Hindernisse, sondern Einladungen, genauer hinzusehen und gemeinsam weiterzugehen. Manchmal sind sie wie kleine Stolpersteine auf dem Weg, die uns zum Innehalten zwingen und uns die Gelegenheit geben, unsere Richtung bewusst zu wählen. Wer diese Stolpersteine nicht als Hürden, sondern als Wegweiser sieht, kann sogar durch eine Störung wachsen und den Lernprozess vertiefen.

Vielredner:innen, Schweigende, Widerstände

In jeder Seminargruppe begegnen dir früher oder später bestimmte Verhaltensweisen, die den Gruppenprozess beeinflussen. Manche Teilnehmende sprechen besonders viel, andere äußern sich kaum oder gar nicht. Wieder andere begegnen dem Seminarstoff oder der Seminarleitung mit Skepsis oder offener Ablehnung. Solche Erscheinungen sind vollkommen normal. Sie gehören zur Vielfalt menschlicher Interaktionen und spiegeln oft tiefer liegende Bedürfnisse oder Dynamiken wider. Entscheidend ist, wie du als Trainer:in damit umgehst. Dein professioneller Umgang mit diesen Situationen trägt entscheidend zur Lernatmosphäre bei.

Beginnen wir mit den Vielredner:innen. Sie bringen sich häufig aktiv in Diskussionen ein, melden sich oft, unterbrechen andere oder greifen immer wieder das Wort. Das kann aus echtem Engagement, überdurchschnittlichem Mitteilungsbedürfnis oder aus Unsicherheit resultieren. Vielredner:innen sind nicht per se eine Störung, können jedoch andere Teilnehmende verdrängen und den Austausch einseitig gestalten. Der erste Schritt im Umgang besteht darin, das Verhalten freundlich, aber bestimmt zu begrenzen. Du kannst zum Beispiel höflich darauf hinweisen, dass du auch anderen Teilnehmenden Raum geben möchtest. Verwende Formulierungen wie: Danke für deinen Beitrag, ich würde gerne auch andere Stimmen hören. Auch Methoden wie Sprechsteine, Redekreise oder Zeitvorgaben können helfen, die Beiträge ausgewogener zu gestalten.

Ein weiterer hilfreicher Ansatz ist es, Vielredner:innen eine strukturierte Aufgabe zu geben. Bitte sie, im nächsten Durchgang die Beiträge der anderen zusammenzufassen oder auf einen bestimmten Aspekt zu achten. So integrierst du sie aktiv, ohne dass sie die Diskussion dominieren. Wichtig ist dabei, die Person nicht bloßzustellen oder ihr Verhalten zu sanktionieren, sondern sie wertschätzend einzubinden und gleichzeitig die Gruppe im Blick zu behalten. Manchmal hilft auch ein persönliches Gespräch in der Pause, in dem du auf Augenhöhe deine Beobachtung teilst und um ein ausgewogeneres Verhalten bittest.

Das andere Extrem bilden die Schweigenden. Sie melden sich kaum, wirken zurückhaltend, beteiligen sich wenig an Diskussionen oder Gruppenarbeiten. Auch hier ist es wichtig, das Verhalten nicht vorschnell zu bewerten. Schweigen kann viele Gründe haben: Unsicherheit, Schüchternheit, kulturelle Prägung, Überforderung, aber auch bewusste Beobachtung. Dein Ziel sollte es nicht sein, jede Person zum Sprechen zu bringen, sondern Beteiligung auf verschiedenen Ebenen zu ermöglichen. Manche Menschen nehmen aktiv am Seminar teil, ohne laut zu sein. Sie reflektieren, schreiben mit, beobachten aufmerksam. Biete verschiedene Formen der Beteiligung an. Verwende Methoden, bei denen jede:r einmal zu Wort kommt, ohne bewertet zu werden, etwa Blitzlichter, Kartenabfragen oder Murmelgruppen.

Sprich Schweigende auf eine respektvolle Weise direkt an. Frage etwa: Wie siehst du das? Gibt es etwas, das du ergänzen möchtest? Achte dabei auf eine wohlwollende Tonlage und biete die Möglichkeit, auch Nein sagen zu dürfen. In Gruppenphasen kannst du auf die Gruppenzusammensetzung achten und eher zurückhaltende Teilnehmende gezielt einladen, in Kleingruppen mit aktivierenden Menschen zu arbeiten. Auch hier kann ein Einzelgespräch hilfreich sein. Oft genügt es, der Person zu signalisieren, dass ihr Beitrag wertvoll ist und du ihre Zurückhaltung nicht negativ bewertest. Respektiere jedoch, wenn sich jemand bewusst entscheidet, eher zu beobachten.

Widerstände wiederum zeigen sich auf unterschiedliche Weise. Sie können laut oder leise sein, offen oder verdeckt. Manche Teilnehmende stellen Inhalte in Frage, widersprechen, verweigern Mitarbeit oder ziehen sich innerlich zurück. Widerstand ist nicht per se negativ. Er zeigt, dass sich jemand mit dem Thema auseinandersetzt, dass etwas berührt wird oder dass Bedürfnisse im Raum sind, die bislang unberücksichtigt geblieben sind. Wichtig ist, Widerstand als Chance zur Klärung zu sehen, nicht als Angriff auf deine Person.

Reagiere auf Widerstand mit Interesse statt mit Abwehr. Frage: Was genau macht dich stutzig? Was brauchst du, um dich besser einlassen zu können? Höre aktiv zu, was gesagt wird, aber auch, was zwischen den

Zeilen mitschwingt. Manchmal liegen die Gründe für Widerstand in früheren Erfahrungen, Vorbehalten gegenüber bestimmten Themen oder einem Gefühl von Kontrollverlust. Wenn du es schaffst, den Widerstand empathisch zu würdigen, entsteht oft eine neue Ebene von Vertrauen.

Widerstände können auch auf strukturelle Ungleichgewichte hinweisen. Vielleicht fühlen sich Teilnehmende nicht genug gesehen, überfordert oder nicht eingebunden. Frage nach ihren Erwartungen, überprüfe den bisherigen Ablauf, binde sie stärker ein. Zeige, dass du bereit bist, auf ihre Sichtweise einzugehen, ohne das ganze Seminar zu verändern. Das vermittelt Respekt und Offenheit.

Nicht jeder Widerstand lässt sich auflösen. Manche Menschen haben feste Meinungen oder brauchen einfach mehr Zeit, um sich einzulassen. Wichtig ist, dass du dabei klar und präsent bleibst. Setze Grenzen, wenn jemand destruktiv wird oder andere beeinträchtigt. Benenne das Verhalten, nicht die Person. Sage zum Beispiel: Ich merke, dass du dich mit dem Thema schwer tust. Gleichzeitig möchte ich, dass wir hier gemeinsam weiterarbeiten können. So schaffst du Klarheit und schützt die Gruppe.

Der Umgang mit Vielredner:innen, Schweigenden und Widerständen verlangt ein hohes Maß an Empathie, Präsenz und Fingerspitzengefühl. Es geht darum, zwischen individuellen Persönlichkeiten und gruppendynamischen Phänomenen zu unterscheiden, zwischen echtem Engagement und störendem Verhalten, zwischen persönlichem Stil und destruktivem Widerstand. Je mehr du die Menschen in ihrer Unterschiedlichkeit anerkennst, desto leichter fällt es dir, mit diesen Herausforderungen professionell umzugehen.

Reflexionsfragen:

- Welche Erfahrungen hast du bisher mit Vielredner:innen oder Schweigenden gemacht?
- Wie gelingt es dir, alle Teilnehmenden gleichermaßen einzubinden?
- Was hilft dir, Widerstände nicht persönlich zu nehmen?
- Wie reagierst du auf offenes oder verstecktes Abwehrverhalten?
- Welche Methoden nutzt du, um Beteiligung zu fördern?
- Wann hast du eine herausfordernde Gruppensituation erfolgreich gemeistert?
- Wo wünschst du dir mehr Handlungssicherheit im Umgang mit schwierigen Dynamiken?
- Was möchtest du konkret an deinem Umgang mit Vielredner:innen, Schweigenden oder Widerständen verbessern?

Die Fähigkeit, mit unterschiedlichen Verhaltensweisen und Persönlichkeiten in einer Seminargruppe souverän umzugehen, gehört zu den Kernkompetenzen einer professionellen Trainerin oder eines professionellen Trainers. Wenn du lernst, wertschätzend zu begrenzen, empathisch einzuladen und Widerstände als Einladung zur Klärung zu sehen, kannst du nicht nur schwierige Situationen meistern, sondern nachhaltige Lernräume gestalten, in denen sich alle Beteiligten gehört, respektiert und gesehen fühlen.

Widerstand verstehen: Impulse für eine konstruktive Haltung

Widerstand ist in Lern- und Veränderungsprozessen kein zu vermeidendes Übel, sondern ein wertvolles Signal. Er kann uns irritieren, verunsichern oder sogar verärgern, aber er fordert uns auch heraus, unsere Haltung zu klären, unsere Botschaften zu überprüfen und unsere Methoden weiterzuentwickeln. Wer Widerstand als hilfreiche Rückmeldung versteht, wird ihn nicht mehr bekämpfen müssen. Stattdessen entsteht ein Dialog, in dem alle Beteiligten wachsen können. Die folgende Sammlung von Impulssätzen eröffnet einen neuen Blick auf Widerstand und lädt dazu ein, mit einer offenen, reflektierten und professionellen Haltung zu reagieren.

Die wertschätzende Beschreibung erweitert meinen Handlungsspielraum. Wenn ich anerkenne, was mein Gegenüber bewegt, kann ich anders reagieren. Ich lasse mich nicht mehr von meinem ersten Impuls leiten, sondern entwickle eine bewusstere Reaktion. Das bedeutet auch, dass ich nicht sofort Lösungen anbieten oder argumentieren muss. Allein das Zuhören, das Ernstnehmen und das Benennen dessen, was ist, kann neue Räume öffnen.

Was sich zunächst wie ein Widerstand zeigt, kann in Wahrheit Motivation für die Sache sein. Vielleicht ist es ein Ringen um Klarheit, ein Versuch, das Thema tiefer zu durchdringen, oder schlicht ein Ausdruck von Eigenverantwortung. Wer kritisch hinterfragt, zeigt Interesse. Wer protestiert, ist emotional beteiligt. In dieser Perspektive wird Widerstand zum Kompliment: Die Person will sich mit dem Angebot auseinandersetzen und nicht einfach zustimmen.

Sicherheit erleichtert Gelassenheit und erweitert den Spielraum. Wenn ich mich als Trainer:in sicher fühle in meiner Rolle, in meinen Inhalten und in meiner Haltung, kann ich auch mit Irritationen gelassen umgehen. Diese Sicherheit speist sich nicht aus Allwissenheit, sondern aus Reflexion, Erfahrung und Klarheit. Wer seine Rolle kennt, kann auch Unsicherheit beim Gegenüber aushalten, ohne sich selbst zu verlieren.

Ich kann niemanden für mich gewinnen, den ich besiege. Konfrontation darf nicht zum Selbstzweck werden. Wenn mein Ziel ist, zu überzeugen oder gar zu gewinnen, entsteht ein Machtspiel, das niemandem dient. Viel wirksamer ist es, Menschen einzuladen, sich mit einem Thema zu verbinden, es zu hinterfragen, sich darin zu spiegeln. Kooperation entsteht nicht durch Unterwerfung, sondern durch Beziehung.

Weil ich überzeugt bin, dass mein Angebot sinnvoll und nützlich ist, kann ich auch gut damit umgehen, wenn es abgelehnt wird. Diese Haltung nimmt Druck aus der Situation. Ablehnung wird nicht mehr persönlich genommen, sondern als Ausdruck einer anderen Perspektive gewertet. Vielleicht passt das Angebot einfach nicht zum aktuellen Bedarf. Oder es braucht noch mehr Zeit, mehr Informationen oder mehr Vertrauen.

Widerstand ist eine gesunde, wachstumsfördernde Haltung. Wenn Menschen nicht einfach alles annehmen, was ihnen präsentiert wird, sondern prüfen, zweifeln und Grenzen setzen, zeigt das auch Selbstachtung. In jedem Nein steckt das Potenzial eines späteren Ja. Wer sich seiner Grenzen bewusst ist, kann neue Wege finden, sie zu erweitern.

Teilnehmer:innen sind Expert:innen für ihre Lösung, so ist der Widerstand der Teilnehmer:innen als konstruktiver Beitrag zur Lösungssuche zu sehen. Widerstand zeigt, dass die Person sich einbringt, Verantwortung übernimmt und bereit ist, für ihre Sichtweise einzustehen. Genau das ist Grundlage jeder echten Veränderung.

Widerstand ist ein Interaktionsphänomen. Er entsteht nie im luftleeren Raum, sondern im Zusammenspiel. Deshalb ist es hilfreich, sich selbst zu fragen: Was löse ich mit meinem Verhalten, meiner Sprache oder meiner Haltung aus? Was trage ich dazu bei, dass sich Widerstand zeigt oder verstärkt? Diese Selbstreflexion verhindert Schuldzuweisungen und öffnet den Blick für neue Möglichkeiten.

Widerstand führt nicht zwangsweise dazu, dass nichts gelernt oder verändert wird. Im Gegenteil: Gerade dort, wo es knirscht, reiben sich oft die Ideen aneinander, entstehen neue Perspektiven, wird Entwicklung spürbar. Widerstand zeigt, dass etwas berührt wurde. Wenn wir ihm Raum geben, statt ihn zu bekämpfen, fördern wir Lernen auf einer tieferen Ebene.

Wie man mit Widerstand umgeht, hängt davon ab, welche Bedeutung man dem Widerstand gibt. Wenn ich ihn als Störung verstehe, die es zu beseitigen gilt, reagiere ich mit Kontrolle oder Distanz. Wenn ich ihn als Beitrag sehe, als Teil des Lernprozesses, reagiere ich mit Interesse und Offenheit. Diese Bedeutungsgebung beeinflusst unser Verhalten mehr als jeder didaktische Plan.

Widerstand ist eine Botschaft. Wer widersteht, will etwas mitteilen. Vielleicht heißt die Botschaft: Ich habe Angst. Vielleicht: Ich verstehe das nicht. Oder: Ich brauche mehr Zeit. Oder: Ich sehe das anders. Jede dieser Botschaften verdient Gehör. Nur wenn ich zuhöre, kann ich herausfinden, worum es wirklich geht.

Widerstand drückt ein Bedürfnis aus. Dieses Bedürfnis ist nicht immer offensichtlich. Es kann nach Anerkennung rufen, nach Gehör, nach Klarheit, nach Orientierung oder auch nach Abgrenzung. Wenn ich lerne, nicht nur die Form des Widerstands zu sehen, sondern das dahinterliegende Bedürfnis zu ergründen, werde ich empfänglicher für Nuancen.

Wie man mit dem Widerstand umgeht, hängt von der eigenen Haltung ab. Diese Haltung kann auf Kooperation oder auf Kontrolle ausgerichtet sein. Sie kann Neugier ausstrahlen oder Abwehr. Sie kann die andere Person respektieren oder bewerten. Widerstand fühlt sich anders an, wenn ich ihm aus einer zugewandten Haltung begegne.

Widerstand kann ich als Angebot zur Kommunikation sehen. Er ist eine Einladung zum Gespräch, zur Klärung, zum Austausch. Auch wenn er sich zunächst in Form von Ablehnung, Angriff oder Distanz zeigt, steckt darin die Chance auf Begegnung. Wenn ich bereit bin, diese Einladung anzunehmen, entsteht Verbindung.

Meinen Ärger über den Widerstand nehme ich ernst, sonst zeigt er sich als Widerstand. Wenn ich mich innerlich überfordert, nicht gesehen oder verletzt fühle, hat das Auswirkungen auf mein Verhalten. Wenn ich diese Gefühle aber anerkenne und bewusst damit umgehe, kann ich präsent bleiben und Verantwortung für meine Rolle übernehmen.

Keine bedingungslose Kooperation. Es ist nicht meine Aufgabe, alles zu dulden oder es allen recht zu machen. Es gibt Grenzen, die ich klar benennen darf. Offene, klare Konfrontation schafft Vertrauen und macht mich berechenbar. Duldung von Destruktivem hingegen erzeugt Misstrauen. Authentizität bedeutet nicht, alles zu schlucken, sondern stimmig zu handeln.

Reflexionsfragen:

- Welche Erfahrungen hast du selbst mit Widerstand in Gruppen gemacht?
- Welche der Impulssätze spricht dich besonders an und warum?
- Welche innere Haltung trägst du in Situationen von Widerstand in dir?
- Wie reagierst du auf Widerstand, wenn du dich persönlich betroffen fühlst?
- Was löst die Vorstellung aus, dass Widerstand auch eine Ressource sein kann?
- In welchen Situationen ist es dir gelungen, durch Widerstand neue Impulse zu gewinnen?
- Wie kannst du die Idee des Widerstands als Kommunikationsangebot in deine Trainingspraxis übertragen?
- Welche Strategien helfen dir, deinen eigenen Ärger über Widerstand zu regulieren?

Wer Widerstand nicht als Problem, sondern als Potenzial versteht, kann mit einer professionellen, präsenzstarken Haltung auf komplexe Gruppenprozesse reagieren. Damit entsteht nicht nur ein Raum für Entwicklung, sondern auch für echte Begegnung.

Umgang mit Widerstand im Training

Widerstand in Trainings- und Seminarkontexten ist ein Phänomen, das häufig auftritt und dennoch oft verunsichert. Er kann viele Gesichter haben und sich in verschiedenen Formen zeigen: durch offenes Infragestellen, durch vermeintlich destruktives Verhalten, durch Schweigen oder durch passiven Rückzug. Widerstand ist nicht per se etwas Negatives, sondern ein Kommunikationssignal. Er zeigt an, dass bei den Teilnehmenden etwas in Bewegung geraten ist. Dieses Signal kann genutzt werden, um den Lernprozess zu vertiefen, Orientierung zu schaffen oder blinde Flecken zu erkennen. Entscheidend ist, wie der Widerstand wahrgenommen, eingeordnet und bearbeitet wird.

Dr. Alfred Fellinger-Fritz beschreibt in seinem Modell acht aufeinander aufbauende Handlungsoptionen im Umgang mit Widerstand. Diese reichen vom bewussten Nicht-Wahrnehmen bis hin zum Beenden der Kooperation. Jede dieser Reaktionen hat ihre Berechtigung, je nach Intensität, Kontext und Verlauf des Widerstands. Sie bieten Trainer:innen eine differenzierte Orientierung und eine didaktisch reflektierte Entscheidungsgrundlage.

Nicht wahrnehmen bedeutet, den Widerstand zunächst nicht zu beachten, etwa weil er kaum spürbar ist oder keine Auswirkungen auf die Gruppe hat. Diese Haltung kann sinnvoll sein, wenn es sich um ein situatives Phänomen handelt, das sich mit der Zeit von selbst auflöst.

Wahrnehmen und ignorieren geht einen Schritt weiter. Der Widerstand wird bemerkt, aber bewusst nicht thematisiert. Diese Strategie ist besonders dann sinnvoll, wenn es sich um punktuelle Irritationen handelt, die durch zu viel Aufmerksamkeit unnötig verstärkt würden.

Wahrnehmen, ansprechen, weiter wie bisher ist eine Option, wenn der Widerstand zwar störend wirkt, aber nicht zentral ist. Durch eine kurze Thematisierung wird gezeigt, dass man ihn bemerkt hat, ohne ihm zu viel Raum zu geben. Die Gruppe erhält dadurch Orientierung und das Vertrauen in die Leitung bleibt bestehen.

Wahrnehmen, etwas anderes machen ist dann angezeigt, wenn der Widerstand darauf hinweist, dass der geplante Ablauf nicht zur Situation passt. Die Intervention besteht darin, das Setting oder die Methode zu verändern. So kann Bewegung entstehen, ohne dass der Widerstand direkt bearbeitet werden muss.

Wahrnehmen, zum Thema machen, bearbeiten ist die Option, wenn der Widerstand deutlich spürbar ist und sich negativ auf das Lernklima oder den Gruppenprozess auswirkt. Hier wird der Widerstand explizit angesprochen und gemeinsam mit der Gruppe reflektiert. Die Bearbeitung erfolgt im Dialog und zielt darauf ab, ein gemeinsames Verständnis zu entwickeln.

Wahrnehmen, zum Thema machen, bearbeiten, Kooperation in Frage stellen beschreibt den Punkt, an dem die bisherige Zusammenarbeit infrage gestellt wird. Diese Option wird gewählt, wenn deutlich wird, dass eine weitere Zusammenarbeit nur unter veränderten Bedingungen möglich ist. Es braucht Klarheit und manchmal auch Konsequenz.

Wahrnehmen, zum Thema machen, bearbeiten, Kooperation beenden ist die letzte Option. Sie kommt dann zum Tragen, wenn keine gemeinsame Basis mehr erkennbar ist. Dies kann bedeuten, dass ein:e Teilnehmer:in das Seminar verlässt oder aus dem Seminar entlassen wird. Diese Maßnahme ist nur im Ausnahmefall zu wählen, wenn alle anderen Optionen ausgeschöpft wurden.

Es gibt kein Zurück meint, dass einmal gemachte Interventionen Wirkung entfalten. Eine Thematisierung, die ausgesprochen wurde, kann nicht ungeschehen gemacht werden. Daher ist es wichtig, achtsam zu handeln und sich der Konsequenzen des eigenen Handelns bewusst zu sein. Jede Intervention setzt einen Prozess in Gang, der weitergeführt werden muss. Eine reflektierte, situativ passende Reaktion stärkt die Beziehung zur Gruppe und eröffnet neue Möglichkeiten für Entwicklung.

Widerstand ist kein Zeichen von Versagen, sondern ein wertvoller Hinweis auf relevante Prozesse. Trainer:innen, die lernen, mit Widerstand souverän und differenziert umzugehen, erweitern nicht nur ihr methodisches Repertoire, sondern fördern auch ein vertrauensvolles Lernklima.

Reflexionsfragen:

- Wie gehst du in der Regel mit Widerstand in Gruppen um?
- Wann erscheint es dir sinnvoll, Widerstand zu ignorieren?
- In welchen Situationen hast du erlebt, dass das Ansprechen von Widerstand hilfreich war?
- Wo liegt für dich die Grenze zwischen Irritation und echtem Widerstand?
- Welche deiner eigenen Haltungen wirken sich auf deinen Umgang mit Widerstand aus?
- Wie gehst du damit um, wenn Widerstand dich persönlich trifft?
- Welche Rolle spielt die Gruppe in der Bearbeitung von Widerstand?
- Welche Erfahrungen hast du mit dem Beenden von Kooperation gemacht?

Ein souveräner Umgang mit Widerstand beginnt mit einer inneren Haltung der Offenheit. Wer Widerstand nicht als Bedrohung, sondern als Einladung zum Dialog begreift, kann auch in herausfordernden Momenten Präsenz, Klarheit und Handlungsfähigkeit bewahren.

Seminarplanung, Auftragsklärung und Zieldefinition

Am Anfang jedes erfolgreichen Seminars steht ein Moment, der oft unterschätzt wird und doch über den gesamten Verlauf entscheidet. Es ist der Moment der Auftragsklärung. Wenn du ein Seminar konzipierst, solltest du dich niemals ausschließlich auf deine Erfahrung oder deine Einschätzung verlassen, sondern dir die Zeit nehmen, wirklich zu verstehen, worum es inhaltlich, methodisch, menschlich und strukturell geht. Die Kunst der Seminarplanung beginnt mit dem Zuhören. Es geht darum, die richtigen Fragen zu stellen, achtsam zwischen den Zeilen zu lesen, das Gemeinte hinter dem Gesagten zu erfassen und all das in eine klare, tragfähige Struktur zu überführen. Seminarplanung bedeutet nicht nur Organisation und Methodik, sondern beginnt viel früher – beim Verstehen dessen, was wirklich gebraucht wird.

Ein zentrales Element dabei ist die Unterscheidung zwischen dem expliziten Auftrag, also dem, was ausgesprochen wird, und dem impliziten Auftrag, der oft nicht direkt benannt ist. Manchmal wird ein Seminar zum Thema Kommunikation gebucht, aber im Hintergrund brodeln Konflikte, die niemand beim Namen nennt. Oder es wird ein Führungskräftetraining gewünscht, obwohl es vor allem darum geht, ein neues Rollenverständnis zu etablieren. Deine Aufgabe als professionelle:r Trainer:in besteht nun darin, diese Zwischentöne zu erkennen, sie behutsam zur Sprache zu bringen und sie – sofern sie den Rahmen deiner Arbeit betreffen – aktiv in die Planung einzubeziehen. Das bedeutet nicht, dass du alle unausgesprochenen Themen lösen musst. Aber du solltest sie zumindest erkennen und wissen, was du leisten kannst und was nicht.

Ein weiterer wichtiger Punkt ist die Zieldefinition. Es reicht nicht aus zu wissen, dass ein Seminar stattfinden soll. Du brauchst ein konkretes Ziel. Und dieses Ziel muss überprüfbar sein. Es muss messbar sein, zumindest in dem Sinn, dass du am Ende gemeinsam mit den Teilnehmer:innen und den Auftraggeber:innen einschätzen kannst, ob es erreicht wurde. Ein Ziel wie „mehr Motivation im Team" ist zu vage. Was soll sich konkret ändern? Welche Verhaltensweisen, welche Haltungen, welche Kommunikationsweisen, welche Entscheidungen? Wenn du mit

Auftraggeber:innen zusammenarbeitest, kannst du gezielte Fragen stellen: Was soll nach dem Seminar anders sein als vorher? Woran würden sie merken, dass das Seminar erfolgreich war? Was wäre ein gutes Ergebnis aus ihrer Sicht? Welche konkreten Situationen möchten sie nach dem Seminar anders erleben? Diese Fragen helfen dir, aus allgemeinen Wünschen klare Arbeitsziele zu machen.

Viele Trainer:innen arbeiten mit Zielhierarchien. Das bedeutet, dass man Ziele auf verschiedenen Ebenen unterscheidet. Ganz oben stehen die übergeordneten Ziele. Darunter folgen die konkreten Lernziele. Und ganz unten – aber deshalb nicht weniger wichtig – stehen die Transferziele. Du kannst das wie eine Pyramide betrachten. An der Spitze steht die Vision oder das Leitziel. In der Mitte befinden sich die fachlichen und persönlichen Kompetenzen, die entwickelt werden sollen. Und an der Basis stehen die ganz praktischen, konkreten Umsetzungsschritte, die nach dem Seminar im Alltag sichtbar und spürbar sein sollen. Alle drei Ebenen müssen berücksichtigt werden. Ein Seminar, das nur Wissen vermittelt, aber keine Anwendung vorsieht, bleibt Theorie. Ein Seminar, das zur Veränderung auffordert, aber keine fachlichen Grundlagen bietet, bleibt an der Oberfläche. Und ein Seminar, das nur auf direkte Anwendung fokussiert, ohne Reflexion, wird selten nachhaltige Wirkung entfalten.

Es ist auch hilfreich, die Zieldefinition gemeinsam mit den Teilnehmer:innen am Anfang des Seminars nochmals zu thematisieren. Selbst wenn du sie mit dem Auftraggeber oder der Organisation bereits ausführlich geklärt hast, bringt es zusätzliche Qualität, wenn du gleich zu Beginn klärst, was die Teilnehmenden selbst erwarten. Frage sie, wofür sie hier sind, was sie mitnehmen möchten, woran sie am Ende merken würden, dass sich die Teilnahme für sie gelohnt hat. Diese Erwartungen müssen nicht immer mit dem offiziellen Ziel übereinstimmen. Aber sie geben dir Hinweise darauf, wie du Inhalte aufbereiten und Schwerpunkte setzen kannst. Und sie schaffen eine Verbindung zwischen den individuellen Anliegen und den allgemeinen Seminarzielen. Neben den inhaltlichen Zielen solltest du dir auch über deine eigene Rolle im Klaren sein. Bist du in diesem Seminar eher Moderator:in, Impulsgeber:in, Coach oder Fachvermittler:in? Welche Haltung brauchst du, um deine Aufgabe wirksam wahrzunehmen? Wie gestaltest du die Beziehung zu den Teilnehmer:innen, damit sie sich einlassen, mitdenken, mitarbeiten? Die Qualität deiner Beziehung zu den Menschen im Seminar ist entscheidend für den Lernerfolg. Und diese Qualität beginnt schon in der Planungsphase. Wenn du mit einem klaren Ziel, mit offenem Herzen und professioneller Haltung in ein Seminar gehst, wird sich das unmittelbar auf die Dynamik und Atmosphäre auswirken.

Ein oft unterschätzter Aspekt der Seminarplanung ist die Abgrenzung. Was gehört zu deinem Auftrag, und was nicht? Welche Themen gehören in den Rahmen des Seminars, und welche nicht? Du wirst nicht jedes Problem lösen können. Du bist nicht für alle Befindlichkeiten verantwortlich. Es ist nicht deine Aufgabe, ganze Organisationsstrukturen zu verändern, alte Kränkungen aufzulösen oder persönliche Konflikte dauerhaft zu klären. Aber du kannst einen Rahmen bieten, in dem Reflexion möglich wird. Du kannst Räume öffnen, in denen Gespräche stattfinden, die es sonst nicht gegeben hätte. Und du kannst achtsam mit deinen eigenen Grenzen umgehen, um langfristig gesund und professionell zu arbeiten. Wenn du ein Seminar vorbereitest, frage dich: Was ist meine Intention? Welche Haltung bringe ich mit? Welches Bild habe ich von meiner Zielgruppe? Was weiß ich über ihre Erfahrungen, ihre Bedürfnisse, ihre Ängste und Hoffnungen? Welche Methoden passen zu ihnen? Was brauchen sie, um ins Lernen zu kommen? Was brauchen sie, um sich sicher genug zu fühlen, um sich zu öffnen? Seminarplanung ist Beziehungsgestaltung. Und Beziehung beginnt mit Interesse. Je besser du dein Gegenüber kennst, desto passender kannst du Inhalte wählen, Methoden einsetzen, Räume gestalten und Prozesse begleiten.

Neben den inhaltlichen und beziehungsbezogenen Überlegungen gehören zur Seminarplanung natürlich auch organisatorische Aspekte. Wie viel Zeit steht zur Verfügung? Welche Räumlichkeiten gibt es? Welche Medien und Materialien sind vorhanden? Gibt es Pausenverpflegung? Wie ist die Anreise? Gibt es besondere Bedarfe oder Einschränkungen der Teilnehmer:innen, auf die Rücksicht genommen werden muss? Auch solche Fragen haben Einfluss auf den Erfolg eines Seminars. Ein Seminarraum ohne Tageslicht, ständiger Lärm von draußen oder ein kaputter

Beamer können ein noch so gut geplantes Seminar ins Wanken bringen. Achte also auch auf die äußeren Rahmenbedingungen und sprich alles Wichtige im Vorfeld ab. Wenn du alle diese Ebenen in deiner Planung berücksichtigst, die Zielklärung, die Beziehungsebene, die organisatorischen Fragen und deine eigene Haltung, dann hast du ein tragfähiges Fundament für ein gelungenes Seminar gelegt. Alles Weitere entsteht im gemeinsamen Tun, im Lernen miteinander, im Erleben und Reflektieren. Aber ohne dieses Fundament bleibt alles andere wackelig.

Reflexionsfragen:

- Was tust du, um die Ziele eines Seminars vorab klar zu definieren?
- Wie gehst du mit Erwartungen um, die nicht ausgesprochen werden?
- Welche Methoden nutzt du, um deine Zielgruppe schon im Vorfeld besser kennenzulernen?
- Wie verbindest du in deinen Seminaren inhaltliche Ziele mit emotionaler Beteiligung?
- Was brauchst du selbst, um deine Rolle als Trainer:in klar und professionell auszufüllen?
- Welche Informationen sammelst du vorab, um organisatorische Probleme zu vermeiden?
- Wie formulierst du Ziele so, dass sie überprüfbar und nachvollziehbar sind?
- Wie gehst du damit um, wenn sich während des Seminars neue Ziele oder Dynamiken zeigen?

Wenn du weißt, warum du ein Seminar gibst, für wen du es gibst und was am Ende anders sein soll als zu Beginn, dann bist du auf dem richtigen Weg. Seminarplanung ist ein kreativer, strukturierter und zutiefst menschlicher Prozess. Sie verlangt Aufmerksamkeit, Empathie und Klarheit. Und sie ist der erste Schritt auf dem Weg zu einem Seminar, das wirkt, bewegt und nachhallt.

TZI - Themenzentrierte Interaktion nach Ruth Cohn

Die Themenzentrierte Interaktion, kurz TZI, ist ein Konzept, das weit über eine bloße Methodik hinausgeht. Sie ist ein humanistisches, werteorientiertes Modell zur Gestaltung von Lernprozessen, das nicht nur in der Erwachsenenbildung, sondern auch in Organisationen, Therapie und sozialen Kontexten Anwendung findet. Entwickelt wurde es von der Psychoanalytikerin und Ärztin Ruth Cohn, deren Arbeit stark von den humanistischen Werten des 20. Jahrhunderts geprägt war. Ihr Anliegen war es, das Lernen und Arbeiten in Gruppen so zu gestalten, dass die persönliche Entwicklung, die soziale Verantwortung und das sachbezogene Arbeiten in eine produktive Balance gebracht werden.

Wer TZI einsetzt, versteht Lernen als einen lebendigen, interaktiven Prozess. Die TZI betrachtet die Teilnehmer:innen nicht nur als Lernende, sondern als Menschen mit eigener Geschichte, mit Emotionen, Bedürfnissen, Interessen und Grenzen. Sie bringt das Persönliche mit dem Thematischen in Verbindung und schafft dadurch Räume für authentische Beteiligung, für lebendiges Lernen und für einen nachhaltigen Wissenstransfer.

Im Zentrum der TZI steht das sogenannte „TZI-Dreieck", das drei zentrale Elemente symbolisiert: das Ich, das Wir und das Es. Das **Ich steht für die einzelne Person** mit ihrer Subjektivität, ihrem Fühlen, Denken und Wollen. Das **Wir steht für die Gruppe**, für die sozialen Beziehungen, für das, was zwischen den Menschen geschieht. Das **Es steht für das Thema**, den Inhalt, die Aufgabe oder das Ziel, an dem gemeinsam gearbeitet wird.

Die TZI geht davon aus, dass ein gutes Gleichgewicht zwischen diesen drei Polen Voraussetzung für gelingende Lern- und Arbeitsprozesse ist. Wird einer dieser Bereiche vernachlässigt oder dominiert, gerät das ganze System aus dem Gleichgewicht. Diese Balance ist nicht als statische Zustandsbeschreibung zu verstehen, sondern als ein kontinuierlicher Prozess des Austarierens. Gruppenprozesse verlaufen dynamisch, und je nach Phase, Zusammensetzung und Thema verschiebt sich das Verhältnis zwischen den Polen des Dreiecks. Deshalb braucht es eine aufmerksame, flexible und präsente Leitung, die erkennt, wann welche Dimension mehr Aufmerksamkeit benötigt. Manchmal zeigt sich dies in subtilen Zeichen wie Schweigen, Müdigkeit oder Widerstand, manchmal in offen geäußerten Bedürfnissen. In solchen Momenten kommt es darauf an, sensibel auf die Signale der Gruppe zu reagieren und gegebenenfalls bewusst umzusteuern. Das TZI-Dreieck dient hier als inneres Navigationsinstrument, das hilft, die Balance zwischen persönlichem Ausdruck, thematischer Arbeit und sozialer Verbundenheit immer wieder neu zu justieren. Gerade in heterogenen Gruppen ist dieses Modell besonders hilfreich, um Unterschiedlichkeiten wertzuschätzen, Spannungen zu integrieren und tragfähige Lernprozesse zu ermöglichen.

Ein Beispiel: Wenn in einem Seminar ausschließlich das Thema im Vordergrund steht, etwa weil die Trainerin inhaltlich sehr ambitioniert ist und einen straffen Plan verfolgt, kann es sein, dass die Teilnehmenden sich emotional nicht abgeholt fühlen oder die Gruppendynamik gestört ist. Umgekehrt kann eine zu starke Fokussierung auf die persönliche Befindlichkeit oder auf das Gruppenerleben dazu führen, dass das eigentliche Ziel aus dem Blick gerät. Die Kunst liegt darin, das Thema mit den Menschen und der Gruppe in eine stimmige Verbindung zu bringen. Genau hier setzt die TZI an.

In der praktischen Umsetzung bedeutet das für Trainer:innen, dass sie nicht nur Inhalte vermitteln, sondern gleichzeitig die Gruppenprozesse und die individuellen Befindlichkeiten im Blick behalten. Die eigene Haltung spielt dabei eine zentrale Rolle. Ruth Cohn sprach von der „personalen Autorität" – also der Fähigkeit, sich selbst mit Klarheit, Empathie und Verantwortung in den Gruppenprozess einzubringen, ohne autoritär zu agieren. Eine Trainerin, die TZI nutzt, ist präsent, offen, achtsam und bereit, sich selbst als Teil des Prozesses zu verstehen.

Ein weiteres zentrales Element der TZI sind die sogenannten Axiome und Postulate. Die Axiome sind grundlegende Annahmen über den Menschen und das Leben. Sie lauten: Der Mensch ist eine psychobiologische Einheit und Teil des Universums. Er ist gleichermaßen autonom wie interdependent. Achtung vor sich selbst, den Mitmenschen und der Umwelt ist eine ethische Verpflichtung. Freie Entscheidungen sind innerhalb von inneren und äußeren Grenzen möglich. Diese Axiome sind nicht empirisch belegbar, sondern als Wertegrundlage gedacht. Sie schaffen den ethischen Rahmen, in dem sich das Lernen und Arbeiten vollzieht.

Die Postulate der TZI leiten sich aus den Axiomen ab und haben konkretere Handlungsorientierung. Dazu gehören unter anderem:

Sei deine eigene Chairperson - Gemeint ist damit die Aufforderung, Verantwortung für sich selbst zu übernehmen, die eigenen Bedürfnisse, Grenzen, Gefühle und Impulse wahrzunehmen und zu vertreten. Wer seine innere Leitung übernimmt, trägt zu einer klaren und bewussten Kommunikation im Gruppengeschehen bei.

Störungen haben Vorrang - Damit wird zum Ausdruck gebracht, dass persönliche oder gruppendynamische Spannungen und Irritationen vorrangig angesprochen und bearbeitet werden sollten, bevor die inhaltliche Arbeit weitergeführt wird. Denn ungelöste Störungen blockieren die Lern- und Entwicklungsfähigkeit der Gruppe.

Sei authentisch - Authentizität bedeutet nicht, alles jederzeit auszusprechen, sondern in der Lage zu sein, sich selbst echt und kongruent einzubringen, dabei aber auch achtsam gegenüber der Gruppe zu bleiben. Nicht jedes persönliche Thema muss in jedem Kontext Platz finden. Eine gesunde Selektivität hilft, die Balance zwischen Individualität und Gruppenfokus zu wahren.

Halte dich an die Grenzen - sowohl an deine inneren als auch an die äußeren Rahmenbedingungen. TZI anerkennt, dass Menschen nicht alles können und nicht alles müssen. Es geht nicht darum, permanent über sich hinauszuwachsen, sondern um ein bewusstes Handeln im Rahmen der eigenen Möglichkeiten und der strukturellen Gegebenheiten.

Schließlich betont die TZI die Bedeutung einer respektvollen, gleichwertigen Kommunikation, in der Unterschiedlichkeit als Ressource wahrgenommen wird. Die Postulate unterstützen Trainer:innen dabei, eine

Atmosphäre zu schaffen, in der Lernen nicht nur kognitiv, sondern auch emotional und sozial wirksam wird. Diese Postulate sind dabei nicht als rigide Regeln zu verstehen, sondern als Richtlinien für eine lebendige, wertschätzende und bewusste Gruppenarbeit.

Ein Seminar auf Grundlage der TZI verlangt von Trainer:innen ein hohes Maß an Reflexion, Flexibilität und Präsenz. Die Vorbereitung orientiert sich nicht nur an didaktischen Zielen, sondern auch an der Frage, wie Raum für Beteiligung, Mitgestaltung und persönliche Resonanz geschaffen werden kann. Die Steuerung des Gruppenprozesses erfolgt nicht von außen, sondern aus einem inneren Kompass heraus, der von den Werten der TZI getragen ist.

Die Methode ist besonders geeignet für Seminare, in denen nicht nur Wissen vermittelt, sondern auch Haltung und Persönlichkeitsentwicklung gefördert werden sollen. Gerade in der Erwachsenenbildung, in der Menschen mit vielfältigen Erfahrungen, Biografien und Sichtweisen aufeinandertreffen, bietet die TZI einen Rahmen, in dem Unterschiedlichkeit als Ressource genutzt werden kann. Die Trainerin ist dabei weniger Wissensvermittlerin als vielmehr Prozessbegleiterin, Moderatorin und Mitlernende.

Auch der Umgang mit Störungen zeigt deutlich, wie sich die TZI von anderen Ansätzen unterscheidet. Während in klassischen Seminaren Störungen oft als lästig oder störend empfunden werden, begreift die TZI sie als Ausdruck einer Realität, die beachtet werden will. Wenn beispielsweise eine Teilnehmerin sich durch den Umgangston in der Gruppe verletzt fühlt oder ein Teilnehmer sich überfordert fühlt, wird das nicht übergangen, sondern zum Thema gemacht. Dadurch wird die Gruppe in die Lage versetzt, sich selbst zu regulieren, Verantwortung zu übernehmen und gemeinsam Lösungen zu entwickeln.

Für Trainer:innen bedeutet das, mit Unsicherheit umgehen zu lernen, Kontrolle abzugeben und darauf zu vertrauen, dass eine Gruppe – wenn sie gut begleitet wird – selbstregulierende Kräfte entwickeln kann. Es bedeutet auch, die eigene Rolle immer wieder zu reflektieren und sich der eigenen Wirkung bewusst zu werden. Die eigene Authentizität, die Fähigkeit zur Selbstklärung und eine klare innere Haltung sind zentrale Voraussetzungen für die Arbeit mit TZI.

In der Praxis heißt das, dass ein TZI-orientiertes Seminar nicht vollständig durchgeplant ist, sondern Raum für Prozesse lässt. Der Seminarablauf orientiert sich an Themen, aber auch an der Dynamik der Gruppe und an dem, was sich im Verlauf ergibt. Das verlangt von der Trainerin die Bereitschaft, sich auf Unvorhergesehenes einzulassen, sich selbst zurückzunehmen, wo nötig, und präsent zu sein, wo es gebraucht wird.

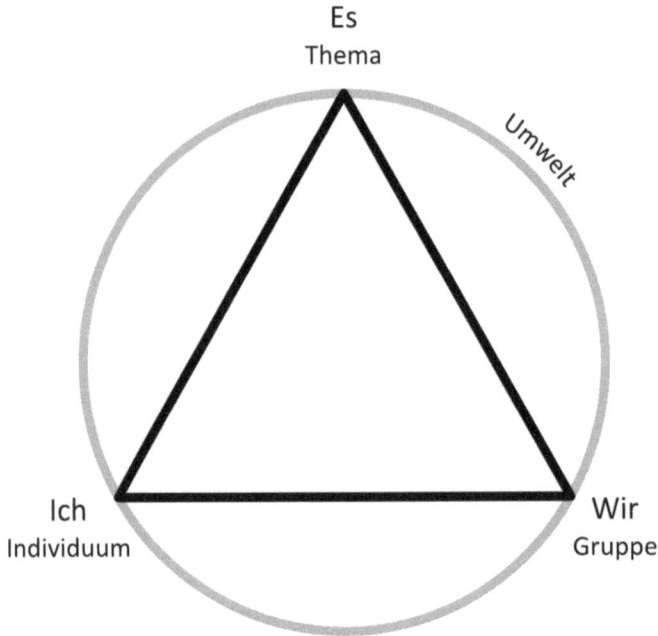

Wer TZI anwendet, lernt auch, Sprache bewusster zu verwenden. Die Kommunikation in TZI-Seminaren ist geprägt von Ich-Botschaften, von aktiver Zuhörbereitschaft und von einem respektvollen, dialogischen Miteinander. Es geht darum, nicht über Menschen zu sprechen, sondern mit ihnen. Nicht zu dozieren, sondern in Resonanz zu gehen. Nicht zu bewerten, sondern zu verstehen.

Ein weiterer Aspekt der TZI ist die Unterscheidung von dynamischer und statischer Balance. Eine Gruppe ist nie im perfekten Gleichgewicht, sondern bewegt sich ständig zwischen den Polen des TZI-Dreiecks. Die Kunst besteht darin, immer wieder neu auszutarieren, was gerade im Vordergrund stehen sollte. Mal braucht es mehr Struktur und Fokus auf das Thema, mal mehr Raum für persönliche Anliegen oder für die Entwicklung der Gruppenkultur. Dieses Pendeln zwischen den Polen ist kein Mangel, sondern Ausdruck lebendiger Prozessdynamik.

Auch die Selbstklärung der Trainerin ist in der TZI kein Nebenaspekt, sondern integraler Bestandteil. Wer eine Gruppe begleitet, sollte sich selbst kennen, die eigenen Werte reflektieren, die eigenen Reizthemen erkennen und wissen, welche Themen einen selbst besonders betreffen. Nur so kann die Balance zwischen Nähe und professioneller Distanz gehalten werden.

Ein TZI-orientiertes Seminar wirkt oft länger nach als ein rein kognitiv angelegter Lernprozess. Die Teilnehmenden erleben nicht nur Wissensvermittlung, sondern auch persönliche Resonanz, gemeinschaftliche Erfahrung und die Möglichkeit, sich selbst in einem sozialen Gefüge zu erleben. Das fördert nicht nur nachhaltiges Lernen, sondern auch Selbstwirksamkeit und soziale Kompetenz.

Die Themenzentrierte Interaktion ist kein einfaches Rezept und keine Checkliste. Sie ist eine Haltung, eine Praxis und eine Einladung, Bildung ganzheitlich zu denken. Sie fordert uns heraus, präsent zu sein, zu spüren, zu reflektieren, mit Unsicherheiten umzugehen und Menschen ernst zu nehmen, mit allem, was sie mitbringen. Wer sich auf diesen Weg einlässt, wird reich belohnt. Nicht durch reibungslose Abläufe, sondern durch echte Begegnung, durch tiefes Lernen und durch die Erfahrung, dass Bildung auch Beziehung bedeutet.

Reflexionsfragen:

- Wie gelingt es dir als Trainer:in, dich selbst mit deinen Bedürfnissen, Werten und Grenzen in den Seminarprozess einzubringen?
- Wo liegen für dich persönlich die Herausforderungen im Gleichgewicht zwischen Ich, Wir und Es?
- In welchen Situationen gelingt es dir gut, Störungen als hilfreiche Hinweise zu betrachten? Wo fällt es dir schwer?
- Welche deiner inneren Haltungen unterstützen dich in der Arbeit mit Gruppen besonders – und welche stehen dir manchmal im Weg?
- Was bedeutet für dich persönlich Authentizität in der Rolle als Trainer:in?
- Wie gehst du mit Unsicherheit oder Unvorhergesehenem im Seminarprozess um?
- Welche Erfahrungen hast du mit der Balance zwischen inhaltlicher Planung und prozessorientierter Flexibilität gemacht?
- Wie kannst du die TZI-Prinzipien konkret in deinen nächsten Seminaren umsetzen oder ausprobieren?

Die Themenzentrierte Interaktion ist mehr als ein methodisches Konzept, sie ist eine lebendige Haltung, die das Lernen in Gruppen mit Sinn, Tiefe und Menschlichkeit verbindet. Wer sie in der Erwachsenenbildung anwendet, eröffnet Räume für echtes Wachstum und für gelingende Beziehungen im Lernprozess.

Lernziele formulieren

Lernziele sind das Fundament jeder didaktisch fundierten Planung in der Erwachsenenbildung. Sie geben Orientierung, schaffen Klarheit über angestrebte Ergebnisse und ermöglichen es sowohl den Teilnehmenden als auch den Trainer:innen, den Lernfortschritt bewusst zu verfolgen und zu reflektieren. Ohne klar definierte Lernziele bleibt die Planung beliebig, der Lernerfolg schwer messbar und die Nachbereitung vage. Dabei geht es nicht nur darum, Wissen zu vermitteln, sondern Kompetenzen zu fördern, die langfristig wirksam sind. Lernziele sind der Kompass, der dir als Trainer:in hilft, Kurs zu halten, und den Teilnehmenden zeigt, worauf sie sich einlassen und worauf sie hinarbeiten.

Ein bekanntes Modell zur Strukturierung von Lernzielen stammt von Benjamin Bloom. Gemeinsam mit seinem Team entwickelte er in den 1950er Jahren eine Taxonomie, also eine systematische Ordnung, zur Einteilung von Lernzielen in verschiedene kognitive Niveaus. Ziel war es, Lehrenden eine Orientierungshilfe an die Hand zu geben, um Lernprozesse differenziert und zielgerichtet zu gestalten. Die ursprüngliche Taxonomie wurde später überarbeitet, ihre Grundstruktur ist jedoch bis heute gültig und äußerst hilfreich für die Praxis. Bloom unterscheidet sechs Ebenen des kognitiven Lernens: Wissen, Verstehen, Anwenden, Analysieren, Bewerten und Erschaffen. Jede dieser Ebenen beschreibt eine unterschiedliche Qualität des Denkens und Verstehens.

Auf der ersten Ebene steht das reine Erinnern von Fakten und Informationen. Hier geht es darum, grundlegendes Wissen abzurufen, zum Beispiel Begriffe, Definitionen oder Daten. Typische Verben für Lernziele auf dieser Ebene sind benennen, aufzählen, wiedergeben oder beschreiben. Ein Beispiel für ein Lernziel auf dieser Stufe wäre: Die Teilnehmer:innen können die fünf Phasen der Teamentwicklung nach Tuckman aufzählen. Es geht hier noch nicht um ein tiefes Verständnis oder eine Anwendung des Wissens, sondern allein um die Fähigkeit, konkrete Inhalte wiederzugeben. Diese Ebene bildet die Basis für alles Weitere, ist aber für sich genommen noch keine hinreichende Grundlage für Kompetenzentwicklung. Dennoch ist sie unverzichtbar, denn ohne grundlegendes

Faktenwissen fehlt das Material, mit dem auf den höheren Ebenen gearbeitet werden kann. Gerade bei sehr heterogenen Gruppen ist es sinnvoll, zu Beginn eines Seminars mit dieser Ebene zu starten, um ein gemeinsames Fundament zu schaffen, auf das alle aufbauen können.

Auf der zweiten Stufe, dem Verstehen, sollen Inhalte nicht nur erinnert, sondern in eigene Worte gefasst, interpretiert oder erklärt werden. Lernziele wie erläutern, zusammenfassen oder erklären sind hier zu Hause. Ein entsprechendes Ziel könnte lauten: Die Teilnehmer:innen können die Bedeutung der Phase Storming für die Gruppenentwicklung erklären. Das Verstehen stellt eine erste aktive Auseinandersetzung mit dem Stoff dar und zeigt, dass die Teilnehmenden die Inhalte nicht nur wiederholen, sondern tatsächlich begreifen und in einen neuen Zusammenhang setzen können. Auf dieser Ebene kann durch gezielte Fragen, Übungen oder kurze Impulsgespräche überprüft werden, ob der Stoff wirklich verstanden wurde oder nur mechanisch wiedergegeben wird. Verstehen bedeutet auch, den Transfer auf andere Beispiele oder Situationen anzubahnen, ohne bereits selbst zu handeln.

Die dritte Stufe, das Anwenden, zielt auf die Übertragung von Wissen auf konkrete Situationen. Hierbei werden Regeln, Verfahren oder Konzepte eingesetzt, um Aufgaben zu lösen. Typische Verben sind anwenden, durchführen oder umsetzen. Ein passendes Ziel wäre: Die Teilnehmer:innen wenden das Modell der gewaltfreien Kommunikation in Rollenspielen korrekt an. Auf dieser Ebene zeigt sich, ob Lernende nicht nur verstanden haben, wie ein Konzept theoretisch funktioniert, sondern ob sie in der Lage sind, dieses auch praktisch umzusetzen. Diese Stufe eignet sich besonders für praxisorientierte Übungen, Fallanalysen und Rollenspiele, in denen die Teilnehmenden ihre Kenntnisse aktiv anwenden und ausprobieren können. Ziel ist es, Handlungskompetenz zu entwickeln, also Wissen in konkretes Verhalten zu überführen. Für Trainer:innen bedeutet das, methodisch abwechslungsreich zu arbeiten und realitätsnahe Situationen zu schaffen, in denen ein sicherer Übungsrahmen besteht. Erst durch diese Anwendung wird theoretisches Wissen greifbar und kann langfristig verankert werden.

Die vierte Stufe, das Analysieren, verlangt ein tieferes Durchdringen von Zusammenhängen. Inhalte werden untersucht, verglichen, geordnet oder in Bestandteile zerlegt. Verben wie analysieren, unterscheiden oder strukturieren weisen auf diese Ebene hin. Ein Ziel auf dieser Stufe könnte lauten: Die Teilnehmer:innen analysieren typische Konfliktverläufe im Team anhand eines Fallbeispiels. Diese Stufe fördert das kritische Denken und die Fähigkeit, Strukturen zu erkennen und Muster zu hinterfragen. Lernende sollen hier nicht nur anwenden, sondern reflektieren, was genau sie tun, warum sie es tun und welche Alternativen denkbar wären. Die Analysefähigkeit ist besonders relevant für komplexe Problemstellungen, in denen es keine einfachen Lösungen gibt. Sie fördert ein tieferes Verständnis für Dynamiken, Wechselwirkungen und Konsequenzen. In der methodischen Umsetzung können hier Gruppenarbeiten, strukturierte Fallanalysen oder systemische Fragetechniken sinnvoll sein, um das analytische Denken gezielt zu fördern und zu schärfen.

Auf der fünften Stufe, dem Bewerten, geht es um kritisches Urteilen, das auf Kriterien basiert. Teilnehmende sollen begründet Entscheidungen treffen, Vor- und Nachteile abwägen oder Stellung beziehen. Mögliche Verben sind beurteilen, bewerten, argumentieren oder vergleichen. Ein Beispielziel: Die Teilnehmer:innen bewerten unterschiedliche Führungsstile im Hinblick auf ihre Wirksamkeit in Veränderungsprozessen. Die höchste Stufe schließlich ist das Erschaffen. Hierbei geht es um das eigenständige Entwickeln von Konzepten, Lösungen oder kreativen Produkten. Lernziele auf dieser Ebene beginnen mit Verben wie entwerfen, planen, entwickeln oder gestalten. Ein entsprechendes Ziel könnte sein: Die Teilnehmer:innen entwickeln ein eigenes Trainingskonzept für ein Teamseminar zur Verbesserung der Kommunikationskultur.

Diese Einteilung hilft dir dabei, Lernziele differenziert und transparent zu formulieren. Sie macht deutlich, dass nicht jedes Ziel gleich komplex ist und dass ein guter Lernprozess idealerweise verschiedene Ebenen berücksichtigt. Gerade in der Erwachsenenbildung ist es wichtig, nicht nur kognitives Wissen zu vermitteln, sondern auch zur Anwendung, Reflexion und Gestaltung zu befähigen. Lernziele sollten daher nicht auf der niedrigsten Ebene stehenbleiben, sondern anregen, Wissen aktiv umzusetzen, kritisch zu durchdenken und auf neue Situationen zu übertragen. Besonders in heterogenen Gruppen ist es hilfreich, unterschiedliche Zielniveaus miteinander zu kombinieren, um alle Lernenden dort abzuholen, wo sie stehen, und ihnen gleichzeitig eine Perspektive zur Weiterentwicklung aufzuzeigen. Lernziele können dadurch auch motivierend wirken, weil sie realistische, erreichbare Etappen sichtbar machen und so ein Gefühl von Fortschritt und Selbstwirksamkeit fördern. Sie sind nicht nur ein Planungsinstrument für Trainer:innen, sondern auch ein Kompass für die Teilnehmenden selbst, die sich damit eigenverantwortlich im Lernprozess orientieren können.

Bei der Formulierung von Lernzielen ist es hilfreich, sie konkret, überprüfbar und teilnehmer:innenorientiert zu gestalten. Ein gutes Lernziel beschreibt, was die Teilnehmenden nach dem Seminar können sollen, nicht, was du als Trainer:in tun wirst. Es beginnt also nicht mit Formulierungen wie „Ich werde erklären", sondern mit Aussagen wie „Die Teilnehmer:innen können …". Je klarer das Ziel formuliert ist, desto besser kann der Lernprozess daran ausgerichtet und am Ende auch evaluiert werden. Eine bewährte Methode zur Zieldefinition ist dabei auch die SMART-Formel: spezifisch, messbar, attraktiv, realistisch und terminiert. In Kombination mit Blooms Taxonomie ergibt sich so ein solides Fundament für die Planung didaktisch durchdachter Bildungsangebote.

Lernziele helfen außerdem, die Inhalte eines Seminars sinnvoll zu strukturieren. Du kannst die verschiedenen Phasen deines Trainings so planen, dass sie aufeinander aufbauen: Zuerst wird Wissen vermittelt, dann wird dieses Wissen verstanden, danach geübt und angewendet, bevor es reflektiert, analysiert und schließlich auf neue Fragestellungen übertragen wird. So entsteht ein durchdachter Lernbogen, der nicht nur informativ, sondern auch nachhaltig ist. Teilnehmende profitieren von einem klaren roten Faden und erleben ein kohärentes Seminar, das sie in ihrer Kompetenzentwicklung wirklich unterstützt.

Die Auseinandersetzung mit Lernzielen schult zudem deine eigene didaktische Klarheit. Du wirst dir bewusst, worauf es in deinem Seminar wirklich ankommt, was du priorisieren willst und was vielleicht auch weggelassen werden kann. Lernziele schaffen Fokussierung und helfen dir, dich nicht in der Vielfalt der Möglichkeiten zu verlieren. Gleichzeitig geben sie dir Kriterien für eine zielgerichtete Auswahl von Methoden, Materialien und Medien. Sie sind somit ein zentrales Instrument didaktischer Professionalität.

Reflexionsfragen:

- Auf welchen Ebenen von Blooms Taxonomie bewegen sich die Lernziele in deinen bisherigen Seminaren?
- Formulierst du deine Lernziele schriftlich: wenn ja, wie konkret?
- Welche Rolle spielen Lernziele in deiner Seminargestaltung?
- Wie nutzt du Lernziele für die Auswahl deiner Methoden?
- Inwiefern überprüfst du am Ende, ob die gesetzten Lernziele erreicht wurden?
- Welche Schwierigkeiten erlebst du bei der Formulierung oder Umsetzung von Lernzielen?
- Welche Verben aus Blooms Taxonomie verwendest du am häufigsten?
- Wie kannst du deine Kompetenz im Bereich Lernzieldefinition weiterentwickeln?

Lernziele geben Seminaren Richtung, Struktur und Orientierung. Sie machen Lernerfolg sichtbar und fördern die bewusste Gestaltung von Bildungsprozessen. Wer lernzielorientiert plant, schafft Klarheit, Fokussierung und Wirksamkeit: für sich selbst und für alle Beteiligten.

Aufbau didaktischer Einheiten

Ein durchdachter Aufbau didaktischer Einheiten ist der logische nächste Schritt nach der Formulierung klarer Lernziele. Während Lernziele beschreiben, was Teilnehmende am Ende können sollen, legt der Aufbau der Einheit fest, wie dieses Ziel erreicht werden kann. Eine didaktische Einheit ist dabei mehr als eine Aneinanderreihung von Methoden. Sie ist ein in sich stimmiger Lernprozess mit Anfang, Mitte und Ende. Der Aufbau entscheidet über die Dynamik, die Tiefe und den Rhythmus des Lernens. Eine gute didaktische Struktur unterstützt das Verstehen, erleichtert die Orientierung und schafft Sicherheit. Sie ermöglicht es, Spannung aufzubauen, Überraschungsmomente zu integrieren und unterschiedliche Zugänge zum Thema zu eröffnen. Dabei gilt: Die Struktur folgt dem Ziel. Das heißt, die Inhalte und Methoden werden nicht willkürlich aneinandergereiht, sondern in einer logischen Abfolge angeordnet, die dem Kompetenzaufbau der Teilnehmenden dient.

Ein bewährter didaktischer Dreischritt ist die Sequenz Informieren – Verarbeiten – Anwenden. In der ersten Phase erhalten die Teilnehmenden neues Wissen, zum Beispiel durch einen Impulsvortrag, ein Arbeitsblatt oder eine Demonstration. In der zweiten Phase wird das Gehörte oder Gelesene reflektiert, diskutiert oder ergänzt. Hier stehen Austausch, Perspektivenwechsel und kritisches Denken im Vordergrund. In der dritten Phase schließlich wird das neu erworbene Wissen angewendet, geübt oder auf eigene Situationen übertragen. Diese drei Phasen können auf vielfältige Weise gestaltet werden, sie bilden aber eine verlässliche Grundlage für die Planung.

Wichtig ist, dass didaktische Einheiten abwechslungsreich sind. Unterschiedliche methodische Formate sprechen verschiedene Lerntypen an und fördern die Motivation. Gleichzeitig muss jedoch auf einen roten Faden geachtet werden. Methodenvielfalt darf nicht zu Beliebigkeit führen. Jede Methode muss begründbar und zielgerichtet eingesetzt werden. Auch die Zeitplanung spielt eine entscheidende Rolle. Eine gut strukturierte Einheit lässt Puffer für Fragen, Austausch und unvorhergesehene Themen. Sie ist so aufgebaut, dass sie in der verfügbaren Zeit realistisch durchführbar ist, ohne die Teilnehmenden zu überfordern oder wichtige Aspekte zu vernachlässigen.

Ein zentraler Aspekt beim Aufbau didaktischer Einheiten ist der Einstieg. Der Einstieg sollte Interesse wecken, Neugier erzeugen und das Thema im Lebenskontext der Teilnehmenden verankern. Gute Einstiege bauen Brücken zwischen Vorwissen und neuem Lernstoff. Sie aktivieren vorhandene Ressourcen und helfen, erste Zugänge zum Thema zu finden. Mögliche Einstiege sind Fragen, Geschichten, Bilder, kurze Übungen oder auch provokante Thesen. Wichtig ist, dass sie zum Thema führen und keine isolierten Spielereien bleiben. Ebenso bedeutsam ist ein gelungener Abschluss. Der Abschluss bietet Gelegenheit zur Reflexion, zur Sicherung des Gelernten und zur Überleitung zum nächsten Schritt. Gute Abschlüsse würdigen das Erarbeitete, binden die Teilnehmenden ein und öffnen den Blick für den Transfer in den Alltag.

Didaktische Einheiten lassen sich in verschiedene Bausteine gliedern, etwa Begrüßung und Orientierung, thematische Einführung, Input, Übung, Austausch, Reflexion und Ausblick. Diese Bausteine können je nach Thema, Zielgruppe und Zeitrahmen unterschiedlich gewichtet sein. Sie bieten dir jedoch ein Gerüst, an dem du dich bei der Planung orientieren kannst. Innerhalb dieses Gerüsts ist es möglich, flexibel auf Gruppenprozesse zu reagieren, ohne den roten Faden zu verlieren. In der Praxis bedeutet das, immer wieder zu prüfen, wo die Gruppe steht, welche Impulse gerade hilfreich sind und ob der geplante Ablauf gegebenenfalls angepasst werden sollte.

Ein weiterer wichtiger Aspekt ist die Dramaturgie. Sie beschreibt den Spannungsverlauf einer Einheit. Gute Dramaturgie bedeutet, Höhepunkte gezielt zu setzen, Wechsel zwischen Aktivität und Ruhe, zwischen kognitiven und emotionalen Zugängen zu gestalten. Sie hilft, die Aufmerksamkeit zu halten und Überforderung oder Langeweile zu vermeiden. Dramaturgie bedeutet auch, mit Energie zu arbeiten: Wann braucht die Gruppe einen Aktivierungsimpuls? Wann braucht sie Ruhe? Wann braucht sie Struktur, wann Freiraum? Wer didaktisch arbeitet, denkt immer auch dramaturgisch.

Der Aufbau didaktischer Einheiten ist somit ein kreativer und zugleich strukturierter Prozess. Er verlangt Klarheit über Ziele, Flexibilität im Prozess und eine gute Portion Empathie für die Gruppe. Eine gute didaktische Einheit ist wie ein gut komponiertes Musikstück: Sie hat einen klaren Rhythmus, einen stimmigen Aufbau und Platz für Improvisation. Je besser du als Trainer:in die Grundstruktur im Blick behältst, desto souveräner kannst du dich innerhalb dieses Rahmens bewegen.

Reflexionsfragen:

- Welche Strukturmuster nutzt du bisher für deine didaktischen Einheiten?
- Wie planst du Einstiege, Übergänge und Abschlüsse in deinen Seminaren?
- Inwiefern gelingt es dir, die Ziele deiner Einheiten im Ablauf wiederzufinden?
- Wie viel Raum gibst du in deinen Einheiten für Austausch und Reflexion?
- Welche Methoden nutzt du besonders häufig und warum?
- In welchen Phasen deiner Einheiten erlebst du besonders viel Energie oder besonders viel Unruhe?
- Wie gehst du mit ungeplanten Unterbrechungen oder Abweichungen vom Plan um?
- Welche neuen Ideen oder Methoden möchtest du in deinen nächsten Einheiten ausprobieren?

Ein gut strukturierter Aufbau didaktischer Einheiten ermöglicht effektives, nachhaltiges und lebendiges Lernen. Er schafft Orientierung, gibt Sicherheit und bildet das Gerüst für kreative Prozesse im Seminaralltag.

Das 4MAT-System in der Seminarplanung

Wenn es darum geht, Seminare so zu gestalten, dass möglichst viele Teilnehmende erreicht und aktiviert werden, lohnt es sich, das sogenannte 4MAT-System nach Bernice McCarthy zu nutzen. Dieses Modell bietet eine strukturierte Herangehensweise, um Inhalte so aufzubereiten, dass sie verschiedene Lernstile ansprechen und unterschiedliche Bedürfnisse berücksichtigen. Denn Menschen lernen auf unterschiedliche Weise. Was die einen begeistert, lässt andere kalt. Was manche schnell verstehen, braucht bei anderen einen anderen Zugang. Das 4MAT-System bietet dafür einen praxisorientierten Lösungsansatz, indem es vier zentrale Lernfragen miteinander verbindet: **Warum? Was? Wie? Wozu?**

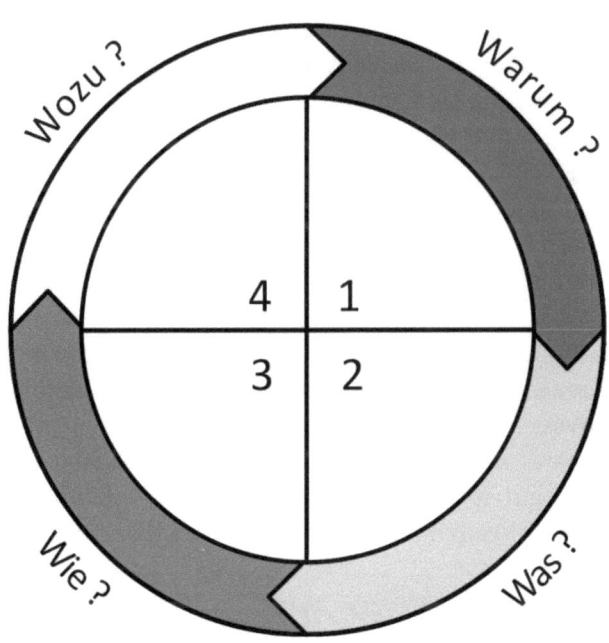

Jede dieser Fragen entspricht einem bestimmten Lerntypus und damit auch einer bestimmten Erwartungshaltung an Lernprozesse. Wenn du alle vier Bereiche in deinem Seminar berücksichtigst, schaffst du die Grundlage für ein rundes, stimmiges und vielfältiges Lernerlebnis. Das Modell geht davon aus, dass Menschen bevorzugt in einem bestimmten Modus lernen, aber dass nachhaltiges Lernen dann gelingt, wenn alle vier Modi durchlaufen werden. So wird Lernen nicht nur verständlich, sondern auch erlebbar, handlungsrelevant und sinnstiftend.

Der erste Schritt im 4MAT-System widmet sich der Frage **„Warum?"**. In diesem Abschnitt geht es darum, Relevanz und Sinn zu klären. Menschen, die diesen Lernstil bevorzugen, möchten verstehen, warum ein Thema wichtig ist, warum es sich lohnt, sich damit zu beschäftigen, und welche Bedeutung es für sie persönlich oder für ihren Alltag hat. Um diesen Lernstil abzuholen, beginnst du dein Seminar oder deinen Lernabschnitt mit einem emotionalen Einstieg, mit einer Geschichte, einem Erfahrungsbericht, einer persönlichen Frage oder einer gemeinsamen Reflexion. Du öffnest einen Raum, in dem die Teilnehmenden in Resonanz mit dem Thema gehen. Dabei geht es nicht vorrangig um Wissen, sondern um Bedeutung, Verbindung und Interesse. Wer erkennt, warum ein Thema wichtig ist, ist eher bereit, sich damit zu beschäftigen.

Anschließend folgt die Frage **„Was?"**. Dieser Schritt widmet sich dem Wissenserwerb. Hier geht es darum, Inhalte systematisch aufzubereiten, Theorien, Modelle, Konzepte oder Begriffe verständlich zu erklären. Menschen mit einem analytisch-theoretischen Zugang möchten hier präzise Informationen, klare Strukturen und nachvollziehbare Inhalte. In diesem Teil arbeitest du mit Inputs, Texten, Diagrammen, Definitionen oder Hintergrundwissen. Es geht darum, den theoretischen Unterbau zu legen, auf dem das weitere Lernen aufbauen kann. Wichtig ist dabei, dass du die Inhalte gut strukturierst, Bezüge zu bekannten Konzepten herstellst und Möglichkeiten für Nachfragen oder Diskussionen eröffnest.

Im dritten Schritt steht die Frage **„Wie?"** im Zentrum. Jetzt wird es praktisch. Lernende wollen ausprobieren, anwenden, üben. Dieser Modus spricht Menschen an, die gerne handelnd und erfahrungsbasiert lernen.

Sie möchten sich selbst ein Bild machen, eigene Erfahrungen sammeln, ihre eigenen Antworten finden. Deshalb arbeitest du in diesem Abschnitt mit Übungen, Rollenspielen, Gruppenarbeiten, Fallbeispielen, Simulationen oder anderen aktiven Methoden. Es ist wichtig, dass die Inhalte des „Was?" nun in Handlung übersetzt werden. Der Transfer vom Wissen zum Können findet hier statt. Es geht um Erleben, Vertiefen und Ausprobieren. Dabei solltest du als Trainer:in eher begleiten als erklären. Gib Raum, stelle Materialien zur Verfügung, unterstütze, aber überlasse das Feld den Teilnehmenden.

Der vierte und letzte Schritt im 4MAT-System richtet sich an die Frage „Wozu?". Hier geht es um Integration, Transfer und Weiterentwicklung. Lernende in diesem Modus fragen danach, wie das Gelernte in neue Kontexte übertragen werden kann, wie es sich anpassen lässt, wo es Anwendung findet. Es geht um Kreativität, Weiterdenken, Umsetzen. Menschen mit einem visionären oder gestaltenden Zugang möchten hier Freiräume zur Entwicklung eigener Ideen haben. Du kannst diesen Schritt durch Transferaufgaben, Zukunftswerkstätten, Projektarbeiten oder offene Reflexionsrunden gestalten. Wichtig ist, dass du den Blick öffnest für die Weiterführung des Gelernten und gleichzeitig eine Verankerung im Alltag ermöglichst.

Die Stärke des 4MAT-Systems liegt in seiner zyklischen Struktur. Alle vier Modi bauen aufeinander auf, ergänzen sich und schaffen gemeinsam ein umfassendes Lernarrangement. Dabei muss ein Seminar nicht strikt nach diesen vier Schritten aufgebaut sein. Du kannst das Modell auch auf einzelne Module anwenden, auf Lerneinheiten, Impulse oder Übungen. Wichtig ist, dass du das Bewusstsein dafür entwickelst, dass unterschiedliche Lernbedürfnisse existieren und dass du dich bemühst, diese zu integrieren. Wenn du merkst, dass du selbst dazu neigst, immer in einem bestimmten Modus zu arbeiten, etwa sehr theoretisch oder sehr praktisch, kannst du das Modell nutzen, um deinen Stil bewusst zu erweitern.

Das 4MAT-System ist kein starres Schema, sondern ein flexibles Werkzeug. Du kannst es je nach Thema, Zielgruppe und Zielsetzung anpassen und variieren. Es hilft dir, Seminare lebendiger, strukturierter und wirksamer zu gestalten. Und es unterstützt dich dabei, nicht nur Wissen zu vermitteln, sondern echte Lernerfahrungen zu ermöglichen, die etwas bewegen.

Reflexionsfragen:

- Welche Lernmodi bevorzugst du selbst in deiner eigenen Fortbildung?
- In welchen Phasen deines Seminars setzt du bereits bewusst Elemente aus dem 4MAT-System ein?
- Wie sorgst du dafür, dass alle vier Lerntypen in deinem Seminar angesprochen werden?
- Welche Herausforderungen begegnen dir bei der Umsetzung des 4MAT-Systems in der Praxis?
- Wie kannst du die Übergänge zwischen den vier Phasen so gestalten, dass sie für die Gruppe nachvollziehbar bleiben?
- Was brauchst du, um dich in jenen Lernmodi weiterzuentwickeln, die dir weniger vertraut sind?
- Welche Methoden eignen sich für den Transfer im Sinne der Frage „Wozu?" besonders gut?
- Wie kannst du das 4MAT-System nutzen, um deine Seminare abwechslungsreicher und tiefgründiger zu gestalten?

Ein Seminar, das auf alle vier Lernfragen eingeht, schafft nicht nur Wissen, sondern echte Lernerlebnisse. Mit dem 4MAT-System kannst du Menschen erreichen, bewegen und dabei unterstützen, neue Wege des Denkens, Handelns und Verstehens zu beschreiten.

Steuerung emotionaler Dynamiken

Der gezielte Einsatz von Stimmungskurven im Seminarverlauf ist ein wirkungsvolles didaktisches Instrument, das weit über die bloße Abwechslung im Trainingsverlauf hinausgeht. Frank Farrelly entdeckte bereits 1971 in seiner Arbeit als Coach, dass es mitunter effektiver sein kann, eine bestehende negative Stimmung nicht sofort zu verbessern, sondern sie zunächst bewusst zu verstärken, um danach eine natürliche und nachhaltige Verbesserung herbeizuführen. Dieser Ansatz, von ihm als Slingshot bezeichnet, beruht auf der Beobachtung, dass Menschen eine stärkere Eigenmotivation zur positiven Veränderung entwickeln, wenn sie aus einer tieferen emotionalen Lage heraus aktiv eine Gegenbewegung einleiten. Die Schleuderwirkung dieses Konzepts liegt darin, dass eine bewusst initiierte Phase des Tiefpunkts im Lernprozess die anschließende positive Entwicklung nicht nur verstärkt, sondern auch länger anhalten lässt. Die Wirkung entsteht durch das Spannungsverhältnis zwischen Dämpfung und Lösung, das emotional als eine Art innere Befreiung erlebt wird. In didaktischer Hinsicht ermöglicht diese Herangehensweise eine intensive Einbettung schwieriger Inhalte in ein Gesamterleben, das sowohl emotional als auch kognitiv aktiviert. Lernende erfahren so nicht nur Wissenserwerb, sondern durchleben einen inneren Bogen der Auseinandersetzung mit sich selbst und dem Stoff, der zu einem nachhaltigen Lernerfolg führt. Die gezielte Anwendung dieses Modells setzt voraus, dass Trainer:innen bereit sind, Emotionen nicht nur zuzulassen, sondern sie als integralen Bestandteil von Lernprozessen aktiv zu gestalten. Es braucht Fingerspitzengefühl, Empathie und die Bereitschaft, sich auf die emotionale Tiefe der Gruppe einzulassen, um diesen Prozess bewusst und zielführend zu steuern.

Im Seminaralltag bedeutet dies, dass die emotionale Dynamik von Lernprozessen bewusst gestaltet werden kann. Ziel ist es, den Verlauf des Seminars so zu strukturieren, dass ein Wechselspiel von Überforderung und Unterforderung entsteht, das die Teilnehmenden herausfordert, aktiviert und in ihrer Selbstwirksamkeit stärkt. Ein sogenannter doppelter Slingshot lässt sich als dramaturgisches Konzept verstehen, das die Lernenden durch zwei gezielt eingebaute Tiefpunkte führt, um daraufhin zwei emotionale und kognitive Hochphasen zu erzeugen. Dieses Vorgehen erhöht nicht nur die Aufnahmefähigkeit, sondern steigert auch die Motivation und das nachhaltige Behalten des Gelernten.

Der Aufbau folgt dabei einer klaren Struktur. Zunächst steht die Positionierung im Fokus. Bereits zu Beginn des Seminars sollte transparent kommuniziert werden, worum es im Seminar gehen wird und was nicht Inhalt sein wird. Diese Klarheit entzieht Illusionen und erzeugt bewusst eine erste Dämpfung der Stimmung. Es geht darum, eine realistische Erwartungshaltung zu etablieren und sich gleichzeitig gemeinsam auf das Thema einzuschwingen. (siehe Grafik: Phase 1) Es folgt eine Phase der ersten Erfolge, in der die Teilnehmenden einfache Aufgaben bewältigen und dabei merken, dass sie bereits etwas können. Dies erzeugt erste positive Impulse und fördert ein Gefühl von Selbstwirksamkeit. (2) Darauf baut die Flow-Phase auf, in der die Lernenden in einem kontinuierlichen Lernfluss vertieft arbeiten und ein Hochgefühl erleben. (3) Dieses Hoch sollte jedoch nicht zu lange andauern, da es sonst zu einer Plateau-Erfahrung kommen kann. Deshalb folgt an dieser Stelle bewusst eine Phase der Ernüchterung. Schwierige, komplexe oder trockene Inhalte werden nun eingebracht, um die emotionale Kurve wieder nach unten zu führen. (4) Diese Ernüchterung dient als Wendepunkt. Sie bietet Raum für neue Herausforderungen und öffnet die Tür für tiefergehende Reflexion.

Anschließend folgt die Phase des Aufbaus, in der gezielt wieder leichtere Inhalte oder aktivierende Methoden eingesetzt werden, um positive Lernerfahrungen zu ermöglichen. (5) Die Teilnehmenden erkennen in dieser Phase, dass sie auch mit schwierigen Inhalten umgehen können und erleben erneut eine Steigerung ihres Selbstvertrauens. Die darauf folgende Phase der Begeisterung (6) markiert den Höhepunkt des Seminars. Die Teilnehmenden erkennen Zusammenhänge, begreifen die Relevanz des Gelernten und spüren, dass sich ein rundes Gesamtbild ergibt. Zum Abschluss wird in der Phase der internen Referenz die Verantwortung für das weitere Lernen zurück an die Teilnehmenden gegeben. Sie sollen spüren, dass sie nicht nur Inhalte verstanden, sondern Kompetenzen entwickelt haben, die sie selbstständig weiter anwenden können. Die Trainer:innen treten in den Hintergrund, die Gruppe übernimmt. (7)

Der doppelte Slingshot verlangt von Seminarleiter:innen nicht nur methodische Klarheit, sondern auch ein feines Gespür für Stimmungen, eine gute Beobachtungsgabe und die Fähigkeit zur flexiblen Reaktion. Es braucht Mut, bewusst in eine Tiefphase zu führen, und gleichzeitig Vertrauen in den Prozess und in die Ressourcen der Gruppe. Dieses Vertrauen wächst mit zunehmender Erfahrung, mit der Fähigkeit, sich auch in schwierigen Momenten auf die Gruppe einzulassen und mit der inneren Haltung, dass Entwicklung nicht immer geradlinig verläuft. Die Steuerung emotionaler Dynamiken im Seminar ist kein Selbstzweck, sondern soll immer dem Lernerfolg dienen. Dabei ist es entscheidend, dass die eingesetzten Mittel nicht manipulativ, sondern transparent und verantwortungsvoll eingesetzt werden. Es geht darum, Räume zu schaffen, in denen Teilnehmende sich selbst und das Thema neu entdecken können. Wer diese Technik gezielt einsetzt, schafft intensive Lernerfahrungen, fördert die Eigenverantwortung und erhöht die Nachhaltigkeit von Seminaren. Die emotionale Resonanz, die dadurch entsteht, kann das Seminar weit über dessen Ende hinaus positiv nachwirken lassen.

Reflexionsfragen:

- Welche Erfahrungen hast du mit der bewussten Gestaltung von Stimmungskurven im Seminar gemacht?
- Welche Methoden nutzt du, um emotionale Tiefphasen gezielt einzuleiten oder aufzufangen?
- Wie erkennst du, wann es an der Zeit ist, eine neue emotionale Phase einzuleiten?
- Wie gelingt es dir, auch schwierige Inhalte lernwirksam in die Dramaturgie deines Seminars einzubauen?
- Welche Rolle spielen Flow-Erlebnisse in deiner Seminarplanung?
- Wie förderst du die Selbstverantwortung deiner Teilnehmer:innen am Ende eines Seminars?
- Was brauchst du selbst, um den Prozess des doppelten Slingshots sicher begleiten zu können?
- Wie entwickelst du Vertrauen in die gruppendynamische Wirkung von Stimmungskurven?

Die bewusste Steuerung von Stimmungen im Seminarverlauf ist ein kraftvolles Werkzeug. Wer sie gekonnt einsetzt, unterstützt nicht nur die Lernmotivation, sondern auch die emotionale Tiefe und Nachhaltigkeit der gemeinsamen Lernerfahrung.

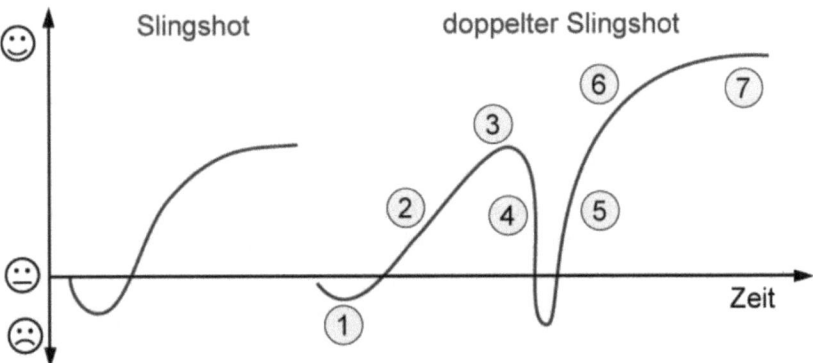

Zielgruppenanalyse, Ablaufplan und Dramaturgie

Ein Seminar ohne genaue Kenntnis der Zielgruppe ist wie ein Vortrag ohne Zuhörer:innen. Du sprichst, aber niemand hört dir wirklich zu. Zielgruppenanalyse ist daher weit mehr als eine formale Beschreibung der Teilnehmenden. Sie ist ein zentrales Element der Planung, weil sie dir hilft, Methoden, Sprache, Inhalte und Ablauf exakt auf die Menschen zuzuschneiden, die dir gegenübersitzen werden. Es macht einen großen Unterschied, ob du mit Berufseinsteiger:innen arbeitest oder mit Führungskräften, ob deine Teilnehmer:innen freiwillig kommen oder von ihrem Arbeitgeber geschickt wurden, ob sie aus einem homogenen Arbeitsumfeld stammen oder aus ganz unterschiedlichen Bereichen zusammengewürfelt sind. Jede dieser Konstellationen bringt andere Voraussetzungen, Erwartungen und Herausforderungen mit sich. Deshalb ist es entscheidend, sich im Vorfeld ein möglichst differenziertes Bild von der Zielgruppe zu machen. Je mehr du über die Menschen weißt, desto besser kannst du auf sie eingehen.

Die Zielgruppenanalyse umfasst mehrere Dimensionen. Eine erste betrifft die demografischen Merkmale wie Alter, Geschlecht, Berufserfahrung oder Hierarchiestufe. Diese Angaben helfen dir einzuschätzen, welche Sprache du verwenden solltest, welchen Erfahrungshorizont du annehmen kannst und welche Themen vermutlich von größerer Relevanz sind. Eine zweite Dimension betrifft die Lernbiografie der Teilnehmer:innen. Haben sie viel oder wenig Seminarerfahrung? Sind sie geübt im Austausch oder eher zurückhaltend? Arbeiten sie lieber in Kleingruppen oder bevorzugen sie Frontalphasen? Eine dritte Dimension betrifft die Erwartungen und Bedürfnisse. Was wünschen sich die Teilnehmenden vom Seminar? Was wollen sie mitnehmen? Was bereitet ihnen möglicherweise Sorgen? Welche inneren Hürden gilt es zu überwinden?

Auch die Gruppendynamik ist Teil der Zielgruppenanalyse. Gibt es Vorerfahrungen innerhalb der Gruppe? Haben sich die Personen schon einmal in einem beruflichen Kontext erlebt? Gibt es Hierarchien, Spannungen oder besonders dominante Persönlichkeiten? Wer sagt eher nichts und wer übernimmt schnell das Kommando? Schon bevor das Seminar beginnt, solltest du dich mit solchen Fragen auseinandersetzen. Im Idealfall erhältst du vom Auftraggeber oder durch einen kurzen Fragebogen erste Hinweise. Wenn nicht, kannst du zu Beginn des Seminars gezielt eine Erwartungsabfrage oder Vorstellungsrunde nutzen, um mehr über die Gruppe zu erfahren.

Wenn du deine Zielgruppe kennst, kannst du den Ablaufplan deines Seminars darauf abstimmen. Ein guter Ablaufplan ist mehr als eine bloße Abfolge von Themen. Er ist ein dramaturgisch durchdachter Spannungsbogen, der den Lernprozess strukturiert und gleichzeitig Raum für Flexibilität lässt. Am Anfang steht meist ein Einstieg, der Vertrauen schafft, Neugier weckt und Orientierung gibt. Danach folgen inhaltliche Impulse, Austauschphasen, Übungen und Reflexionsmomente. Am Ende steht eine Zusammenführung der Inhalte, ein Ausblick und ein bewusster Abschluss. Wichtig ist dabei, dass du die Energie der Gruppe beachtest. Komplexe Aufgaben brauchen einen wachen Geist. Kreative Prozesse profitieren von Leichtigkeit. Reflexion braucht Ruhe. Dynamik braucht Bewegung.

Ein zentrales Werkzeug zur Gestaltung des Ablaufplans ist das Prinzip der Dramaturgie. Dramaturgie bedeutet, dass du dein Seminar nicht einfach als Aneinanderreihung von Themen verstehst, sondern als in sich stimmigen Prozess. Du beginnst mit einem Einstieg, der Interesse weckt und die Teilnehmenden abholt. Du führst über erste Inhalte zu vertiefenden Fragen. Du setzt gezielt Höhepunkte, zum Beispiel durch besonders herausfordernde Übungen oder intensive Diskussionen. Du planst bewusst Momente der Entspannung und Integration ein. Und du achtest darauf, dass der Abschluss nicht einfach ausläuft, sondern ein runder, bewusster Endpunkt ist, an dem alle Beteiligten etwas mitnehmen.

Dabei hilft es, mit Zeitrastern zu arbeiten. Plane nicht nur die inhaltlichen Blöcke, sondern auch Pausen, Übergänge, methodische Wechsel und spontane Reaktionen mit ein. Sei dir bewusst, dass ein guter Ablaufplan auch immer ein Angebot ist. Du musst bereit sein, ihn zu verändern, wenn die Situation es erfordert. Wenn eine Diskussion wichtiger wird als geplant oder eine Methode nicht wie gewünscht funktioniert, brauchst du die Freiheit, dich neu zu orientieren. Plane deshalb immer mit Puffer-zeiten, mit Alternativen und mit der inneren Bereitschaft, flexibel zu blei-ben.

Deine Aufgabe als Trainer:in ist es, den Rahmen so zu gestalten, dass Ler-nen möglich wird. Das bedeutet, Struktur zu bieten und gleichzeitig Re-sonanzräume zu eröffnen. Menschen lernen nicht dann am besten, wenn alles perfekt durchgetaktet ist, sondern wenn sie sich sicher fühlen, ernst genommen werden und eigene Erfahrungen machen können. Eine gute Dramaturgie fördert genau das. Sie ist wie ein guter Theaterabend: Es gibt einen klaren Rahmen, eine durchdachte Abfolge und zugleich Mo-mente der Überraschung, der Beteiligung und der inneren Bewegung. Wenn dein Seminar am Ende nicht nur Wissen vermittelt, sondern auch berührt, angestoßen und aktiviert hat, dann hast du deine Dramaturgie richtig gewählt.

Reflexionsfragen:

- Was weißt du vorab über deine Zielgruppe und wie sammelst du diese Informationen?
- Welche Bedeutung misst du der Gruppendynamik bei und wie gehst du damit um?
- Wie gestaltest du den Einstieg in ein Seminar, um Vertrauen und Neugier zu wecken?
- Welche Prinzipien verfolgst du bei der Strukturierung deines Ab-laufplans?
- Wie planst du methodische Wechsel und Energieverläufe über den Tag hinweg?
- Welche Rolle spielt für dich die Dramaturgie in der Seminarpla-nung?
- Was tust du, wenn sich dein Ablaufplan als nicht praktikabel er-weist?
- Wie sorgst du dafür, dass deine Teilnehmenden sich angesprochen und einbezogen fühlen?

Ein Seminar, das seine Zielgruppe ernst nimmt, strukturiert geplant ist und dramaturgisch durchdacht abläuft, bietet optimale Voraussetzungen für gelingende Lernprozesse. Die Verbindung aus Analyse, Planung und kreativer Flexibilität ist der Schlüssel zu einem lebendigen und wirksamen Seminarerlebnis.

Checklisten für die Seminarvorbereitung

Eine gute Seminarvorbereitung ist die halbe Miete. Sie entscheidet mit darüber, ob du dich als Trainer:in während des Seminars sicher fühlst, flexibel auf spontane Entwicklungen reagieren kannst und deine Teilnehmer:innen ein lernförderliches und professionelles Setting erleben. Um die Vielzahl an Aufgaben, Aspekten und Details strukturiert im Blick zu behalten, helfen Checklisten. Sie sind nicht nur für Anfänger:innen ein wertvolles Instrument, sondern auch für erfahrene Trainer:innen eine nützliche Gedächtnisstütze. Eine gute Checkliste entlastet den Kopf, erhöht die Sorgfalt und schafft Freiräume für Kreativität und Präsenz im Seminar.

Die Seminarvorbereitung beginnt idealerweise mit der Klärung des Rahmens. Hierzu gehören unter anderem der genaue Auftrag, die Zielgruppe, die Zielsetzung, der organisatorische Rahmen und mögliche inhaltliche Erwartungen der Auftraggeber:innen. Eine Checkliste für die Auftragsklärung kann beispielsweise folgende Punkte enthalten:

- [ ] Wer hat das Seminar beauftragt?
- [ ] Welche Ziele verfolgt der Auftraggeber oder die Auftraggeberin?
- [ ] Welche Erwartungen gibt es seitens der Teilnehmer:innen?
- [ ] Welche Rahmenbedingungen (Zeit, Raum, Technik) sind gegeben?
- [ ] Gibt es Vorerfahrungen mit dem Thema?
- [ ] Was soll konkret am Ende erreicht sein?

Im nächsten Schritt geht es um die inhaltliche Planung. Hier hilft dir eine Checkliste, zentrale didaktische Aspekte systematisch zu bearbeiten:

- [ ] Welche Inhalte sind relevant?
- [ ] Welche Methoden sind dafür geeignet?
- [ ] In welcher Reihenfolge soll das Seminar ablaufen?
- [ ] Gibt es Übungen, Gruppenarbeiten, Phasen des Plenums?
- [ ] Wie viel Zeit ist für einzelne Sequenzen vorgesehen?
- [ ] Welche Visualisierungen sind nötig?

- [ ] Was wird schriftlich festgehalten?
- [ ] Plane ich genügend Pufferzeiten ein?

Auch die methodische Planung kann durch eine Checkliste unterstützt werden:

- [ ] Welche Sozialformen kommen zum Einsatz?
- [ ] Gibt es wechselnde Methoden für unterschiedliche Lerntypen?
- [ ] Sind alle Materialien vorbereitet?
- [ ] Ist das methodische Vorgehen an das Vorwissen der Gruppe angepasst?
- [ ] Welche Fragen oder Reflexionsimpulse werde ich stellen?
- [ ] Gibt es genug aktivierende Elemente?
- [ ] Ist das Verhältnis zwischen Input, Austausch und Übung ausgewogen?

Für die technische Vorbereitung empfiehlt sich folgende Checkliste:

- [ ] Funktioniert das Beamerkabel?
- [ ] Sind Flipcharts und Marker bereitgestellt?
- [ ] Gibt es ausreichend Sitzgelegenheiten?
- [ ] Ist der Raum gut belüftet und angenehm temperiert?
- [ ] Gibt es dimmbares Licht?
- [ ] Ist die Bestuhlung passend für die geplanten Methoden?
- [ ] Habe ich an Reserve-Material gedacht (z. B. Batterien, Klebeband)?

Zur mentalen Vorbereitung:

- [ ] Was brauche ich, um präsent und gelassen zu sein?
- [ ] Welche Übungen helfen mir, in einen guten Zustand zu kommen?
- [ ] Gibt es Rituale, die mir Sicherheit geben?
- [ ] Bin ich neugierig auf die Gruppe?
- [ ] Bin ich bereit, konstruktiv mit Störungen umzugehen?

Für die Nachbereitung:

- ☐ Habe ich Feedback gesammelt?
- ☐ Wurden Materialien oder Zertifikate ausgegeben?
- ☐ Gibt es offene Klärungsbedarfe?
- ☐ Muss etwas nachgereicht werden?
- ☐ Habe ich die Raumnutzung abgeschlossen?
- ☐ Wie lautet meine persönliche Bilanz?
- ☐ Was habe ich gelernt?
- ☐ Welche Erkenntnisse nehme ich mit?

Reflexionsfragen:

- Welche Checklisten nutzt du bisher in deiner Seminarplanung?
- Wo helfen dir Checklisten besonders, wo empfindest du sie eher als störend?
- Welche Themenbereiche decken deine Checklisten ab, welche fehlen noch?
- Wie kannst du Checklisten an deine eigene Arbeitsweise anpassen?
- Was sind deine wichtigsten Lernschritte bei der Seminarvorbereitung?
- Wie gehst du mit Aufregung oder Unsicherheit in der Vorbereitungsphase um?
- Welche Routinen geben dir Sicherheit bei der Planung?
- Was möchtest du an deiner Vorbereitungskultur verändern oder weiterentwickeln?

Checklisten sind keine starren Vorgaben, sondern lebendige Werkzeuge. Sie helfen dir, Klarheit zu gewinnen, Abläufe zu strukturieren und professionell aufzutreten. Wer systematisch vorbereitet ist, kann im Seminar flexibler und gelassener agieren und schafft so einen sicheren Raum für gelingendes Lernen.

Umgang mit Zeitrahmen

Wer Seminare professionell gestaltet, kommt um die Auseinandersetzung mit dem Thema Zeit nicht herum. Zeit ist eine der wertvollsten Ressourcen in der Seminararbeit. Sie ist begrenzt, oft knapp bemessen und gleichzeitig entscheidend für die Qualität und Tiefe von Lernprozessen. Der Umgang mit Zeitrahmen ist daher nicht nur eine Frage der Organisation, sondern auch eine Frage der Haltung. Es geht um ein gutes Verhältnis zwischen Struktur und Flexibilität, zwischen Klarheit und Offenheit, zwischen Planbarkeit und Spontaneität. Der bewusste Umgang mit Zeitrahmen bedeutet, Lernprozesse zu ermöglichen, ohne sie zu überfrachten. Es bedeutet, Inhalte zu vermitteln, ohne Teilnehmende zu überfordern. Und es bedeutet, Räume zu schaffen, in denen Entwicklung möglich ist, auch wenn die Zeit begrenzt ist.

Der erste Schritt im professionellen Umgang mit Zeitrahmen beginnt bereits bei der Planung. Die Zeit, die für ein Seminar zur Verfügung steht, bildet den Rahmen, innerhalb dessen sich alle weiteren Entscheidungen bewegen. Je nachdem, ob du einen halbtägigen Workshop, ein zweitägiges Seminar oder eine mehrmonatige Seminarreihe konzipierst, verändern sich nicht nur die inhaltlichen Möglichkeiten, sondern auch die didaktischen Prioritäten. In der Planungsphase ist es hilfreich, sich nicht nur mit der Gesamtzeit zu beschäftigen, sondern diese gleich in sinnvolle Abschnitte zu unterteilen. Welche Zeit steht für den Einstieg zur Verfügung? Wie viel Zeit kann für theoretischen Input eingeplant werden? Welche Übungen benötigen mehr Raum, welche können kürzer gehalten werden? Wo braucht es Pausen, Übergänge, Reflexionsphasen? Zeitraster helfen dir, ein Gespür für die Dynamik des Tages zu entwickeln. Doch sie sollten nie zur starren Taktung verkommen, sondern als flexible Leitlinie dienen.

Ein häufiger Fehler in der Seminarpraxis besteht darin, zu viele Inhalte in zu kurzer Zeit unterbringen zu wollen. Der Wunsch, möglichst viel weiterzugeben, ist nachvollziehbar, aber nicht immer zielführend. Menschen lernen nicht durch Quantität, sondern durch Qualität der Auseinandersetzung. Wenn du Inhalte zu dicht aneinanderreihst, bleibt keine Zeit zum Verarbeiten, zum Nachspüren, zum Reflektieren. Deshalb ist es oft besser, sich auf weniger Inhalte zu beschränken, diese aber tiefer zu bearbeiten. Das bedeutet auch, sich vom Anspruch der Vollständigkeit zu verabschieden. Ein gutes Seminar ist nicht dann gut, wenn alles gesagt wurde, sondern wenn das, was gesagt wurde, wirkt. Räume für Fragen, Diskussionen oder Nachdenklichkeit gehören genauso zum Seminar wie Methoden oder Impulse. Wer diese Räume plant, gewinnt am Ende Zeit. Denn durch echte Auseinandersetzung wird das Lernen nachhaltig.

Ein weiterer zentraler Aspekt im Umgang mit Zeit ist das Thema Puffer. Plane Pufferzeiten nicht nur am Ende eines Seminartages ein, sondern auch innerhalb der einzelnen Einheiten. Pufferzeiten geben dir Handlungsspielraum. Sie ermöglichen dir, auf Unvorhergesehenes zu reagieren, Diskussionen zuzulassen, Störungen zu begegnen oder kreative Impulse aufzugreifen. Ohne Puffer bist du gezwungen, ständig gegen die Uhr zu arbeiten. Mit Puffer kannst du dich der Gruppe zuwenden und auf das eingehen, was wirklich da ist. Gleichzeitig geben Puffer den Teilnehmenden das Gefühl, dass sie nicht gehetzt werden, dass sie Zeit haben, sich einzulassen, mitzudenken und mitzufühlen. Auch Pausen gehören zu den Pufferzeiten. Plane sie großzügig und regelmäßig. Pausen sind keine verlorene Zeit, sondern wertvolle Lernzeit. In ihnen verdichtet sich das, was vorher gesagt wurde. Gespräche am Rande, kurze Begegnungen, informeller Austausch, all das gehört zum Lernprozess dazu.

Trotz sorgfältiger Planung wird es immer wieder Situationen geben, in denen du zeitlich unter Druck gerätst. Vielleicht dauert eine Diskussion länger als gedacht, eine Übung wird intensiver, oder es gibt technische Schwierigkeiten. In solchen Momenten hilft es, wenn du dir vorher Alternativen überlegt hast. Was kannst du kürzen, wenn es eng wird? Welche Übung lässt sich auch als Hausaufgabe mitgeben? Was kann weggelassen werden, ohne dass das Ziel verloren geht? Je klarer deine Prioritäten sind, desto leichter fällt dir die Entscheidung, was im Zweifel gestrichen oder verschoben wird. Es ist hilfreich, ein sogenanntes Muss-Kann-Soll-Schema für deine Inhalte zu entwickeln. Was muss auf jeden Fall ins Seminar, was sollte möglichst hinein und was kann, wenn genug Zeit bleibt, ergänzt werden? So behältst du auch in stressigen Momenten die Übersicht und kannst souverän reagieren.

Ein oft unterschätzter Faktor im Zeitmanagement ist der Einstieg. Der Beginn eines Seminars prägt die Atmosphäre, die Aufmerksamkeit und das Vertrauen. Wenn du hier zu schnell voranschreitest, verlierst du oft mehr Zeit, als du gewinnst. Ein ruhiger, bewusster Einstieg, der Raum für Ankommen, Orientierung und erste Begegnung bietet, zahlt sich später aus. Gleiches gilt für den Abschluss. Auch dieser braucht Zeit. Teilnehmende möchten nicht nur inhaltlich etwas mitnehmen, sondern auch emotional abschließen. Sie wollen das Erlebte einordnen, Erkenntnisse festhalten, sich verabschieden. Ein Seminar, das einfach endet, wirkt oft unvollständig. Deshalb solltest du auch hier bewusst Zeit einplanen. Gerade der Schluss bietet dir die Möglichkeit, Wirkung zu vertiefen und nachhaltige Impulse zu setzen.

Neben der Planung und Strukturierung ist aber auch deine persönliche Haltung zur Zeit entscheidend. Wie gehst du mit Zeitdruck um? Wie reagierst du, wenn Teilnehmende abschweifen oder länger diskutieren als geplant? Wie flexibel bist du in deiner eigenen Steuerung? Bist du bereit, den Ablauf spontan zu verändern, wenn es sinnvoll ist? Oder hältst du dich krampfhaft an deinen Plan, aus Angst, etwas Wichtiges zu verlieren? Deine innere Haltung spiegelt sich im Seminarverlauf wider. Wenn du Zeit als Verbündete begreifst, entwickelst du ein anderes Gespür für Tempo, Rhythmus und Tiefe. Du wirst sensibler für die Dynamik in der Gruppe, für Momente, in denen es Beschleunigung braucht, und solche, in denen Verlangsamung heilsam ist.

Auch die Kommunikation mit den Teilnehmenden spielt eine Rolle. Teile deine Zeitstruktur mit der Gruppe, erkläre, wie der Tag aufgebaut ist und warum bestimmte Phasen vorgesehen sind. Wenn alle wissen, worauf sie sich einlassen, entsteht mehr Ruhe und Verbindlichkeit. Du kannst auch gemeinsam mit der Gruppe Zeiten abstimmen oder Anpassungen besprechen. Das stärkt das Gefühl von Mitverantwortung und Beteiligung. In manchen Kontexten, etwa in Teamfortbildungen oder Klausuren, kann es auch sinnvoll sein, einzelne Zeitabschnitte bewusst offen zu lassen und gemeinsam zu gestalten. Wichtig ist, dass du dabei transparent bleibst und deine Entscheidungen erklärst.

Technisch kannst du dich bei der Zeitsteuerung auch verschiedener Hilfsmittel bedienen. Eine gut sichtbare Uhr im Raum, ein Timer für Gruppenarbeiten, ein persönlicher Zeitplan auf Karteikarten oder ein mitlaufendes Zeitraster helfen dir, den Überblick zu behalten. Doch die Technik allein ersetzt nicht dein Gefühl für Zeit. Dieses entwickelt sich durch Erfahrung, Reflexion und die Bereitschaft, immer wieder zu lernen. Nach jedem Seminar lohnt es sich, die Zeitstruktur zu reflektieren. Was hat gut funktioniert? Wo wurde es zu eng? Wo blieb zu viel Zeit? Was würdest du beim nächsten Mal anders machen?

Der professionelle Umgang mit Zeitrahmen ist eine zentrale Kompetenz in der Seminarleitung. Sie erfordert Klarheit in der Planung, Wachheit im Prozess und Flexibilität im Umgang mit Unvorhergesehenem. Es geht nicht darum, jede Minute zu kontrollieren, sondern darum, Räume zu gestalten, in denen Lernen möglich ist. Wenn du Zeit nicht als Feind, sondern als Gestaltungsspielraum verstehst, eröffnest du dir selbst und deinen Teilnehmenden die Möglichkeit, Seminare mit Tiefe, Leichtigkeit und Wirkung zu erleben.

Reflexionsfragen:

- Wie gehst du bei der zeitlichen Planung deiner Seminare konkret vor?
- Welche Rolle spielen Pufferzeiten in deiner Seminarstruktur?
- Wie entscheidest du, welche Inhalte im Zweifel gekürzt oder gestrichen werden können?
- In welchen Momenten hast du dich bisher besonders unter Zeitdruck erlebt und wie bist du damit umgegangen?
- Wie kommunizierst du deinen Zeitplan mit der Gruppe und wie flexibel bleibst du dabei?
- Welche Rituale oder Methoden nutzt du für einen gelungenen Einstieg und Abschluss?

- Welche Haltung zur Zeit nimmst du persönlich ein und wie wirkt sie sich auf deine Arbeit aus?
- Was möchtest du in Zukunft im Umgang mit Zeitrahmen verbessern oder weiterentwickeln?

Ein Seminar lebt nicht davon, wie viel Zeit zur Verfügung steht, sondern davon, wie diese Zeit gestaltet wird. Wer Zeit als lernfördernden Rahmen versteht, kann selbst kurze Abschnitte mit Bedeutung füllen und lange Tage mit Leichtigkeit tragen.

Seminarpläne professionell erstellen und anpassen

Ein gut geplanter Seminarablauf ist das Rückgrat jeder gelungenen Bildungsveranstaltung. In der Erwachsenenbildung steht die Herausforderung im Raum, unterschiedlichste Bedarfe, Erwartungen und Ausgangsniveaus zu integrieren. Dabei dient ein Seminarplan nicht nur der Strukturierung, sondern auch der Orientierung, der Flexibilität und der Reflexion. Für Trainer:innen stellt die Fähigkeit, einen tragfähigen Plan zu erstellen und situativ daran anzupassen, eine essenzielle Kompetenz dar. Ein guter Plan lebt vom Wechselspiel zwischen klaren Lernzielen, didaktischer Aufbereitung und offenem Raum für Unerwartetes.

Die Planung beginnt mit der Zielklärung: Was sollen die Teilnehmer:innen am Ende des Seminars wissen, können oder reflektiert haben? Daraus leiten sich Inhalte, Methoden, Sozialformen und Materialien ab. Der zeitliche Ablauf ergibt sich anschließend als logische Folge dieser inhaltlich-didaktischen Entscheidungen. Ein strukturierter Plan hilft, die Dramaturgie des Lernens bewusst zu gestalten: mit einer einladenden Ankommensphase, einem aktivierenden Einstieg, methodisch abwechslungsreichen Lernsequenzen, Pausen, Reflexionsphasen und einem bewussten Abschluss. Die einzelnen Abschnitte des Tages sollten nicht nur inhaltlich sinnvoll aufgebaut, sondern auch unter Berücksichtigung der Konzentrationskurve und der psychologischen Wirkung von Gruppenphasen geplant werden. Der Wechsel zwischen Aktivierung, Input, Reflexion und Erholung unterstützt nachhaltige Lernprozesse und fördert ein positives Gruppenerleben.

Dabei gilt es, den Plan nicht als starres Korsett, sondern als dynamisches Werkzeug zu begreifen. Erwachsene Lernende bringen Lebenserfahrung, Fragen und manchmal auch Widerstände mit. Eine gute Trainerin erkennt, wann der Plan angepasst, Themen vertieft oder Sequenzen abgekürzt werden müssen. Flexibilität entsteht nicht durch Beliebigkeit, sondern auf der Grundlage einer tragfähigen Struktur. Wer flexibel sein will, muss sich besonders gut vorbereiten. Denn je klarer die eigenen Ziele und Wege sind, desto leichter fällt es, situativ zu reagieren und spontane Impulse zu integrieren, ohne das Gesamtkonzept aus den Augen zu verlieren. Professionelle Seminarplanung bedeutet daher, das Spannungsfeld zwischen Struktur und Offenheit bewusst zu gestalten und als Teil des didaktischen Handelns zu verstehen.

Für eine praxisnahe Umsetzung empfiehlt sich folgende Seminarplan-Vorlage:

Titel des Seminars:	
Datum / Zeitrahmen:	
Zielgruppe:	
Anzahl der Teilnehmer:innen:	
Seminarziele:	
Räumliche Voraussetzungen:	
Materialien:	

Uhrzeit *(ungefähr)*	Phase / Aktivität	Ziel / Intention	Methode / Sozialform	Materialien

Diese Tabelle erlaubt es, den Ablauf transparent darzustellen, Zusammenhänge sichtbar zu machen und die Wechselwirkung zwischen Inhalt, Ziel und Methode zu reflektieren. Sie kann sowohl im Vorfeld als Planungstool als auch im Nachhinein zur Evaluation dienen. Ergänzend kann für jede Einheit eine kurze Beschreibung der Trainer:innen-Impulse, Leitfragen, erwarteten Reaktionen und Varianten notiert werden. Auch ein Spaltenfeld für beobachtete Wirkungen oder alternative Verlaufsmöglichkeiten hat sich in der Praxis bewährt.

Neben der Tagesstruktur ist auch die Planung einzelner Module oder Themenblöcke wesentlich. Diese lassen sich im Vorfeld durch sogenannte „Leitfäden" unterstützen, die zentrale Begriffe, theoretische Grundlagen, methodische Optionen, Visualisierungsideen und mögliche Diskussionsfragen enthalten. Dadurch wird das eigene Wissen operationalisiert und in eine direkt nutzbare Form überführt. Trainer:innen können mit diesen Leitfäden auch bei Wiederholungen oder Vertretungssituationen nahtlos anschließen oder sie für die Dokumentation im Sinne der Qualitätssicherung nutzen.

Ein professioneller Seminarplan berücksichtigt darüber hinaus unterschiedliche Lernstile und Sozialformen. Manche Teilnehmende lernen am besten durch Zuhören und Nachdenken, andere durch Ausprobieren, Diskutieren oder kreatives Gestalten. Eine abwechslungsreiche methodische Gestaltung trägt diesen Unterschieden Rechnung. Klassische Methoden wie Gruppenarbeit, Einzelreflexion, Fallbesprechung, Kurzvorträge, Rollenspiele oder World Cafés lassen sich im Seminarplan gezielt kombinieren. Dabei sollten didaktische Redundanzen eingeplant werden, also die mehrfache Bearbeitung eines Themas auf verschiedenen Ebenen, um Vertiefung und Integration zu fördern.

Besondere Aufmerksamkeit verdient die Zeitplanung. Gerade in der Erwachsenenbildung ist es wichtig, ausreichend Puffer einzuplanen. Diskussionen entwickeln sich manchmal intensiver als erwartet, technische Probleme oder organisatorische Klärungen können Zeit kosten, Gruppenprozesse lassen sich nicht immer exakt takten. Es ist ratsam, immer mindestens 10–15 % der Zeit als flexibel einsetzbaren Spielraum vorzusehen, der je nach Situation unterschiedlich genutzt werden kann. Auch Pausen sind wichtig, nicht nur zur Erholung, sondern als integrativer Bestandteil des Lernens. Oft entstehen in den informellen Gesprächen wertvolle Einsichten, Resonanzprozesse und Vernetzungsmöglichkeiten, die das formale Seminar bereichern.

Ein weiterer Aspekt ist die Visualisierung des Seminarplans. In der Vorbereitung reicht meist eine schriftliche Struktur, doch im Seminar selbst kann eine sichtbar gemachte Agenda den Teilnehmenden helfen, sich zu orientieren und den Tagesverlauf nachvollziehen zu können. Eine Übersicht auf Flipchart, Whiteboard oder als Handout schafft Transparenz und fördert das Vertrauen in die Leitung. Gleichzeitig können durch Mitgestaltung (z. B. Ergänzungen durch Teilnehmende) partizipative Prozesse angeregt werden.

Schließlich gehört zur professionellen Seminarplanung auch die Reflexion und Nachbereitung. Was hat funktioniert, was nicht? Welche Sequenzen waren besonders wirksam, welche blieben hinter den Erwartungen zurück? Welche Rückmeldungen haben die Teilnehmenden gegeben? Ein reflektierter Seminarplan dient also nicht nur dem Vorbereiten, sondern auch dem Lernen aus der Praxis. Wer regelmäßig dokumentiert, wie Plan und Realität zueinanderstanden, kann die eigene Planungskompetenz kontinuierlich verbessern und individuelle Arbeitsstile schärfen.

Reflexionsfragen:

- Wie planst du deine Seminare bisher? Was gelingt dir besonders gut, wo erlebst du Herausforderungen?
- Welche Elemente deiner bisherigen Planungen sind besonders hilfreich für dich? Welche könntest du noch weiterentwickeln?
- Wie gehst du mit unerwarteten Veränderungen im Seminarablauf um?
- In welchen Situationen hast du deinen Plan bewusst verlassen, und was hat das bewirkt?
- Wie gelingt dir die Balance zwischen Struktur und Offenheit in der Planung?

- Welche Erfahrungen hast du mit der schriftlichen Dokumentation deiner Seminarpläne gemacht?
- Inwiefern unterstützt dich ein Plan bei der Evaluation deiner Seminare?
- Wie kannst du deine Planungskompetenz in den nächsten Monaten gezielt weiterentwickeln?

Ein strukturierter, zugleich flexibler Seminarplan bildet das Fundament für professionelle Bildungsarbeit. Er hilft, Lernprozesse gezielt zu gestalten, auf dynamische Situationen souverän zu reagieren und didaktische Entscheidungen begründet und reflektiert zu treffen.

Gruppenprozesse steuern, Dynamik in Gruppen verstehen

Gruppen leben. Sie verändern sich ständig, wachsen, geraten ins Stocken, erleben Höhen und Tiefen. Wer als Trainer:in mit Gruppen arbeitet, wird früher oder später mit der Komplexität gruppendynamischer Prozesse konfrontiert. Diese Prozesse sind oft subtil, manchmal laut, gelegentlich überraschend und immer wieder herausfordernd. Eine Gruppe ist mehr als die Summe ihrer Mitglieder. In ihr entstehen Dynamiken, die das individuelle Verhalten der Teilnehmenden beeinflussen und umgekehrt durch dieses Verhalten geformt werden. Diese Wechselwirkung kann sowohl förderlich als auch hemmend sein. Sie kann dazu führen, dass sich Vertrauen aufbaut, dass sich kreative Prozesse entfalten und dass ein Klima der Offenheit und Beteiligung entsteht. Sie kann aber auch zu Missverständnissen, Ausgrenzung oder Rückzug führen, wenn sie nicht rechtzeitig erkannt und begleitet wird. Eine fundierte Auseinandersetzung mit gruppendynamischen Phänomenen ist daher ein zentrales Element professioneller Seminarleitung. Es reicht nicht, sich auf Fachwissen oder Methodenkompetenz zu verlassen. Wer mit Gruppen arbeitet, braucht auch ein feines Gespür für Zwischentöne, ein gutes Auge für Stimmungen und eine klare Haltung im Umgang mit Nähe und Distanz. Denn nur wer versteht, was in einer Gruppe geschieht, kann auch wirksam darauf reagieren und die Entfaltung konstruktiver Gruppenprozesse ermöglichen.

Gruppen durchlaufen unterschiedliche Phasen, zeigen wiederkehrende Muster und fordern Leitungspersonen auf vielfältige Weise heraus. Es reicht nicht aus, sich ausschließlich auf die Vermittlung von Inhalten zu konzentrieren. Ebenso bedeutsam ist der Blick auf die sozialen Prozesse, auf unausgesprochene Normen, auf Machtverhältnisse, auf Zugehörigkeit und Abgrenzung, auf Konflikte und Allianzen, auf Rollenverteilungen und Erwartungen. Die Fähigkeit, diese Prozesse wahrzunehmen, zu interpretieren und gegebenenfalls zu intervenieren, macht den Unterschied zwischen einer reinen Moderation und einer wirklich lernförderlichen Leitung aus. Dabei geht es nicht um Kontrolle, sondern um Gestaltung. Es geht darum, einen Raum zu schaffen, in dem Entwicklung möglich wird, in dem Sicherheit und Herausforderung in Balance stehen und in dem Menschen ihre Potenziale entfalten können.

Zugleich bedeutet gruppendynamische Steuerung auch, sich selbst in der Rolle als Leiter:in zu reflektieren. Die eigene Wirkung, die eigenen Bedürfnisse und blinden Flecken haben Einfluss auf das Gruppengeschehen. Eine gute Leitung kennt nicht nur die Gruppe, sondern auch sich selbst. Sie ist sich ihrer Verantwortung bewusst, weiß um ihre Ressourcen und Grenzen und bleibt lernbereit. Diese Reflexionsfähigkeit bedeutet auch, sich der eigenen Emotionen in schwierigen Gruppensituationen bewusst zu werden und nicht impulsiv, sondern überlegt und angemessen zu reagieren. Je klarer jemand in der Selbstwahrnehmung ist, desto bewusster kann sie oder er auch ihre oder seine Wirkung auf die Gruppe einschätzen. Daraus entsteht eine professionelle Haltung, die nicht auf Kontrolle, sondern auf Beziehungsgestaltung abzielt. Die Beziehung zwischen Leitung und Gruppe ist dabei keine Einbahnstraße, sondern ein fortwährender Dialog, ein Zusammenspiel von Einfluss und Resonanz, von Führung und Vertrauen. In diesem Dialog ist es wesentlich, authentisch zu sein, gleichzeitig aber auch in der Lage, sich selbst zu regulieren und in der Leitungshaltung zu bleiben. Denn nur wenn Leitung nicht im eigenen Ego gefangen ist, sondern offen für die Gruppe bleibt, kann sie ihre gestaltende Kraft voll entfalten.

Ein sensibler und zugleich klarer Umgang mit Gruppenprozessen fördert nicht nur das gemeinsame Lernen, sondern schafft eine Atmosphäre, in der sich Menschen zeigen, in der sie sich aufgehoben und zugleich herausgefordert fühlen. Hier liegt die eigentliche Kunst gruppenorientierter Seminararbeit: nicht im Beherrschen von Methoden, sondern im Einfühlen in Prozesse, im Aushalten von Ambivalenz, im Setzen von Impulsen zur richtigen Zeit. Diese Kunst erfordert die Bereitschaft, Kontrolle abzugeben, sich von festen Plänen zu lösen und offen für das zu sein, was sich im Raum entwickelt. Sie verlangt, Spannungen nicht sofort auflösen zu wollen, sondern sie als Teil eines lebendigen Lernprozesses zu begreifen. Trainer:innen, die diese Kunst beherrschen, stellen nicht sich selbst in den Mittelpunkt, sondern schaffen Bedingungen, in denen das Potenzial der Gruppe sichtbar und wirksam werden kann. Sie sind Gastgeber:innen für Entwicklung, Ermöglicher:innen von Dialog und Hüter:innen eines Rahmens, in dem sich Menschen trauen, ihre Komfortzonen zu verlassen. Diese Haltung ist erlernbar – durch Erfahrung, Reflexion,

Supervision und Austausch mit anderen. Der erste Schritt besteht darin, sich auf die Gruppe als lebendiges System einzulassen und sie nicht als Objekt der Steuerung, sondern als Subjekt der Mitgestaltung zu betrachten.

Reflexionsfragen:

- Welche Erfahrungen hast du mit herausfordernden Gruppensituationen gemacht:
- Wie nimmst du gruppendynamische Prozesse in deinen Seminaren wahr:
- Was hilft dir dabei, deine eigene Rolle als Leitungsperson zu reflektieren:
- Wie sorgst du dafür, dass alle Teilnehmenden gehört und gesehen werden:
- In welchen Momenten ist dir Gruppenleitung besonders gut gelungen:
- Welche Haltungen unterstützen dich im Umgang mit Gruppendynamik:
- Wie gehst du mit Spannungen oder Konflikten in Gruppen um:
- Welche Fragen bleiben für dich im Umgang mit Gruppen offen:

Eine Gruppe zu leiten bedeutet, Verantwortung für Prozesse zu übernehmen, ohne sie zu kontrollieren. Es heißt, den Raum für Begegnung zu halten, ohne ihn zu füllen. Und es bedeutet, sich selbst als Teil eines dynamischen Gefüges zu begreifen, das nie statisch ist, sondern sich im ständigen Wandel befindet.

Phasen der Gruppenentwicklung nach Tuckman

Jede Gruppe, unabhängig von ihrem Kontext, durchläuft typische Entwicklungsphasen. Diese zu kennen und zu verstehen, ist für Trainer:innen von unschätzbarem Wert. Denn in der Gruppendynamik spiegeln sich nicht nur zwischenmenschliche Prozesse, sondern auch individuelle Lernhaltungen, Rollenbilder und unbewusste Erwartungshaltungen wider. Wer als Trainer:in mit Gruppen arbeitet, steht immer in einem Spannungsfeld zwischen Struktur und Offenheit, zwischen Planung und Prozessgeschehen. Genau hier helfen uns Modelle wie jenes von Bruce W. Tuckman, das fünf klassische Phasen der Gruppenentwicklung beschreibt. Diese Phasen sind Forming, Storming, Norming, Performing und Adjourning. Auch wenn sich diese Phasen nicht immer linear oder klar voneinander abgrenzbar zeigen, liefern sie wertvolle Orientierung für die Beobachtung und Begleitung gruppendynamischer Prozesse. Sie ermöglichen eine gezielte Reflexion, wo sich eine Gruppe gerade befindet, welche Interventionen hilfreich sein könnten und was es braucht, um Entwicklung zu ermöglichen. Darüber hinaus sensibilisieren sie für die Tatsache, dass Störungen nicht zwingend Zeichen des Scheiterns sind, sondern oft notwendige Etappen auf dem Weg zu einem tragfähigen Miteinander darstellen. Wer die Phasen kennt, kann Prozesse besser einordnen, Reibungen besser aushalten und Übergänge bewusster gestalten.

In der **Forming-Phase** findet die Gruppe zunächst zusammen. Die Mitglieder lernen sich kennen, die Atmosphäre ist häufig noch zurückhaltend, vorsichtig und höflich. Orientierung ist gefragt. Die Teilnehmenden stellen sich innerlich die Frage, ob sie hier richtig sind, was von ihnen erwartet wird und wie sicher der Rahmen ist. Die Unsicherheit, die mit neuen sozialen Konstellationen einhergeht, zeigt sich nicht selten in zögerlichen Beiträgen, kleinen Gesten der Selbstabsicherung oder einer zunächst betonten Sachlichkeit im Ausdruck. Es ist eine Phase des Beobachtens, des vorsichtigen Antastens, des inneren Prüfens und der Suche nach Anschluss. Für Trainer:innen ist es jetzt besonders wichtig, Klarheit, Struktur und einladende Präsenz zu bieten. Es gilt, einen vertrauenswürdigen Rahmen zu schaffen, in dem die Teilnehmenden sich gesehen, gehört und respektiert fühlen können. Ziele und Abläufe müssen transparent gemacht, Erwartungen geklärt und erste Möglichkeiten zur Begegnung geschaffen werden. Dabei ist die Art der Ansprache entscheidend: eine wertschätzende, empathische Kommunikation unterstützt das Sicherheitsbedürfnis der Gruppe. Hilfreich sind in dieser Phase Aufwärmübungen, die eine niedrige Schwelle haben und niemanden überfordern. Kurze Vorstellungsrunden, bei denen der Fokus nicht nur auf biografischen Daten, sondern auch auf individuellen Interessen liegt, ermöglichen erste Anknüpfungspunkte. Niedrigschwellige Arbeitsaufträge, bei denen gemeinsam kleine Aufgaben gelöst werden, fördern erste Kooperationsimpulse und lassen das Gefühl von Zugehörigkeit entstehen. Auch bewusst gesetzte Rituale, wie etwa eine wiederkehrende Eröffnungsrunde oder ein gemeinsames Begrüßungsformat, tragen zur sozialen Sicherheit bei und geben der Gruppe Halt. Die Raumgestaltung spielt ebenfalls eine nicht zu unterschätzende Rolle. Ein heller, gut belüfteter Raum mit ausreichend Bewegungsfreiheit, klarer Strukturierung und ansprechenden Materialien signalisiert Offenheit und fördert die Lernbereitschaft. Der erste Eindruck, den der Raum vermittelt, ist oft der erste Eindruck vom Seminar selbst. Ein freundlicher, offener Start wirkt nicht nur einladend, sondern bildet das Fundament für alles, was danach folgt. In der Forming-Phase geht es vor allem darum, Unsicherheiten abzubauen, Orientierung zu geben und eine positive Lernatmosphäre zu etablieren, die es ermöglicht, sich mit Offenheit und Neugier auf den gemeinsamen Prozess einzulassen.

Die darauf folgende **Storming-Phase** ist geprägt von Auseinandersetzungen. Unterschiedliche Meinungen, Bedürfnisse und Interessen prallen aufeinander. Es geht um Rollen, um Macht, um Einfluss, um Zugehörigkeit. Konflikte treten offen oder verdeckt zutage. Unsicherheiten werden nicht mehr kaschiert, sondern beginnen an die Oberfläche zu dringen. Die Gruppe beginnt, sich gegenseitig zu spiegeln. Was in der Forming-Phase noch höflich verdeckt blieb, zeigt sich nun in seiner Ambivalenz. Manche Gruppen bleiben in dieser Phase lange stecken, andere überspringen sie scheinbar, um später umso heftiger damit konfrontiert zu werden. Gerade bei scheinbar harmonischen Gruppen lohnt sich ein kritischer Blick: nicht selten verbergen sich ungelöste Spannungen hinter einem Deckmantel der Freundlichkeit. Die Aufgabe der Leitung besteht nun darin, diese Prozesse nicht zu unterdrücken, sondern einen Rahmen zu schaffen, in dem sie sichtbar und bearbeitbar werden. Es geht darum, ein Klima zu schaffen, in dem auch Unangenehmes gesagt werden darf. Trainer:innen sind in dieser Phase besonders gefordert. Sie müssen Spannungen aushalten können, ohne in vorschnelle Lösungen zu flüchten. Klare Interventionen, Rollenklarheit, das Halten von Spannungen und die Förderung einer konstruktiven Konfliktkultur sind jetzt entscheidend. Es ist wichtig, nicht vorschnell ein harmonisches Miteinander erzwingen zu wollen, sondern die Reibungspunkte anzuerkennen und offen zu benennen. Gerade diese Konfrontationen bergen das Potenzial für Entwicklung und Veränderung. Die Gruppe muss lernen, mit Unterschiedlichkeit umzugehen, sich abzugrenzen, Standpunkte zu vertreten und gleichzeitig offen für andere Perspektiven zu bleiben. Methoden wie moderierte Diskussionen, Feedbackrunden oder Kleingruppenarbeit mit Perspektivwechsel können hier entlastend wirken. Auch die Einführung von Kommunikationsregeln oder das bewusste Thematisieren von Konfliktdynamiken kann hilfreich sein. Wichtig ist, dass die Leitung nicht parteiisch agiert, sondern als achtsame und zugleich klare Prozessbegleitung zur Verfügung steht. Sie sollte zugleich konsequent und empathisch agieren und transparent mit eigenen Beobachtungen umgehen. Die Fähigkeit, in dieser Phase ein Klima des Respekts und der Dialogbereitschaft aufrechtzuerhalten, entscheidet maßgeblich darüber, ob die Gruppe den Übergang in die nächste Phase schafft. Denn erst wenn das Ringen um Positionen, das Austarieren von Grenzen und die Bearbeitung von Konflikten gelungen ist, kann sich ein stabiles Miteinander entwickeln. Die Storming-Phase ist somit ein Prüfstein für die Entwicklung von Vertrauen und Zusammenarbeit. Wer sie als solche anerkennt und ihr den nötigen Raum gibt, legt den Grundstein für eine tragfähige Gruppenidentität.

Hat sich die Gruppe mit diesen Differenzen konstruktiv auseinandergesetzt, kann die **Norming-Phase** beginnen. Hier entstehen gemeinsame Regeln, Routinen, Werte und Ziele. Die Gruppe findet ihren Rhythmus, Vertrauen wächst, Rollen sind geklärt und die Zusammenarbeit verläuft zunehmend kooperativ. Es ist ein Moment des kollektiven Einvernehmens, in dem Unterschiede nicht mehr als Bedrohung, sondern als Ressource wahrgenommen werden. Trainer:innen können sich nun etwas mehr zurücknehmen, Beteiligung ermöglichen und partizipative Prozesse fördern. Die Verantwortung für den Gruppenprozess wird zunehmend von den Teilnehmenden selbst mitgetragen, und das gegenseitige Vertrauen schafft die Grundlage für mutige Beiträge, offene Fragen und gemeinsames Lernen. Es entsteht ein gemeinsames Wir-Gefühl, das die Grundlage für produktives Arbeiten bildet. Gruppennormen werden sichtbar, Verantwortlichkeiten geklärt und gegenseitige Unterstützung nimmt zu. Die Gruppe entwickelt ein Gefühl für ihren eigenen Stil, für ihre Sprache, ihre Dynamik und ihre informellen Regeln. In dieser Phase lohnt es sich, gemeinsam mit der Gruppe Rückblick zu halten und sichtbar zu machen, welche Entwicklung bereits stattgefunden hat. Der Gruppenprozess wird zum Lerngegenstand und schafft damit ein vertieftes Bewusstsein für soziale und kooperative Kompetenzen. Reflexionsmethoden, wie zirkuläre Fragen, Metaphernarbeit oder Timeline-Analysen können dabei helfen, diesen Prozess zu vertiefen. Trainer:innen sind in dieser Phase weniger als Lehrende gefragt, sondern vielmehr als aufmerksame Begleiter:innen, die Raum für Eigenverantwortung schaffen. Ein gelungener Übergang in die Performing-Phase ist meist daran erkennbar, dass Initiative aus der Gruppe kommt, dass Ideen entstehen, Verantwortung übernommen wird und die Gruppe in der Lage ist, auftretende Probleme eigenständig zu lösen. Norming ist daher nicht nur die Phase der Strukturierung, sondern auch jene, in der aus einem Nebeneinander ein echtes Miteinander wird.

In der **Performing-Phase** ist die Gruppe voll arbeitsfähig. Die Energie fließt in die Aufgabenbearbeitung, Kreativität entfaltet sich, Verantwortung wird geteilt. Die Gruppe hat einen Reifegrad erreicht, der es ermöglicht, Herausforderungen selbstständig zu bewältigen, Synergien zu nutzen und tragfähige Ergebnisse zu erzielen. Dabei geht es nicht mehr nur um reibungslose Abläufe, sondern um echte Gestaltungskraft und das Vertrauen in die kollektive Kompetenz. Trainer:innen agieren jetzt vor allem als Prozessbegleiter:innen, Impulsgeber:innen und Unterstützer:innen. Sie bieten methodische Anregungen, stellen Materialien bereit und unterstützen bei Bedarf, ohne in den Vordergrund zu treten. Die Gruppe trägt sich in vielen Aspekten selbst, übernimmt Verantwortung für Inhalte, Prozesse und Ergebnisse und gestaltet das gemeinsame Arbeiten aktiv mit. Diese Phase eröffnet vielfältige Gestaltungsmöglichkeiten für anspruchsvolle Inhalte, kreative Lernformen und selbstorganisierte Arbeitsprozesse. In der Performing-Phase zeigen sich häufig hohe Motivation, lösungsorientiertes Denken und ein spürbarer Wille zur Qualität. Projektarbeit, Peer-Feedback, Co-Moderationen oder selbst organisierte Lernstationen können nun erfolgreich umgesetzt werden. Gleichzeitig darf die Leitung auch in dieser Phase nicht vollständig aus dem Blick verschwinden, sondern bleibt als wertschätzende, präsente Ansprechperson wichtig. Ihre Präsenz ist weniger steuernd, sondern vielmehr unterstützend und sichernd. Sie beobachtet Prozesse, greift bei Bedarf dezent ein und gibt Impulse zur Reflexion und Weiterentwicklung. Der Erfolg dieser Phase hängt entscheidend von der vorangegangenen Konfliktklärung und dem gewachsenen Vertrauen in der Gruppe ab. Ohne eine solide Basis aus gegenseitigem Respekt, geklärten Rollen und einer konstruktiven Kommunikationskultur wird die Performing-Phase nicht ihr volles Potenzial entfalten. Gelungene Performing-Phasen zeichnen sich nicht nur durch Ergebnisse aus, sondern auch durch ein spürbares Gefühl von Gemeinschaft, Zielorientierung und Zufriedenheit. Die Teilnehmenden nehmen sich gegenseitig ernst, fordern und fördern sich, übernehmen Verantwortung und erleben sich als wirksam. Das stärkt nicht nur die Qualität der Zusammenarbeit, sondern auch die persönliche Entwicklung jedes einzelnen Gruppenmitglieds.

Die letzte Phase, das **Adjourning**, bezeichnet den Abschied. Sie wird häufig unterschätzt, ist aber für den nachhaltigen Erfolg eines Lernprozesses zentral. In dieser Phase geht es um Würdigung, um Rückblick, um Abschied und darum, das Erlebte zu integrieren. Die Gruppe löst sich auf, Rollen und Beziehungen verändern sich erneut. Für Trainer:innen bedeutet diese Phase, Raum für Reflexion, Feedback und persönlichen Abschluss zu geben. Rituale, gemeinsame Auswertungen oder symbolische Handlungen können diesen Prozess sinnvoll unterstützen. Besonders hilfreich ist es, Rückblicke in Form von Bildern, Symbolen oder kurzen Statements zu gestalten, um den emotionalen Anteil des Abschieds bewusst zu würdigen. Auch die Frage, was über das Seminar hinaus wirkt, sollte thematisiert werden. So wird die Brücke in den Alltag geschlagen und das Gelernte kann wirksam werden.

Die Phasen nach Tuckman verdeutlichen, dass Gruppendynamik kein Zufallsprodukt ist, sondern einem gewissen Verlauf folgt. Wer diesen Verlauf kennt, kann sich auf die jeweiligen Anforderungen besser einstellen, Prozesse bewusster gestalten und Entwicklungen gezielt fördern. Gruppen durchleben diese Phasen nicht immer im gleichen Tempo, sie können auch zurückfallen oder einzelne Phasen mehrfach durchlaufen. Ebenso wichtig wie die Kenntnis über diese Phasen ist die Fähigkeit, mit Übergängen flexibel umzugehen und nicht an einem starren Phasenmodell festzuhalten. Gruppendynamik ist lebendig und lässt sich nicht in Schablonen pressen. Sie ist geprägt von wechselseitiger Beeinflussung, von offenen und verdeckten Prozessen, von Gruppenzielen und individuellen Interessen. Deshalb braucht es eine Leitung, die sowohl strukturiert als auch prozessorientiert arbeiten kann. Entscheidend ist die Fähigkeit der Leitung, flexibel, aufmerksam und unterstützend präsent zu sein. Dazu gehört, die Gruppe nicht nur zu steuern, sondern sie auch zu begleiten, ihr zuzuhören, Impulse zu geben und Entwicklungen zu spiegeln. Eine wertschätzende Grundhaltung, methodische Vielfalt, klare Kommunikation und die Bereitschaft, Unsicherheiten auszuhalten, sind die wichtigsten Begleiter:innen auf diesem Weg. Die Qualität einer Gruppenerfahrung zeigt sich nicht allein an der Effektivität der Inhalte, sondern daran, wie tiefgreifend Menschen einbezogen, bewegt und befähigt wurden. Wer Gruppenprozesse als Chance und nicht als Störung begreift, legt den Grundstein für lebendige Lernräume, die über das rein Fachliche hinausgehen und Persönlichkeitsentwicklung ermöglichen. In solchen Räumen wird nicht nur Wissen vermittelt, sondern Beziehung gestaltet, Vertrauen aufgebaut und soziale Kompetenz erprobt. Genau darin liegt der nachhaltige Mehrwert gruppendynamischer Prozesse.

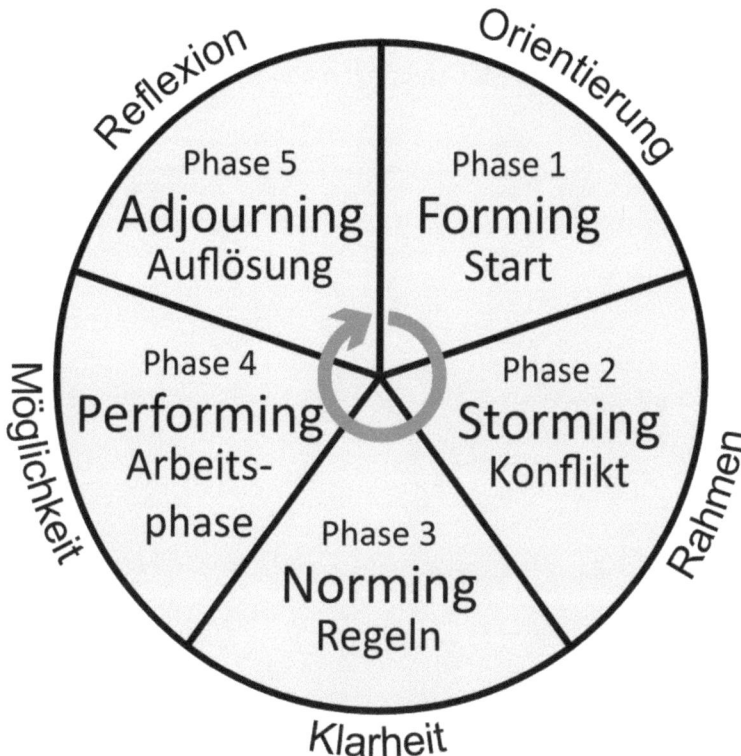

Reflexionsfragen:

- In welcher Phase befindest du dich aktuell mit einer deiner Gruppen?
- Welche Signale erkennst du für die jeweilige Phase?
- Was hilft dir dabei, Spannungen in der Storming-Phase konstruktiv zu begleiten?
- Wie unterstützt du den Übergang von Norming zu Performing?
- Welche Rituale nutzt du am Ende eines Seminars?
- Wie gestaltest du den Gruppenabschluss bewusst und würdigend?
- Welche Herausforderungen erlebst du im Umgang mit gruppendynamischen Phasen?
- Wie reagierst du, wenn eine Gruppe nicht alle Phasen durchläuft?

Gruppenentwicklung braucht Zeit, Aufmerksamkeit und Vertrauen in den Prozess. Wenn Leitung gelingt, entsteht ein Lernraum, in dem sich Menschen mit Offenheit und Mut einbringen können und über sich hinauswachsen dürfen.

Gruppenrollen und Interaktionen

Jede Gruppe lebt nicht nur von ihrem gemeinsamen Ziel oder Inhalt, sondern auch von den sozialen Rollen, die ihre Mitglieder einnehmen. Diese Rollen sind keine festen Zuschreibungen, sondern entstehen dynamisch im Zusammenspiel von Persönlichkeit, Erwartungen, situativen Anforderungen und Gruppenkultur. Sie entwickeln sich im Laufe der Zeit, in Interaktion mit anderen, durch Zuschreibungen von außen und durch Selbstwahrnehmung. Dabei ist es ganz natürlich, dass manche Personen bestimmte Rollen häufiger einnehmen, während andere lieber im Hintergrund bleiben. Manche Rollen werden bewusst eingenommen, etwa wenn jemand eine Führungsposition übernimmt oder als Sprecher:in auftritt, andere entwickeln sich unbewusst und wirken dennoch maßgeblich auf den Gruppenprozess ein, etwa wenn jemand regelmäßig vermittelt oder Spannungen entschärft.

Rollenverhalten ist häufig kontextabhängig. Ein und dieselbe Person kann in unterschiedlichen Gruppen ganz unterschiedliche Rollen ausfüllen. Wer in einem beruflichen Setting als strukturierter Organisator wahrgenommen wird, kann im privaten Bereich vielleicht der oder die kreative Impulsgeber:in sein. Dieses Rollenverhalten hängt nicht nur mit individuellen Persönlichkeitsmerkmalen zusammen, sondern auch mit dem, was eine Gruppe gerade braucht oder zulässt. Wer Gruppen erfolgreich begleiten möchte, sollte lernen, diese Rollen nicht nur zu erkennen, sondern auch zu würdigen. Es geht darum, die Funktion hinter dem Verhalten zu verstehen und die Potenziale, die damit einhergehen, für die Gruppe nutzbar zu machen. In manchen Fällen kann es auch notwendig sein, Rollen zu hinterfragen oder bewusst zu irritieren, wenn sie zum Beispiel blockierend wirken oder einzelne Personen festlegen. Die Fähigkeit, flexibel auf Rollenprozesse einzugehen und sie in ihrer Komplexität zu verstehen, gehört zu den zentralen Kompetenzen in der professionellen Gruppenleitung.

Rollen bringen Ordnung in die Komplexität des sozialen Geschehens, geben Orientierung, stiften Identität und fördern das Zusammenspiel. Gleichzeitig bergen sie aber auch das Risiko von Fixierungen,

Ausschlüssen oder ungünstigen Machtkonstellationen. Wenn Menschen in Gruppen immer wieder dieselbe Rolle einnehmen, kann das einerseits Stabilität bieten, andererseits aber auch individuelle Entfaltungsmöglichkeiten einschränken. Wer stets als Vermittler:in fungiert, hat möglicherweise weniger Raum, eigene Interessen deutlich zu vertreten. Wer regelmäßig opponiert, wird rasch in eine Schublade gesteckt, selbst wenn er oder sie in einem neuen Kontext konstruktive Beiträge leisten möchte. Deshalb ist es wichtig, Rollenzuschreibungen nicht als feste Etiketten zu behandeln, sondern als momentane Phänomene zu begreifen, die sich durch neue Erfahrungen und veränderte Rahmenbedingungen auch wandeln können.

Die Beobachtung von Rollenverhalten erlaubt wertvolle Rückschlüsse auf das Gruppengefüge und liefert Ansatzpunkte für Intervention und Entwicklung. Wer übernimmt die Initiative? Wer agiert zurückhaltend? Wer bringt Struktur, wer sorgt für Stimmung? All diese Fragen können Hinweise darauf geben, wie das Gruppensystem organisiert ist und welche impliziten Regeln es prägen. Gerade in heterogenen Gruppen ist es von besonderer Bedeutung, auf ein ausgewogenes Zusammenspiel der Rollen zu achten, da sonst die Gefahr besteht, dass einzelne Stimmen zu dominant werden, während andere verstummen. Die Aufgabe von Trainer:innen besteht daher nicht nur darin, diese Dynamiken wahrzunehmen, sondern auch bewusst Räume zu schaffen, in denen alternative Rollenmuster ausprobiert werden dürfen.

Typische Rollen, wie sie etwa in der klassischen Sozialpsychologie oder in gruppendynamischen Modellen beschrieben werden, umfassen unter anderem den oder die Wortführer:in, den stillen Beobachter, die Antreiberin, den Vermittler oder auch die Person, die häufig opponiert. Aber auch kreative Rollen wie die Impulsgeber:in, emotional unterstützende Rollen wie die Mutmacher:in oder strukturierende Rollen wie die Organisator:in sind in vielen Gruppen anzutreffen. Je nach Zusammensetzung der Gruppe, ihrer Aufgabe, ihrem Reifegrad und der Qualität der Beziehungen können sich diese Rollen unterschiedlich ausprägen. Manche Gruppen benötigen mehr Struktur, andere leben von Spontaneität und gegenseitiger Herausforderung. Die Rollenkonstellation ist daher kein

Zufallsprodukt, sondern spiegelt immer auch die tiefer liegenden Bedürfnisse und Themen der Gruppe wider. Ein achtsamer Blick auf Rollen und ihre Funktion eröffnet damit einen Zugang zu tieferem Verstehen, das weit über die sichtbare Interaktion hinausreicht.

Es ist dabei nicht entscheidend, jede Rolle exakt zu benennen oder zu kategorisieren. Vielmehr geht es darum, die Wirkung zu verstehen, die ein bestimmtes Verhalten auf die Gruppe hat. Wer übernimmt Verantwortung? Wer stellt Fragen? Wer zieht sich zurück? Wer bringt Humor ein? Wer fordert heraus? Wer gleicht aus? In jeder dieser Handlungen liegt ein Beitrag zur Gruppendynamik. Trainer:innen sind in der Beobachtung gefordert, gleichzeitig aber auch Teil des Systems. Das bedeutet, dass auch sie selbst Rollen einnehmen und zugewiesen bekommen. Mal als Expert:in, mal als Moderator:in, mal als Projektionsfläche für Sympathie oder Widerstand. Diese eigene Rollenwahrnehmung bewusst zu reflektieren ist essenziell, um nicht ungewollt bestimmte Dynamiken zu verstärken.

Ein flexibler Umgang mit Rollen fördert die Beweglichkeit der Gruppe. Indem Teilnehmende ermutigt werden, neue Verhaltensweisen auszuprobieren, sich in anderen Rollen zu erleben oder sich bewusst aus eingefahrenen Mustern zu lösen, entsteht Entwicklung. Eine solche Herangehensweise erlaubt nicht nur individuelle Lernerfahrungen, sondern erweitert auch die Möglichkeiten kollektiver Weiterentwicklung. Gruppen, in denen Rollen bewusst reflektiert und variiert werden dürfen, zeigen häufig eine größere Resilienz und Innovationskraft, weil sie auf Veränderungen flexibler reagieren können. Methoden wie Rollenspiele, Soziogramme, Beobachtungsaufträge oder strukturierte Feedbackprozesse können diesen Rollenwechsel unterstützen. Gerade Rollenspiele ermöglichen es, in einem geschützten Rahmen neue Perspektiven einzunehmen und Handlungsalternativen zu erproben. Soziogramme machen Beziehungsgefüge sichtbar und helfen dabei, verborgene Dynamiken zu erkennen. Beobachtungsaufträge fördern die Achtsamkeit für Interaktionen und regen zur differenzierten Wahrnehmung an. Strukturierte Feedbackprozesse schaffen Rückmeldekultur und eröffnen Reflexionsräume.

Wichtig ist, dass Rollen nicht bewertet, sondern verstanden werden. Jede Rolle erfüllt eine Funktion und enthält eine Botschaft. Ein Mensch, der ständig opponiert, weist möglicherweise auf ein Thema hin, das andere sich nicht zu äußern trauen. Diese Person übernimmt damit eine wichtige Aufgabe im Gruppensystem, indem sie möglicherweise Spannungen kanalisiert oder unbewusste Bedürfnisse zum Ausdruck bringt. Eine Person, die stets moderierend wirkt, bringt vielleicht ein Bedürfnis nach Harmonie ein, das die Gruppe aktuell benötigt. Dieses Bedürfnis nach Ausgleich kann ebenso wertvoll sein wie eine herausfordernde Gegenstimme. Erst in der bewussten Auseinandersetzung mit diesen Funktionen kann ein konstruktiver Umgang damit entstehen. Entscheidend ist, dass alle Rollen als sinnvolle Beiträge zu einem komplexen Ganzen betrachtet werden. Trainer:innen, die dieses Verständnis vermitteln, schaffen ein Klima der Offenheit, in dem Wachstum und Veränderung möglich sind.

Rollen zu reflektieren heißt nicht, sie zu etikettieren, sondern den tieferen Sinn hinter dem Verhalten zu erforschen. Es bedeutet, neugierig zu bleiben auf das, was sich hinter dem Offensichtlichen verbirgt. Welche Beweggründe, Bedürfnisse oder Erfahrungen führen dazu, dass jemand eine bestimmte Rolle übernimmt? Welche Funktion erfüllt diese Rolle im Kontext der jeweiligen Gruppensituation? Wenn Menschen sich mit ihren Rollen bewusst auseinandersetzen dürfen, können sie nicht nur neue Seiten an sich selbst entdecken, sondern auch ein tieferes Verständnis für andere entwickeln.

Gruppen leben von Vielfalt. Unterschiedliche Rollen ermöglichen Perspektivenvielfalt, fördern kreative Lösungen und stärken die Resilienz des Systems. Eine Gruppe, in der verschiedene Rollen sichtbar werden dürfen, wird beweglicher im Umgang mit Herausforderungen und kreativer in der Lösungsfindung. Unterschiedliche Sichtweisen, Herangehensweisen und Reaktionsmuster sind kein Hindernis, sondern ein Schatz, der gehoben werden kann, wenn der Raum dafür geschaffen wird. Entscheidend ist, ob diese Rollen in einer Weise gelebt werden, die den Gruppenprozess unterstützt. Das gelingt dann besonders gut, wenn die Beteiligten ihre Rolle nicht nur als Funktion, sondern auch als Ausdruck

ihrer Persönlichkeit begreifen und gleichzeitig bereit sind, sich weiterzuentwickeln.

Starke Gruppen zeichnen sich dadurch aus, dass Rollen nicht starr sind,
sondern dynamisch gewechselt und geteilt werden können. Wer heute
noch zurückhaltend ist, kann morgen eine führende Rolle übernehmen.
Wer häufig moderiert, darf sich auch einmal zurücklehnen. Solche Rollendynamik schafft Lebendigkeit, gegenseitige Achtung und eine lernförderliche Kultur. Sie erlaubt es, nicht in bestimmten Verhaltensmustern
festzustecken, sondern auf aktuelle Herausforderungen situativ angemessen zu reagieren. Trainer:innen sind gefordert, diese Flexibilität zu
fördern, Rollenwechsel zu ermöglichen und Entwicklung zu begleiten.

Interaktionen in Gruppen sind immer mehrdimensional. Es geht nicht nur
um inhaltliche Beiträge, sondern auch um Beziehungsgestaltung, Macht-
fragen, Emotionen und unausgesprochene Erwartungen. Trainer:in-
nen sind gut beraten, nicht nur auf das zu achten, was gesagt wird, sondern auch auf das Wie und auf das, was zwischen den Zeilen mitschwingt.
Körpersprache, Blickkontakte, Sprecherwechsel, Pausen, Lachen oder
plötzliche Themenwechsel sind wichtige Indikatoren für das, was sich in
der Gruppe bewegt. Die Fähigkeit, diese Interaktionen zu lesen und einzuordnen, ist zentral für die Begleitung von Gruppen.

Dabei helfen nicht nur Intuition und Erfahrung, sondern auch strukturierte Beobachtungsraster, kollegiale Reflexion oder die Arbeit mit Metaphern und Bildern. Gruppeninteraktion ist ein komplexes Zusammenspiel
aus spontanen Impulsen, gewachsenen Mustern und situativen Erforder-
nissen. Sie lässt sich nicht vollständig steuern, aber sensibel begleiten.
Wer Gruppenrollen und ihre Interaktionen versteht, erweitert seinen
Handlungsspielraum, stärkt die Wirksamkeit der Begleitung und öffnet
Räume für soziale Lernprozesse, die weit über das Seminar hinaus wirken.

Rollenverhalten zeigt sich nicht nur in Worten, sondern auch in kleinen
Gesten, Blicken und wiederkehrenden Handlungsmustern. Wer darauf
achtet, entdeckt oft feinste Hinweise auf innere Haltungen, Spannungen

oder unausgesprochene Erwartungen. Es lohnt sich, auch diesen leisen Tönen Aufmerksamkeit zu schenken. Ein besonders wertvoller Moment kann entstehen, wenn eine Gruppe gemeinsam über Rollen reflektiert. Was wird mir zugeschrieben? Was übernehme ich bereitwillig? Wo spüre ich Widerstand? Solche Fragen eröffnen Räume der Selbsterkenntnis und fördern ein vertieftes Verständnis für gruppendynamische Zusammenhänge.

Auch Konflikte oder Blockaden können im Licht der Rollendynamik betrachtet werden. Oft ist es nicht die Person selbst, die als störend erlebt wird, sondern die Funktion, die sie für das System erfüllt. Wer dies erkennt, kann sich von vorschnellen Urteilen lösen und zu einem differenzierteren Blick finden. Besonders dann, wenn sich bestimmte Verhaltensweisen regelmäßig wiederholen und starke emotionale Reaktionen auslösen, lohnt sich die Frage: Welche Rolle erfüllt dieses Verhalten im Gruppengefüge? Welche unausgesprochenen Themen werden dadurch sichtbar gemacht?

Es zeigt sich oft, dass sogenanntes störendes Verhalten wichtige Signalfunktion hat. Menschen, die stören, bremsen, sticheln oder sich verweigern, übernehmen nicht selten die Aufgabe, Unausgesprochenes zu artikulieren oder verdeckte Spannungen ans Licht zu bringen. Ihre Beiträge sind nicht angenehm, aber oft notwendig, um Entwicklungen zu ermöglichen. Wer diese Dynamik erkennt, kann Konflikte produktiv nutzen und in Lernchancen verwandeln. Das erfordert eine Haltung der Offenheit, der Neugier und der inneren Gelassenheit gegenüber Unvorhergesehenem. Gelingt es Trainer:innen, Rollenprozesse transparent zu machen, ohne sie zu bewerten, entsteht ein Klima der Offenheit und Entwicklung. Es wächst ein Raum, in dem nicht nur Lerninhalte transportiert werden, sondern auch persönliche Erkenntnisse möglich werden. Menschen entdecken neue Seiten an sich, probieren sich aus, verlassen gewohnte Pfade und gewinnen an Flexibilität. Solche Erfahrungen sind nicht nur bedeutsam für die Seminargruppe selbst, sondern wirken weit über den konkreten Rahmen hinaus. Gruppen werden beweglicher, lebendiger und kreativer, weil sie gelernt haben, Unterschiedlichkeit nicht nur zu tolerieren, sondern als Ressource zu begreifen.

Reflexionsfragen:

- Welche typischen Rollen beobachtest du immer wieder in Gruppen?
- Welche Rollen nimmst du selbst bevorzugt ein?
- Wie gehst du mit Teilnehmenden um, deren Rolle die Gruppenarbeit eher erschwert?
- Welche Interaktionen zwischen Teilnehmenden fallen dir besonders auf?
- Was hilft dir dabei, Interaktionen auf Beziehungsebene wahrzunehmen?
- Welche Methoden nutzt du, um Rollen und Interaktionen sichtbar zu machen?
- Wie gelingt es dir, eingefahrene Rollen zu öffnen und neue Impulse zu ermöglichen?
- Was lernst du über dich selbst im Zusammenspiel mit Gruppen?

Gruppenrollen und Interaktionen sind keine Nebenschauplätze, sondern zentrale Elemente jeder Gruppenarbeit. Wer sie versteht, gestaltet nicht nur den Lernprozess bewusster, sondern stärkt die soziale Qualität des Miteinanders in nachhaltiger Weise.

Umgang mit Gruppenkonflikten

Konflikte in Gruppen sind kein Zeichen von Scheitern, sondern Ausdruck lebendiger Prozesse. Sie gehören zu jeder zwischenmenschlichen Dynamik dazu und können, wenn sie konstruktiv begleitet werden, zu Entwicklung, Klärung und Wachstum führen. Gruppenkonflikte entstehen meist nicht aus dem Nichts. Sie entwickeln sich schleichend und bleiben oft lange Zeit unter der Oberfläche verborgen. Viele Spannungen zeigen sich zunächst nur in subtilen Signalen, etwa in Form von ironischen Bemerkungen, Zurückhaltung, gereizten Reaktionen oder einer zunehmenden emotionalen Distanz. Diese frühen Hinweise wahrzunehmen und ernst zu nehmen, ist eine zentrale Aufgabe der Gruppenleitung. Wer zu lange wartet, läuft Gefahr, dass sich Konflikte verhärten und destruktive Dynamiken entstehen, die das gemeinsame Lernen erschweren oder ganz blockieren können.

Häufig haben Gruppenkonflikte mit unklaren Erwartungen, Rollenkonflikten, unausgesprochenen Bedürfnissen oder nicht wahrgenommenen Grenzen zu tun. Oft entstehen Missverständnisse, weil unterschiedliche Vorstellungen über Rollen, Aufgaben oder Verantwortlichkeiten nicht rechtzeitig geklärt wurden. Besonders in heterogenen Gruppen treffen unterschiedliche Werthaltungen, Kommunikationsstile, Temperamente oder Erfahrungen aufeinander. Diese Vielfalt kann eine große Ressource sein, birgt aber auch das Potenzial für Spannungen. Wenn Menschen in ihrer Unterschiedlichkeit nicht gesehen oder verstanden werden, reagieren sie mit Rückzug, Widerstand oder Konfrontation. Gerade in intensiven Lernprozessen kann dies leicht geschehen, weil neue Inhalte und die damit verbundenen inneren Prozesse Verunsicherung auslösen. Werden diese Spannungen nicht thematisiert, kann sich ein diffuses Unbehagen in der Gruppe ausbreiten, das sich auf die Motivation und das Miteinander negativ auswirkt.

Dazu kommt, dass viele Menschen in Gruppenkontexten frühere Erfahrungen mit Autorität, Ausschluss oder Konkurrenz reaktivieren. Seminargruppen sind keine neutralen Räume. Sie sind soziale Systeme, in denen sich unbewusste Beziehungsdynamiken abbilden. Wer Gruppen leitet, sollte sich dieser Prozesse bewusst sein und sensibel beobachten, wo alte Muster durch neue Erfahrungen abgelöst werden können – oder wo sie sich in belastender Weise wiederholen. Wenn es gelingt, Konflikte nicht als Störung, sondern als Spiegel tieferer Themen zu begreifen, können sie zu wertvollen Lernmomenten für die gesamte Gruppe werden.

Für Trainer:innen besteht die Kunst nicht darin, Konflikte zu vermeiden, sondern darin, sie rechtzeitig wahrzunehmen und einen Raum zu schaffen, in dem sie produktiv bearbeitet werden können. Dabei ist es entscheidend, sich nicht vorschnell auf Schuldzuweisungen oder einseitige Bewertungen einzulassen. Vielmehr geht es darum, das jeweilige Geschehen in seiner Komplexität zu erfassen, den Kontext zu verstehen und mögliche tiefer liegende Ursachen zu erkunden. Oft hilft ein Perspektivwechsel oder die bewusste Reflexion darüber, welche Funktionen ein Konflikt im Gruppenprozess erfüllt. Konflikte können Energie bündeln, Veränderung einleiten oder verdeckte Themen sichtbar machen. Sie bergen die Chance, eingefahrene Strukturen aufzubrechen und neue Formen der Zusammenarbeit zu entwickeln.

Dabei sollte der Blick auch auf die Dynamiken gerichtet sein, die sich unterhalb der sichtbaren Oberfläche abspielen. Häufig sind es unausgesprochene Erwartungen, tieferliegende Ängste oder ungelöste Vorerfahrungen, die in einer Gruppensituation wieder auftauchen und den Umgang miteinander erschweren. Trainer:innen, die es verstehen, Spannungen sensibel wahrzunehmen und in eine produktive Auseinandersetzung zu überführen, können aus einem latenten Konflikt eine wertvolle Ressource für die Gruppe machen. Besonders in länger andauernden Lernprozessen bietet sich die Möglichkeit, durch gezielte Interventionen Muster aufzubrechen, neue Formen der Verständigung zu etablieren und das Vertrauen der Teilnehmenden ineinander zu stärken.

Konflikte erfordern also nicht nur methodische Kompetenz, sondern auch eine reflektierte Haltung, emotionale Stabilität und ein feines Gespür für Gruppendynamiken. Es geht darum, als Leitungsperson ein Klima zu schaffen, in dem sich auch Unangenehmes zeigen darf und in dem jede Stimme gehört wird. Gruppen wachsen an Konflikten, wenn sie erleben, dass Auseinandersetzung nicht bedeutet, die Beziehung aufs Spiel zu setzen, sondern dass durch offene Kommunikation neue Verbindungen entstehen können. Dies gelingt umso besser, je mehr die Gruppenleitung authentisch, klar und gleichzeitig offen für unterschiedliche Sichtweisen agiert.

Die Haltung der Trainer:innen spielt dabei eine zentrale Rolle. Wer mit Ruhe, Empathie und Klarheit agiert, vermittelt Sicherheit. Wer zuhört, statt sofort zu intervenieren, ermöglicht Klärung. Und wer das Vertrauen in die Lernfähigkeit der Gruppe nicht verliert, schafft die Grundlage für Heilung und Entwicklung. Methodisch bieten sich zur Konfliktklärung vielfältige Möglichkeiten an: strukturierte Gespräche, Mediation, Rollenwechsel, kreative Methoden oder auch das vorübergehende Aufsplitten der Gruppe in kleinere Einheiten können dazu beitragen, Spannungen abzubauen und Verständigung zu ermöglichen. Wichtig ist, dass der Prozess transparent bleibt, dass alle Beteiligten gehört werden und dass der Umgang mit Konflikten im Sinne einer gemeinsamen Lernchance verstanden wird.

In der Praxis kann es hilfreich sein, Eskalationsstufen zu erkennen und entsprechend abgestuft zu handeln. Nicht jeder Konflikt erfordert dieselbe Intensität der Intervention. Manchmal genügt es, das Thema anzusprechen, Verständnis zu signalisieren und das Vertrauen auszusprechen, dass die Gruppe damit konstruktiv umgehen wird. In anderen Fällen braucht es gezielte Methoden, einen Rahmen zur Aufarbeitung oder sogar externe Unterstützung. Je komplexer und emotionaler ein Konflikt ist, desto mehr lohnt sich ein strukturierter, reflektierter Umgang, der Raum für unterschiedliche Sichtweisen lässt. Es empfiehlt sich zudem, den Fokus nicht allein auf das Problem zu legen, sondern auch die Kompetenzen und Ressourcen sichtbar zu machen, die bereits vorhanden sind. Gruppen, die erleben, dass sie Konflikte lösen können, wachsen an dieser Erfahrung. Eine bewährte Herangehensweise ist es, Konflikte nicht nur retrospektiv, sondern auch präventiv zu betrachten. Dazu gehört etwa die bewusste Gestaltung von Anfangssituationen, das Schaffen klarer Rahmenbedingungen, das Fördern einer Feedbackkultur und das Einüben konstruktiver Kommunikation. Gerade in der Anfangsphase eines

Seminars oder einer Arbeitsgruppe können klare Vereinbarungen und offene Gesprächsräume viel dazu beitragen, dass Missverständnisse erst gar nicht entstehen. Wenn sich Gruppenmitglieder frühzeitig eingeladen fühlen, Bedürfnisse und Unsicherheiten anzusprechen, sinkt die Wahrscheinlichkeit, dass diese sich im späteren Verlauf in destruktiven Mustern zeigen.

Darüber hinaus stellt sich die Frage, welche Haltung Trainer:innen selbst zu Konflikten haben. Erleben sie sie als Herausforderung oder als Störung? Sehen sie im Konflikt eine Gelegenheit zur Klärung oder als Gefahr für den Ablauf? Die eigene Einstellung prägt das Handeln entscheidend mit. Wer Konflikte als natürlichen Bestandteil von Gruppenprozessen akzeptiert, wird auch in heiklen Momenten präsent bleiben können. Wer hingegen Angst vor Eskalation hat oder sich selbst stark betroffen fühlt, läuft Gefahr, unbewusst auszuweichen oder die Verantwortung an die Gruppe zurückzuspielen. Deshalb ist es wichtig, auch die eigene Konfliktbiografie zu reflektieren und sich in der professionellen Rolle der Begleitung sicher zu fühlen. Supervision, Austausch mit Kolleg:innen und regelmäßige Weiterbildung unterstützen dabei.

Langfristig zeigt sich: Gruppen, die Konflikte gemeinsam bewältigen, werden stabiler, offener und leistungsfähiger. Sie entwickeln Vertrauen in die eigene Konfliktfähigkeit und erleben sich als handlungsfähig. Trainer:innen, die diesen Prozess achtsam begleiten, leisten damit einen wichtigen Beitrag zur sozialen Kompetenzbildung und zur Entwicklung einer lernförderlichen Kultur.

Reflexionsfragen:

- Welche Konflikte hast du in Gruppen erlebt und wie bist du damit umgegangen?
- Was hilft dir, in konflikthaften Situationen ruhig und klar zu bleiben?
- Wie erkennst du frühzeitig Signale für schwelende Konflikte?
- Welche Methoden nutzt du, um Konflikte sichtbar und bearbeitbar zu machen?

- Wie förderst du ein Klima, in dem Konflikte offen angesprochen werden dürfen?
- Was lernst du über dich selbst im Umgang mit Gruppenkonflikten?
- Wie unterstützt du Gruppen dabei, Konflikte als Lernchance zu begreifen?
- Welche Rolle spielt deine eigene Haltung im Umgang mit Konflikten?

Konflikte in Gruppen sind kein Makel, sondern Einladung zum Wachstum. Wer sie mit Klarheit, Mut und Empathie begleitet, ermöglicht Entwicklung auf einer tieferen Ebene und stärkt das Vertrauen in den gemeinsamen Prozess.

Methodenkompetenz: Aktivierende Methoden

Aktivierende Methoden bilden das Herzstück einer lebendigen, an den Teilnehmenden orientierten Erwachsenenbildung. Sie sind der Schlüssel zu nachhaltigem Lernen, denn sie binden die Teilnehmenden nicht nur kognitiv, sondern auch emotional und sozial in den Lernprozess ein. Aktivierende Methoden zielen darauf ab, die Lernenden aus ihrer passiven Rolle zu holen, sie zu beteiligen, sie zur Auseinandersetzung zu bewegen und ihre Erfahrungen, Fragen und Perspektiven in den Mittelpunkt zu stellen. Diese Methoden fördern nicht nur die Aufmerksamkeit, sondern auch das Behalten, das Verstehen und den Transfer des Gelernten in den Alltag. Sie ermöglichen den Aufbau einer aktiven Lernhaltung, die es den Teilnehmenden erlaubt, eigene Gedanken zu entwickeln, sich selbst in den Lernprozess einzubringen und Verantwortung für das eigene Lernen zu übernehmen. Darüber hinaus fördern sie die Bereitschaft, sich mit Unterschieden auseinanderzusetzen, den Blick zu weiten und sich in neue Sichtweisen hineinzuversetzen. Wer lehrt, ohne zu aktivieren, spricht in erster Linie den Kopf an. Wer aktivierend unterrichtet, erreicht den ganzen Menschen. In der Erwachsenenbildung geht es nicht darum, Wissen abzufüllen, sondern Prozesse zu ermöglichen, in denen Menschen mit ihrem Wissen und ihren Fragen wirksam werden. Aktivierende Methoden eröffnen Erfahrungsräume, in denen Lernen sinnlich, erfahrbar und bedeutungsvoll wird. Sie setzen auf Eigenaktivität, Partizipation und soziale Interaktion und tragen damit zur Entwicklung von Selbstvertrauen und Gestaltungsfähigkeit bei.

Aktivierende Methoden sind vielfältig und können je nach Ziel, Gruppe und Kontext unterschiedlich eingesetzt werden. Sie reichen von kurzen Impulsen über kreative Übungen bis hin zu komplexen Gruppenarbeiten oder Reflexionsformaten. Eine der bekanntesten aktivierenden Methoden ist das Brainstorming. Dabei geht es nicht nur darum, Ideen zu sammeln, sondern die Kreativität der Gruppe zu wecken und ein Klima der Offenheit zu schaffen. Wichtig ist, dass beim Brainstorming zu Beginn keine Bewertung stattfindet, sondern Quantität vor Qualität geht. Erst in einem zweiten Schritt werden die Ergebnisse geordnet, bewertet und ausgewählt. Durch diese zweiphasige Struktur wird sichergestellt, dass keine Idee vorschnell verworfen wird und der kreative Prozess ungestört fließen kann. Brainstorming eignet sich besonders gut zur Ideengenerierung in der Anfangsphase eines Themas oder Projekts und kann leicht in Kleingruppen- oder Plenumsform durchgeführt werden.

Eine Variante davon ist das Brainwriting, bei dem die Teilnehmenden ihre Ideen zunächst schriftlich notieren, bevor sie in die Diskussion einsteigen. Diese Methode eignet sich besonders für Gruppen, in denen sich nicht alle sofort mündlich einbringen möchten. Durch das Schreiben wird ein gleichberechtigter Zugang geschaffen, bei dem auch zurückhaltendere Personen ihre Gedanken äußern können. Zudem reduziert Brainwriting die Dominanz einzelner Sprecher:innen und fördert ein breiteres Meinungsspektrum. Die notierten Ideen können im Anschluss gemeinsam gesammelt, sichtbar gemacht und weiterentwickelt werden. Beide Methoden lassen sich gut kombinieren, etwa indem nach einer Phase des Brainwriting eine strukturierte Diskussion oder eine Clusterung der Vorschläge folgt. Durch diese Kombination wird sowohl der individuelle Denkprozess als auch die kollektive Reflexion unterstützt.

Auch bewegungsorientierte Methoden wie Aufstellungen oder Positionslinien zählen zu den aktivierenden Formaten. Sie ermöglichen es, Positionen sichtbar zu machen, Diskussionen anzuregen und emotionale Beteiligung zu fördern. Wenn sich beispielsweise Teilnehmende entlang einer gedachten Linie im Raum positionieren, um zu zeigen, wie sehr sie einer bestimmten Aussage zustimmen oder widersprechen, entsteht nicht nur Bewegung, sondern auch ein lebendiges Gespräch über Unterschiede, Gemeinsamkeiten und mögliche Perspektivwechsel. Solche Methoden fördern nicht nur die Auseinandersetzung mit dem Thema, sondern auch das gegenseitige Verständnis in der Gruppe. Darüber hinaus wird durch die physische Bewegung im Raum der Körper in den Lernprozess integriert, was wiederum die kognitive Verarbeitung unterstützt. Die Methode der Aufstellung lässt sich auch auf abstraktere Themen übertragen, etwa wenn Werte, Haltungen oder Gefühle räumlich dargestellt werden. So können nicht nur Argumente sichtbar werden, sondern auch Spannungsfelder, Unsicherheiten oder Gemeinsamkeiten in der Gruppe erlebbar gemacht werden. Besonders hilfreich ist dabei die anschließende Reflexion, bei der Teilnehmende ihre Positionen erläutern und voneinander lernen können. Durch diese Kombination aus Körpererfahrung und Dialog entsteht ein intensiver Lernmoment, der weit über das rein Rationale hinausgeht und den Transfer in die Praxis erleichtert.

Eine weitere wichtige Gruppe aktivierender Methoden sind kooperative Lernformen. Dazu gehören etwa Partnerinterviews, Kleingruppenarbeiten oder Gruppenpuzzle. In Partnerinterviews befragen sich die Teilnehmenden gegenseitig zu einem Thema und stellen danach ihre Gesprächspartner:in im Plenum vor. Das fördert die Aufmerksamkeit, das Zuhören und den respektvollen Umgang miteinander. Durch diese Form des Gesprächseinstiegs wird nicht nur ein persönlicher Kontakt zwischen den Teilnehmenden aufgebaut, sondern auch eine Atmosphäre geschaffen, in der es leichter fällt, sich zu äußern und aktiv einzubringen. Beim Gruppenpuzzle erarbeiten verschiedene Kleingruppen jeweils einen Teilaspekt eines Themas und bringen anschließend ihre Ergebnisse in eine neue Gruppe ein, in der alle Aspekte zusammengetragen werden. Diese Methode fördert die Eigenverantwortung, das vernetzte Denken und die Fähigkeit zur Zusammenarbeit. Sie erfordert eine hohe Beteiligung aller Gruppenmitglieder und schärft das Bewusstsein dafür, dass das eigene Lernen auch den Lernerfolg der anderen beeinflusst. Darüber hinaus eignen sich kooperative Lernformen hervorragend, um soziale Kompetenzen wie Teamfähigkeit, Konfliktlösungsfähigkeit und gemeinsame Entscheidungsfindung zu stärken. Gerade in heterogenen Gruppen entfalten diese Methoden eine integrative Kraft, indem sie unterschiedliche Perspektiven und Erfahrungen zusammenbringen und so den Diskurs bereichern.

Auch kreative Methoden wie das Arbeiten mit Bildern, Symbolen oder Metaphern gehören zu den aktivierenden Ansätzen. Sie sprechen die emotionale und intuitive Ebene an, regen Assoziationen an und eröffnen neue Zugänge zu komplexen Themen. Wenn Teilnehmende zum Beispiel aus einer Vielzahl von Bildkarten eine auswählen, die ihre Haltung zu einem Thema symbolisiert, entsteht oft ein intensiver Reflexionsprozess. Die anschließende Erklärung der Wahl führt zu persönlicher Auseinandersetzung und zur Öffnung gegenüber den Sichtweisen anderer. Ebenso wirksam sind Methoden, die auf szenisches Spiel, Rollentausch oder Improvisation setzen. Sie ermöglichen es, alternative Perspektiven einzunehmen, festgefahrene Denkweisen aufzubrechen und neue Handlungsmöglichkeiten zu erproben.

Nicht jede aktivierende Methode passt zu jeder Situation. Entscheidend ist, dass der Einsatz methodisch begründet ist und das didaktische Ziel unterstützt. Aktivierung darf nicht zum Selbstzweck werden, sondern soll dazu dienen, Lernprozesse zu vertiefen und zu strukturieren. Manchmal reicht schon eine kleine Veränderung im Ablauf, um die Teilnehmenden zu aktivieren. Beispielsweise kann eine klassische Präsentation aufgelockert werden, indem zwischendurch kurze Reflexionsphasen, Abstimmungen mit Karten oder Stimmungsbilder eingefügt werden. Auch methodische Wechsel innerhalb einer Einheit fördern die Aufmerksamkeit und verhindern Ermüdung. Dabei ist es hilfreich, nicht nur zwischen verschiedenen Formaten zu wechseln, sondern auch zwischen verschiedenen Sozialformen. Ein Wechsel vom Plenum zur Partnerarbeit, von der Einzelreflexion zur Kleingruppe oder von der stillen Phase zur Diskussion bringt frischen Wind in den Raum und spricht unterschiedliche Bedürfnisse an. Aktivierung kann sich auch über die Raumgestaltung ausdrücken. Wenn beispielsweise Gruppenarbeitsplätze bewusst umgestaltet oder Materialien auf kreative Weise präsentiert werden, wirkt das inspirierend und einladend. Ebenso wichtig ist die Tonalität der Trainerin oder des Trainers. Ein lebendiger Sprachstil, gezielter Einsatz von Humor und eine positive Körpersprache können viel zur Aktivierung beitragen. Kurze Bewegungspausen oder spielerische Elemente haben ebenfalls das Potenzial, die Lernatmosphäre aufzulockern, ohne vom Thema abzulenken. Entscheidend ist, dass du als Trainer:in ein Gespür dafür entwickelst, wann Aktivierung nötig ist und in welcher Form sie unterstützend wirkt.

Für dich als Trainer:in bedeutet der Einsatz aktivierender Methoden auch, loszulassen. Du gibst ein Stück Kontrolle ab, öffnest dich für die Impulse der Gruppe und gehst in Resonanz mit dem, was entsteht. Das erfordert Mut, aber es lohnt sich. Aktivierende Methoden eröffnen Räume, in denen Lernen nicht nur kognitiv, sondern auch sozial und emotional stattfindet. Sie fördern Selbstwirksamkeit, Selbstreflexion und das gemeinsame Lernen in der Gruppe. In gut gestalteten Lernräumen wird das Wissen nicht nur aufgenommen, sondern gemeinsam erzeugt, diskutiert und weiterentwickelt.

Wichtig ist auch, die Balance zu halten. Zu viel Aktivierung kann überfordern, zu wenig Aktivierung kann ermüden. Es kommt darauf an, das richtige Maß zu finden und Methoden so einzusetzen, dass sie stimmig in den Prozess eingebettet sind. Ein guter Methodenmix berücksichtigt unterschiedliche Lerntypen, verschiedene Energiezustände und die aktuelle Dynamik der Gruppe. Es ist wichtig, die eigene Gruppe gut zu beobachten und sensibel auf Signale zu reagieren, die auf Überforderung oder Langeweile hindeuten. Diese Signale können sich in Unruhe, Rückzug, Ablenkung oder auch in offenen Kommentaren äußern. Eine achtsame Trainer:in nimmt diese Hinweise ernst und passt ihre Methodenwahl entsprechend an. Dabei darfst du ruhig kreativ sein und neue Formate ausprobieren. Es lohnt sich, aus bekannten Mustern auszubrechen und zum Beispiel einmal ungewöhnliche Materialien, Bewegungsimpulse oder narrative Elemente einzubauen. Aktivierende Methoden leben von der Lebendigkeit der Umsetzung. Je authentischer du selbst dabei bist, desto eher wirst du die Gruppe mitnehmen und zum Mitmachen einladen können. Diese Authentizität zeigt sich in deinem Auftreten, deiner Sprache und deiner Bereitschaft, dich selbst als Lernende:r zu begreifen. Wenn du dich auf das einlässt, was in der Gruppe entsteht, und dich selbst als Teil des Lernprozesses verstehst, wirst du auch in anspruchsvollen Situationen wirkungsvoll aktivieren können. Aktivierung ist keine Einbahnstraße, sondern ein Dialog zwischen dir und der Gruppe, der durch Resonanz und Vertrauen getragen wird.

Reflexionsfragen:

* Welche aktivierenden Methoden setzt du bereits regelmäßig in deinen Seminaren ein:
* In welchen Situationen fällt es dir leicht, Teilnehmende zu aktivieren:
* Wo erlebst du Widerstand oder Unsicherheit im Umgang mit aktivierenden Methoden:

- Wie sorgst du dafür, dass deine Methodenwahl zum Thema und zur Gruppe passt:
- Wie gehst du mit der Offenheit und Unvorhersehbarkeit aktivierender Methoden um:
- Welche neuen Methoden möchtest du in Zukunft ausprobieren:
- Wie gestaltest du Übergänge zwischen aktivierenden und eher kognitiven Phasen:
- Wie evaluierst du den Erfolg deiner aktivierenden Methoden im Seminar:

Aktivierende Methoden sind mehr als Werkzeuge. Sie sind ein Ausdruck deiner Haltung als Trainer:in und ein zentraler Baustein lebendiger Erwachsenenbildung. Wer mit ihnen arbeitet, schafft Lernräume, in denen Menschen wirklich in Bewegung kommen – im Denken, im Fühlen und im Handeln.

Kooperative Lernformen, Methodenmix und Methodenwahl

Kooperative Lernformen sind eine tragende Säule der Erwachsenenbildung, weil sie Lernen als sozialen Prozess verstehbar und erfahrbar machen. In Gruppenprozessen lernen Menschen nicht nur voneinander, sondern auch miteinander. Sie reflektieren, hinterfragen, erklären, ergänzen, konfrontieren, bestätigen und unterstützen einander. Dieses soziale Lernen verstärkt den Wissenserwerb, fördert die Selbstreflexion und stärkt die Kommunikationsfähigkeit. Kooperative Lernformen wie Think-Pair-Share, Gruppenpuzzle, Lerntandems oder strukturierte Diskussionen regen dazu an, sich aktiv mit den Inhalten auseinanderzusetzen, sie in eigene Worte zu fassen und gleichzeitig in Beziehung mit den anderen Lernenden zu treten.

Bei der Methode Think-Pair-Share denken die Teilnehmenden zunächst individuell über eine Fragestellung nach, tauschen sich danach in Zweiergruppen aus und präsentieren schließlich ausgewählte Ergebnisse im Plenum. Diese Methode ist besonders effektiv, um Denkprozesse anzuregen, stilleren Personen eine Stimme zu geben und das gemeinsame Reflektieren zu fördern.

Das Gruppenpuzzle, auch als Jigsaw-Methode bekannt, funktioniert in zwei Phasen: Zunächst bearbeiten Expertengruppen jeweils einen Teilaspekt eines Themas, den sie anschließend in neu zusammengesetzten Gruppen den anderen Teilnehmenden vermitteln. Dadurch entsteht eine hohe Verbindlichkeit im Lernprozess, denn jede Person wird zur Expertin oder zum Experten für einen Bereich und trägt Mitverantwortung für das Lernergebnis der Gesamtgruppe.

Lerntandems sind Zweiergruppen, in denen sich Teilnehmende über längere Zeit hinweg regelmäßig austauschen, Rückmeldungen geben, Verständnisfragen klären oder sich gegenseitig unterstützen. Diese Form der Zusammenarbeit stärkt die soziale Bindung im Seminar, fördert kontinuierliches Lernen und motiviert dazu, sich vertieft mit den Inhalten auseinanderzusetzen.

Strukturierte Diskussionen basieren auf klar definierten Rollen, Regeln und Zielen. Sie dienen dazu, Meinungen systematisch auszutauschen, Argumente zu entwickeln, gegensätzliche Standpunkte sichtbar zu machen und lösungsorientiert zu arbeiten. Der strukturierte Rahmen hilft besonders in Gruppen mit hoher Meinungsvielfalt oder bei komplexen Themen, eine sachliche und zugleich engagierte Gesprächskultur zu fördern.

Gerade in heterogenen Gruppen entfalten kooperative Formate ihr volles Potenzial, da sie vielfältige Perspektiven sichtbar machen und das gegenseitige Lernen begünstigen. Unterschiedliche berufliche Hintergründe, Altersgruppen, Bildungserfahrungen und Lebensrealitäten fließen in die gemeinsame Arbeit ein und führen zu einem facettenreichen Lernerlebnis, das nicht nur auf Wissensvermittlung, sondern auch auf Persönlichkeitsentwicklung abzielt. Erfolgreiches kooperatives Lernen basiert auf einer klaren Struktur, einem transparenten Ziel und einer unterstützenden Moderation durch die Trainerin oder den Trainer. Diese Moderation hat die Aufgabe, nicht nur die Methode einzuführen und zeitlich zu strukturieren, sondern auch Gruppenprozesse zu begleiten, gegenseitige Wertschätzung zu fördern und sicherzustellen, dass jede Stimme im Raum gehört wird. Ein gelingender Rahmen für kooperative Lernprozesse erfordert nicht nur methodische Kompetenz, sondern auch eine feine Wahrnehmung für Gruppendynamiken, unterschiedliche Kommunikationsstile und die Bereitschaft, auf Unerwartetes flexibel zu reagieren. Wenn diese Elemente zusammenspielen, kann kooperatives Lernen nicht nur kognitives Wissen, sondern auch soziale Intelligenz, Empathie und Verantwortungsbewusstsein fördern.

Ein gezielter Methodenmix stellt sicher, dass unterschiedliche Bedürfnisse, Lernstile und Erfahrungswelten der Teilnehmenden berücksichtigt werden. Wer mit einer einzigen Methode arbeitet, spricht häufig nur einen Teil der Gruppe an. Ein vielfältiges methodisches Repertoire hingegen ermöglicht es, verschiedene Zugänge zu schaffen und damit mehr Menschen zu erreichen. Der Methodenmix sollte sowohl kognitive, emotionale als auch soziale Anteile des Lernens einbeziehen und zwischen Phasen der Aktivierung und der Reflexion abwechseln. Methodenwahl ist immer kontextabhängig. Sie sollte sich an den Lernzielen, der Zielgruppe, der Gruppendynamik, der zur Verfügung stehenden Zeit und dem Raumangebot orientieren. Nicht jede Methode eignet sich für jede Gruppe oder jedes Thema. Manchmal sind es gerade einfache Methoden, die große Wirkung entfalten, während aufwendige Formate unter Umständen ihr Ziel verfehlen. Die Kunst der Methodenwahl besteht darin, für jede Lernsituation ein passendes Werkzeug zur Hand zu haben und dieses gezielt, flexibel und reflektiert einzusetzen.

Auch der Wechsel zwischen verschiedenen Sozialformen spielt eine wesentliche Rolle. Partnerarbeit, Kleingruppen, Plenumsdiskussionen oder Einzelreflexionen eröffnen unterschiedliche Lernräume. Dieser Wechsel sorgt nicht nur für Abwechslung und Aufmerksamkeit, sondern unterstützt auch die Teilnehmenden dabei, sich in unterschiedlichen Rollen zu erleben. In der Partnerarbeit üben sie sich im aktiven Zuhören und präzisen Formulieren, in Kleingruppen entwickeln sie gemeinsame Lösungen, im Plenum lernen sie, ihre Position zu vertreten und andere Standpunkte zu würdigen, in der Einzelarbeit reflektieren sie das Erlebte und Gehörte individuell. Ein dynamischer Methodenmix, gepaart mit bewusster Raumgestaltung, schafft eine lebendige Lernumgebung, die sowohl Struktur als auch Offenheit bietet.

Der reflektierte Umgang mit Methoden setzt die Bereitschaft voraus, nicht nur Methoden anzuwenden, sondern ihre Wirkung auch immer wieder zu hinterfragen. Was funktioniert in dieser Gruppe, was nicht, und warum? Welche Atmosphäre entsteht durch bestimmte Methoden? Wie wirkt sich eine Methode auf die Beteiligung, das Nachdenken, die Gruppendynamik aus? Die Evaluation und Weiterentwicklung des eigenen methodischen Handelns ist ein wesentlicher Bestandteil professioneller Trainer:innenarbeit. Es lohnt sich, sich regelmäßig mit Kolleg:innen auszutauschen, Methoden zu teilen, gemeinsam zu reflektieren und voneinander zu lernen. So entsteht eine lebendige Methodenkultur, die nicht auf fertige Konzepte, sondern auf wachsende Erfahrungsräume setzt.

Reflexionsfragen:

- Welche kooperativen Lernformen setzt du bereits ein:
- Wie variierst du Sozialformen, um unterschiedliche Lernzugänge zu ermöglichen:
- Was sind deine Kriterien bei der Auswahl einer Methode:
- Wie gestaltest du den Wechsel zwischen verschiedenen Methoden:
- Welche Erfahrungen hast du mit der Wirkung bestimmter Methoden gemacht:
- Wie reflektierst du deinen Methodenmix im Anschluss an ein Seminar:
- In welchen Situationen hast du erlebt, dass eine Methode nicht funktioniert hat:
- Wie bleibst du methodisch auf dem Laufenden:

Kooperative Lernformen und ein bewusster Methodenmix tragen entscheidend zur Qualität eines Seminars bei. Sie schaffen Räume, in denen Lernen gemeinsam gestaltet wird, Vielfalt ihren Platz findet und Menschen sich in ihrer Unterschiedlichkeit bereichern können.

Evaluation, Feedback und Weiterentwicklung

Ein wesentliches Merkmal professioneller Trainings- und Bildungsarbeit ist die Bereitschaft zur kontinuierlichen Evaluation und Weiterentwicklung. Evaluation bedeutet in diesem Zusammenhang nicht nur die abschließende Beurteilung eines Seminars durch die Teilnehmenden, sondern ein ganzheitlicher Prozess, der die Qualität und Wirksamkeit der eigenen Arbeit systematisch überprüft. Der Begriff „Feedback" wird dabei oft synonym verwendet, meint aber im engeren Sinne die Rückmeldung durch andere Personen, während Evaluation sowohl die Fremd- als auch die Selbsteinschätzung sowie formelle und informelle Rückmeldesysteme umfasst.

Evaluation ist ein Lerninstrument. Es dient nicht dazu, Lob oder Kritik zu sammeln, sondern Einsichten zu gewinnen. Einsichten darüber, was gut funktioniert hat, was förderlich war, was hinderlich war, was die Teilnehmenden wirklich mitnehmen konnten und wo Potenziale für Verbesserung liegen. Die zentrale Frage jeder Evaluation lautet daher: Was hat dieses Seminar bei den Beteiligten bewirkt? Was haben sie verstanden, gelernt, verändert, hinterfragt oder entdeckt?

Feedback als Teil der Evaluation ist besonders wirksam, wenn es konkret, zeitnah, differenziert und freiwillig erfolgt. Es kann mündlich in der Gruppe gegeben werden, schriftlich durch Fragebögen, anonym oder offen, in Einzelgesprächen oder im Plenum. Die Kunst besteht darin, Feedback so zu erbitten und anzunehmen, dass es zur Weiterentwicklung beiträgt. Als Trainer:in solltest du Feedback nicht rechtfertigen, sondern aufnehmen, darüber nachdenken und gegebenenfalls in deine zukünftige Planung einfließen lassen.

Auch die Selbstevaluation spielt eine zentrale Rolle. Frage dich selbst nach jedem Seminar: Was ist mir gelungen? Wo war ich weniger klar? Was war stimmig, was nicht? Wie habe ich die Gruppe erlebt? Was hätte ich anders machen können? Notiere deine Gedanken möglichst bald nach dem Seminar, um frische Eindrücke zu sichern. Ein persönliches Reflexionstagebuch kann hierbei sehr hilfreich sein.

Professionelle Evaluation erfordert ein klares Konzept. Überlege dir bereits in der Planungsphase, welche Fragen du beantworten möchtest und wie du diese beantworten kannst. Möchtest du wissen, ob deine Teilnehmenden das Seminar als nützlich erlebt haben? Ob sie Inhalte behalten haben? Ob sie etwas anwenden konnten? Daraus ergibt sich die Wahl der Methode. Mündliche Feedbackrunden am Ende eines Seminartags geben dir schnelle Rückmeldungen zur Stimmung und zur Passung der Methoden. Schriftliche Fragebögen eignen sich zur Sammlung systematischer Rückmeldungen. Follow-up-Mails nach einigen Wochen können Auskunft über nachhaltige Wirkungen geben.

Die Art der Evaluation sollte zur Zielgruppe und zum Format passen. In einem Kurzseminar genügt oft eine einfache mündliche Abschlussrunde mit offenen Fragen. In einem mehrtägigen Training mit anspruchsvollen Inhalten ist eine strukturierte schriftliche Evaluation sinnvoll. Bei kontinuierlichen Lehrgängen empfiehlt sich eine Mischung aus laufender Selbstevaluation, Feedbackgesprächen, Zwischenbilanzen und abschließender Reflexion. Wichtig ist, dass du die Ergebnisse ernst nimmst, für dich reflektierst und deine Arbeit daraufhin überprüfst.

Eine besondere Form der Evaluation ist die Meta-Ebene im Seminar. Sprich mit der Gruppe über den Prozess selbst: Wie geht es uns miteinander? Wie erleben wir den Lernprozess? Was brauchen wir, um gut arbeiten zu können? Solche Gespräche schaffen Transparenz, fördern die Gruppendynamik und eröffnen dir wertvolle Einblicke in das Gruppenerleben. Sie sind Teil einer dialogischen Lernkultur, in der alle Beteiligten Verantwortung übernehmen.

Evaluation ist auch eine Frage der Haltung. Wer sich als Lernende:r versteht, wird Evaluation nicht als Kontrolle empfinden, sondern als Chance. Wer bereit ist, sich selbst und seine Arbeit zu hinterfragen, wird wachsen. Evaluation bedeutet nicht, perfekt sein zu müssen. Sie bedeutet, sich weiterzuentwickeln. Schritt für Schritt, auf Grundlage von Erfahrung und Rückmeldung. Wer regelmäßig evaluiert, bleibt in Kontakt mit den Bedürfnissen der Teilnehmenden und entwickelt ein feines Gespür für die eigene Wirksamkeit.

Reflexionsfragen:

- Wie gehst du bisher mit Feedback in deinen Seminaren um?
- Welche Formen der Evaluation setzt du ein und warum?
- Was möchtest du über die Wirkung deiner Trainings wissen?
- Wie gehst du mit kritischem Feedback um?
- Welche Rückmeldungen haben dich in deiner Arbeit besonders weitergebracht?
- Wie gestaltest du deine eigene Selbstevaluation?
- Welche Bedeutung hat Evaluation für dich persönlich?
- Was möchtest du an deinem Evaluationsverhalten verändern oder ausbauen?

Professionelle Trainer:innen nutzen Evaluation als Werkzeug zur Qualitätssicherung, Weiterentwicklung und Selbstreflexion. Wer Feedback nicht nur entgegennimmt, sondern aktiv einholt, wer die eigenen Prozesse regelmäßig überprüft und daraus lernt, schafft langfristig stabile, wirksame und teilnehmer:innenzentrierte Lernräume. Evaluation ist keine lästige Pflicht, sondern ein Schlüssel zur Exzellenz.

Formen und Ziele der Evaluation

Evaluation ist nicht gleich Evaluation. Es gibt eine Vielzahl an Formen, Methoden und Anlässen, die alle unterschiedliche Ziele verfolgen. Diese Vielfalt zu kennen, hilft dir dabei, Evaluation nicht als formale Pflichtübung zu sehen, sondern als vielseitiges Werkzeug zur gezielten Weiterentwicklung deiner Trainingspraxis. Die Auswahl der passenden Evaluationsform hängt dabei immer von deinem konkreten Ziel, dem Setting und der Zielgruppe ab. Nur wenn du klar weißt, was du evaluieren möchtest, kannst du ein geeignetes Instrument auswählen und die Ergebnisse sinnvoll nutzen.

Zu den häufigsten Formen zählen die mündliche Feedbackrunde, die schriftliche Befragung mit Fragebögen, strukturierte Interviews, Blitzlichtrunden, digitale Tools wie Mentimeter oder Padlet, aber auch informelle Gespräche in den Pausen oder nach dem Seminar. All diese Möglichkeiten haben ihre Berechtigung – je nachdem, was du herausfinden möchtest. Wenn es dir um eine schnelle Rückmeldung zur Atmosphäre und Stimmung geht, genügt oft eine kurze Abschlussrunde. Wenn du hingegen genau wissen möchtest, welche Inhalte besonders relevant waren, welche Methoden gut ankamen oder wo noch Unsicherheiten bestehen, brauchst du differenziertere Verfahren.

Mündliche Feedbackrunden sind besonders geeignet, wenn du mit kleinen Gruppen arbeitest oder spontane Rückmeldungen möchtest. Du kannst sie offen gestalten oder mit Leitfragen strukturieren. Ein Beispiel wäre: Was war heute hilfreich für dich? Was hat dich irritiert? Was wünschst du dir für das nächste Mal? Durch die unmittelbare Reaktion bekommst du einen authentischen Eindruck davon, wie deine Arbeit ankommt. Gleichzeitig kannst du klärend oder vertiefend nachfragen.

Schriftliche Evaluationen bieten mehr Tiefe und Anonymität. Sie sind hilfreich, wenn du systematisch Feedback erfassen oder Trends erkennen möchtest. Achte bei der Gestaltung darauf, dass die Fragen konkret und verständlich sind. Mische offene Fragen, bei denen Teilnehmende frei antworten können, mit geschlossenen Fragen, die du anhand von Skalen auswerten kannst. Damit lassen sich auch statistisch relevante Aussagen treffen, etwa zur Zufriedenheit, zur Relevanz des Inhalts oder zur eigenen Kompetenzentwicklung.

Eine besondere Form stellt die sogenannte 360-Grad-Evaluation dar. Dabei werden Rückmeldungen nicht nur von den Teilnehmenden, sondern auch von Kolleg:innen, Auftraggeber:innen oder Beobachter:innen eingeholt. Diese Methode eignet sich besonders für umfassendere Programme, in denen die Qualität auf mehreren Ebenen gesichert werden soll. Ebenso hilfreich kann ein persönliches Kolloquium mit erfahrenen Kolleg:innen sein, bei dem du deine Evaluationsergebnisse besprichst und gemeinsam reflektierst.

Auch die Verwendung digitaler Tools kann die Evaluation vereinfachen und interaktiver gestalten. Mit Online-Fragebögen kannst du Teilnehmende unkompliziert nach dem Seminar befragen, Ergebnisse schnell auswerten und visualisieren. In Echtzeit-Formaten wie Mentimeter oder Online-Pinnwänden kannst du spontane Stimmungen und Rückmeldungen sichtbar machen. Besonders bei hybriden oder digitalen Trainings lohnt es sich, diese Methoden gezielt einzusetzen.

Die Ziele der Evaluation können sehr unterschiedlich sein. Sie reichen von der Überprüfung der Zielerreichung über die Optimierung von Methoden und Inhalten bis hin zur Verbesserung der eigenen Haltung und Wirkung als Trainer:in. Manche Evaluationen zielen auf Zufriedenheit ab, andere auf Lernerfolg, Kompetenzzuwachs oder Transfer in die Praxis. Wieder andere richten den Fokus auf die Gruppendynamik, die Nachhaltigkeit des Lernens oder die Qualität der Beziehung zwischen Trainer:in und Teilnehmenden.

Für dich als Trainer:in ist es wichtig, dir über deine eigenen Evaluationsziele im Klaren zu sein. Was möchtest du erfahren? Was möchtest du überprüfen oder verbessern? Diese Klarheit hilft dir, aus den Rückmeldungen konkrete Entwicklungsschritte abzuleiten. Nutze Evaluation nicht nur zur Bestätigung, sondern vor allem als Ressource für dein persönliches Wachstum. Auch scheinbar kritische Rückmeldungen sind wertvolle Hinweise darauf, wo du noch besser werden kannst.

Gleichzeitig solltest du dir bewusst sein, dass Evaluation auch Grenzen hat. Nicht alle Rückmeldungen sind objektiv, manche spiegeln eher persönliche Vorlieben oder Momentaufnahmen. Wichtig ist, Feedback zu kontextualisieren und nicht überzubewerten. Ein einzelner kritischer Kommentar ist kein Urteil über deine gesamte Arbeit. Entscheidend ist, ob sich Muster erkennen lassen und wie du auf Basis dieser Muster deine Trainingspraxis weiterentwickeln kannst.

Ziele guter Evaluation sind also: Transparenz über Wirkung und Qualität herstellen, Potenziale zur Verbesserung aufdecken, Selbstreflexion anregen, Teilnehmer:innen ernst nehmen und Beteiligung fördern. Eine gute Evaluation schafft Vertrauen und Dialog, sie stärkt deine Professionalität und zeigt, dass du deine Arbeit ernst nimmst. Sie ist keine Bewertung im Sinne von richtig oder falsch, sondern ein Spiegel, in dem du dich weiterentwickeln kannst.

Reflexionsfragen:

- Welche Ziele verfolgst du mit deinen bisherigen Evaluationen?
- Welche Evaluationsformen nutzt du am häufigsten – und warum?
- In welchen Momenten hast du Evaluation als besonders hilfreich erlebt?
- Wie sicher fühlst du dich im Umgang mit kritischem Feedback?
- Welche Rolle spielt Evaluation für deine eigene Weiterentwicklung?
- Welche Formen möchtest du in Zukunft stärker einsetzen?
- Welche Haltungen begleiten dich beim Thema Evaluation?
- Was müsste passieren, damit Evaluation in deinen Trainings noch wirksamer wird?

Die Vielfalt an Formen und Zielen von Evaluation eröffnet dir zahlreiche Möglichkeiten, deine Arbeit als Trainer:in professionell zu reflektieren und weiterzuentwickeln. Wenn du Evaluation als integralen Bestandteil deines didaktischen Handelns verstehst und nicht als lästige Pflicht, wirst du von ihr profitieren – fachlich, methodisch und persönlich.

Bonus: Kreative Feedbackmethoden

Feedback ist eine der wirksamsten Formen des Lernens. Es ermöglicht nicht nur die Reflexion des eigenen Handelns, sondern schafft auch Beziehung, Orientierung und Entwicklung. In der Erwachsenenbildung ist Feedback von zentraler Bedeutung, weil es Lernprozesse transparent macht, Eigenverantwortung stärkt und kollektive Lernräume öffnet. Dabei ist entscheidend, wie Feedback gegeben, empfangen und integriert wird. Standardisierte Rückmeldebögen oder monotone Abschlussrunden schöpfen das Potenzial von Feedback nur unzureichend aus. Kreative Methoden hingegen beleben den Prozess, fördern die Beteiligung und setzen neue Impulse.

Kreatives Feedback lädt dazu ein, über klassische Bewertung hinauszugehen. Es weitet den Blick, aktiviert unterschiedliche Ausdrucksformen und schafft oft eine emotional stärkere Verbindung zum Gelernten. Solche Methoden setzen auf Vielfalt: Sie beziehen den Körper ein, nutzen Bilder, Farben, Geschichten oder ungewöhnliche Perspektiven. Dadurch werden Rückmeldungen lebendig, erfahrbar und bleibend. Trainer:innen, die mit kreativen Methoden arbeiten, schaffen Räume, in denen sich Menschen nicht nur äußern, sondern sich ausdrücken können. Es geht nicht nur um die Frage „Wie war es?", sondern um ein gemeinsames Erleben, Deuten und Weiterdenken.

Zu den bekanntesten kreativen Methoden gehören symbolische Zugänge wie Feedbackpostkarten, Gefühlslandkarten, Bildassoziationen oder Metaphernarbeit. Bei der Arbeit mit Postkarten wählen die Teilnehmer:innen aus einer Vielzahl von Bildern jenes aus, das ihre Erfahrung im Seminar am besten widerspiegelt. Das Bild wird anschließend beschrieben und erläutert. Diese Methode ermöglicht es, auf nonverbale Weise Zugang zu Erlebtem zu finden und sich jenseits der üblichen Formulierungen zu äußern. Die Arbeit mit Bildern spricht andere Hirnregionen an als rein sprachliches Feedback und kann emotionale Tiefe schaffen.

Auch die Methode „Mein roter Faden" ist ein beliebtes Format. Auf einem langen Wollfaden befestigen die Teilnehmer:innen kleine Zettel mit kurzen Stichworten, Sätzen oder Symbolen, die ihren Lernweg während des Seminars repräsentieren. Der Faden wird gemeinsam betrachtet, in der Runde erklärt und als sichtbare Entwicklungslinie reflektiert. Diese Methode schafft Kontinuität, fördert die Selbstvergewisserung und würdigt individuelle Lernprozesse. Ähnlich wirkungsvoll ist die Methode „Lernlandschaft", bei der ein imaginärer Weg durch eine symbolisch dargestellte Landschaft gelegt wird. Jede Station steht für ein Thema, eine Hürde oder ein Aha-Erlebnis. Die Teilnehmenden wählen Positionen, erzählen Geschichten und verorten sich im Lernfeld.

Ein weiterer Zugang ist das kreative Schreiben. Hier werden z. B. kurze Briefe an sich selbst geschrieben, die später per Post zugesandt werden. Oder die Teilnehmer:innen verfassen ein Gedicht, einen inneren Dialog oder eine Zeitungsüberschrift zum Seminar. Schreiben erlaubt Selbstklärung, fördert Tiefe und kann auch stillen Teilnehmer:innen eine Stimme geben. Auch Feedback durch Bewegung ist möglich, etwa durch „Stell-dich-hin-Übungen", bei denen die Position im Raum etwas über Zustimmung, Begeisterung oder Irritation aussagt. Das sogenannte „Gruppenbarometer" nutzt Achsen im Raum, auf denen sich Teilnehmende verorten. Trainer:innen können daraus präzise Stimmungsbilder ableiten.

Viele kreative Methoden basieren auf Visualisierung. Smileyskalen, Punktabfragen, Collagen, Feedbackbäume oder Stimmungsplakate sind schnell einsetzbar und oft mit wenig Material umsetzbar. Sie eignen sich besonders gut am Ende von Einheiten oder Tagen, wenn ein kurzer Überblick über die Stimmung oder den Lernfortschritt gewünscht ist. Auch die sogenannte „Wetterkarte" ist beliebt: Teilnehmende wählen ein Wetter-Symbol, das ihre momentane Stimmung wiedergibt, und erläutern es in einem kurzen Satz. Der kreative Impuls unterstützt dabei, das Gesagte emotional zu verankern.

In längeren Seminaren ist das Feedbacktagebuch eine nachhaltige Methode. Die Teilnehmer:innen führen während des Seminars ein Heft, in dem sie Eindrücke, Gedanken und Lernerfahrungen festhalten. Am Ende werden ausgewählte Passagen miteinander geteilt. Diese Methode fördert Kontinuität und Reflexion, stärkt die Selbstbeobachtung und wirkt häufig über das Seminar hinaus. Auch Gruppencollagen, in denen alle Teilnehmenden visuell zu einem Feedbackthema beitragen, sind eine Möglichkeit, kollektive Reflexion sichtbar zu machen. Der kreative Prozess führt hier zu einer gemeinschaftlichen Würdigung des Erlebten.

Nicht zu unterschätzen ist der Humor. Methoden wie „das Feedback der Tiere", bei dem Teilnehmer:innen Tiere zeichnen oder auswählen, die für ihre Erfahrungen im Seminar stehen, bringen Leichtigkeit und eröffnen neue Perspektiven. Eine Eule kann für Weisheit stehen, ein Chamäleon für Anpassung, ein Igel für Rückzug oder ein Adler für Überblick. Diese symbolischen Figuren sprechen über Metaphern und fördern gleichzeitig tiefe Reflexion. Humorvolle Methoden öffnen oft auch die Tür zu schwierigen Rückmeldungen und entkrampfen emotionale Spannungen.

Für die Umsetzung kreativer Feedbackmethoden sind einige Punkte zu beachten. Sie brauchen Zeit, einen klaren Rahmen und eine gute Einführung. Nicht jede Methode passt zu jeder Gruppe oder zu jedem Seminarthema. Trainer:innen sollten sorgsam abwägen, ob die gewählte Form die Inhalte unterstützt und den Teilnehmenden entspricht. Es braucht Fingerspitzengefühl und die Bereitschaft, auf Reaktionen einzugehen. Zugleich lohnt sich der Mut zu Experimenten. Kreatives Feedback entfaltet seine Wirkung oft erst im Prozess. Was zunächst ungewöhnlich wirkt, kann zur intensivsten Lernerfahrung des Seminars werden.

Kreative Feedbackmethoden eignen sich nicht nur für Abschlussrunden, sondern können auch während des Seminars integriert werden. Kleine kreative Feedbackimpulse zwischendurch ermöglichen eine laufende Justierung des Lernprozesses. Sie helfen Trainer:innen, die Gruppe besser zu verstehen, auf Bedürfnisse zu reagieren und Vertrauen zu stärken. Darüber hinaus fördern sie die Haltung, dass Feedback nicht nur am Ende, sondern als durchgängiger Bestandteil professioneller Bildungsarbeit verstanden wird.

Reflexionsfragen:

- Welche Formen von Feedback setzt du bisher in deinen Seminaren ein und welche Erfahrungen hast du damit gemacht?
- Wie offen bist du selbst für kreative Formen von Rückmeldung und welche könnten zu deinem Stil passen?
- In welchen Situationen wäre eine kreative Feedbackmethode besonders wirkungsvoll gewesen?
- Wie gelingt dir die Balance zwischen Ernsthaftigkeit und Leichtigkeit beim Feedback?
- Welche Materialien und Ressourcen brauchst du, um kreative Methoden umzusetzen?
- Wie kannst du Teilnehmende ermutigen, sich auf ungewohnte Feedbackformate einzulassen?
- Welche kreativen Elemente möchtest du bei deinem nächsten Seminar konkret ausprobieren?
- Wie gestaltest du die Auswertung von kreativem Feedback für dich als Trainer:in?

Kreative Feedbackmethoden bereichern Seminare durch neue Perspektiven, emotionale Tiefe und individuelle Ausdrucksformen. Sie machen Rückmeldung zu einem lebendigen Teil des Lernprozesses und fördern ein Klima, in dem Entwicklung mit Freude und Offenheit möglich ist.

Abschluss

Du hast nun ein umfassendes Fundament für deine Tätigkeit als Trainer:in in der Erwachsenenbildung gelegt. Du hast dich mit wesentlichen Theorien, Prinzipien, Methoden und Haltungen auseinandergesetzt, die dich dabei unterstützen, deinen eigenen Stil zu entwickeln und lebendige, wirksame Lernprozesse zu gestalten. Die einzelnen Kapitel dieses Buches laden dich nicht nur zum Lesen, sondern zum Reflektieren und Ausprobieren ein. Vielleicht hast du beim Lesen bereits eigene Trainingssituationen vor deinem inneren Auge durchgespielt, neue Ideen entwickelt oder bestehende Ansätze hinterfragt.

Die Qualität deiner Arbeit als Trainer:in wächst mit deiner Bereitschaft zur kontinuierlichen Weiterentwicklung. Kein Training gleicht dem anderen, keine Gruppe ist wie die vorherige. Was bleibt, ist die Fähigkeit, dich immer wieder neu einzustimmen, Prozesse aufmerksam zu begleiten, flexibel zu reagieren und dennoch einen klaren Rahmen zu geben. Professionelle Seminarleitung bedeutet, eine gute Balance zwischen Planung und Spontanität, zwischen Struktur und Offenheit, zwischen Theorie und Praxis zu finden.

Wenn du dieses Buch zur Hand nimmst, dann darfst du es als Begleiter sehen. Nicht als Anleitung im Sinne eines festen Drehbuchs, sondern als Werkzeugkoffer und Impulsgeber. Nimm dir, was für dich gerade passt. Überprüfe, was für dich stimmig ist. Ergänze es mit deinen Erfahrungen und Erkenntnissen. Erlaube dir auch, immer wieder neu zu lernen. Denn auch wir Trainer:innen sind und bleiben Lernende.

Ich wünsche dir viele inspirierende Begegnungen, Freude an deiner Arbeit, Lernräume voller Energie und Offenheit und ein wachsendes Vertrauen in dich selbst. Möge dieses Buch dir dabei helfen, deinen Weg als Trainer:in kraftvoll, professionell und mit persönlicher Note zu gehen.